SeaEagle

SeaEagle

SeaEagle

SeaEagle

史上最強股市操盤手回憶錄。

傳奇作手傑西・李佛摩毫無保留的交易心法

Jesse Livermore

Reminiscences of a Stock Operator

巴菲特說：「讀再多的投資書籍也不見得就真能笑傲股市，
但是連這本書都沒讀過，盈利基本上等於妄談。」

人性，是投資必學的第一課，也是最重要的一課
貪婪與恐懼，會使你看不清事情的真相

愛德溫・勒菲佛 Edwin Lefevre ／著　　榮千／譯

譯者序：華爾街「投機之王」的投機人生

他是20世紀最著名的操盤手之一。

他在市場中四起四落，成就了一段不朽傳奇。

他精於賣空，被同時代投機者冠上「華爾街巨熊」的稱號。

他曾創下一個月賺取1,000萬美元的紀錄，更曾在股災中放空市場，盈利超過1億美元。

作為趨勢投機流派的奠基人，他還為後世投機者留下了許多精闢的投機箴言和諺語……

他就是本書主角「賴瑞·李文斯頓」的人物原型——傑西·李佛摩（Jesse Lauriston Livermore，1877—1940年），20世紀20年代美國最偉大的「投機之王」！

李佛摩曾被美國經濟新聞媒體稱為「少年作手」，他在20世紀初利用投機股票和農產品市場賺取了巨額財富。比如，他曾在3個小時的市場搏殺中，賺進20萬美元——這在當時來說是一個天文數字，因為那時美國人的年均收入才1,000美元。到1925年，李佛摩的資產已超過2,500萬美元。他擁有豪華的曼哈頓公寓、歐洲別墅、長島的度假房產、私人轎車，甚至還有私人專機。

20世紀20年代，李佛摩成了當時華爾街最有影響力的人物之一，有時就連他即將入市賣空的謠言也真的會引起股價下挫。因為他既富有又放蕩

不羈，李佛摩很快成為眾矢之的。報界頻頻攻訐，稱他為「濫賭之徒」、「職業大熊」、「專事逆市掠奪的強盜」及「花花公子」。

雖然已經賺取了足夠支持他奢侈揮霍幾輩子的財富，但李佛摩選擇繼續留在市場遊戲中。不幸的是，他的好運氣不見了。

1930年，或許是因為他的頭腦不再清醒，或者是因為與妻子的關係影響了他的情緒，總之李佛摩開始走下坡路，不管是什麼投機總是上手就賠。到了1931年年底，他的一半江山易手。1933年，另一半也葬送了。

李佛摩沒能再重新振作起來。1934年，他已酗酒成性，同年3月，他申請破產保護。他的債務高達226萬美元，而財產卻只剩下令人詫異的18.4美元。

1940年11月，一個大雪紛飛的日子，李佛摩走進一家大旅館的洗手間，從口袋裡掏出手槍，對著自己的腦袋扣動了扳機。他在遺書中寫道：「我的一生是一場失敗。」而他的墓誌銘則寫著：「他的去世為一個時代畫上了句號。他的功過任由後人評說。」

從本書中，我們看到了李佛摩最重要的交易原則：（1）只持有正確的倉位；（2）只在盈利的倉位上加碼。毫不誇張地說，李佛摩對股市的見解和對股票價格波動的分析不僅十分透徹深刻，而且精闢獨到，不僅符合當時證券市場的實際情況，也適用於今天的股市操作。

一代又一代的金融專業人士和普通投資者都曾閱讀過這本書，並從中學習證券操作所應秉持的態度、如何做好心理控制及怎樣順應市場趨勢操作。書中的一些經典論述和建議充滿無限的智慧和哲理，在今天依然讓人回味無窮。

目錄 CONTENTS

第1章：投機是一項挑戰

　　中學一畢業我就工作了，在一家股票經紀行裡做抄寫行情的記價員。我對數字很敏感，在學校學習了三年的算術，以心算最為出色。我的工作是把股票最新成交價格寫到營業廳的木質大報價板上。通常會由一位客戶坐在行情收報機旁高聲報出最新價格，我從來不會覺得他報得太快，因為對於我來說記住這些數字一點問題也沒有。

　　我們的辦公室裡有很多員工，我和一些人交上了朋友，但每當市場交易活躍時，我會從早上十點忙到下午三點，連和他們聊天的時間都沒有。當然因為工作性質就是如此，所以我從來沒有抱怨過。

　　繁忙的股票交易並沒有妨礙我思考自己的工作。在我眼裡，那些報價無關緊要，不過是些數字而已，雖然它們確實代表每股多少美元，而且總在變化。我最感興趣的是「變化」，它們為什麼會變呢？這是當時的我所不能理解的。老實說，那時的我不太關心，也很少去想它，我只是看見它們不停地變動。我注意到的只是在星期一到星期五每天的5小時和星期六的2小時裡，它們總在變動。我對價格的興趣就是這樣培養起來的。

　　我的記憶力非常好，我可以記住價格在上漲或下跌的前一天是如何波動的。例如，我注意到股票在上漲前和下跌前總傾向於表現出固定的模式。這樣的例子數不勝數，我從這些例子中得到預測性的指導。當時我只有14歲，在觀察研究了數以百計的股票價格行情資料後，我就開始預測它

們的精確性，比較股市行情的今日和往日。自那之後，沒過多久我就能預見股票價格了。而我唯一的依據就是它們過去的表現。這就好比我已經得到了可靠情報，然後期待著股價朝著預期的方向發展。

舉例來說，你可能會發現在什麼價位買入比賣出更有利。股票市場上多頭空頭互相爭鬥，而股價記錄器上的行情記錄才是你判斷的依據，利用這種方法，你差不多會有七成勝算。

我從早年的經歷中還學到的另外一個寶貴經驗是：在華爾街，根本沒什麼新鮮事，投機是人類的天性，而投機事業更是像山川一樣古老。股市上的事，今天發生的，過去也必然發生過，而且將來也肯定會再次發生。我從沒忘記這點。我真的想設法記住它們是何時及怎樣發生的，但事實上我是在交易中付出學費後才記住的。

我對自己的這套把戲著了迷，並急切地開始預測所有引起我注意的活躍股票的漲跌。我隨身帶著一個小本子，把我的觀察記錄在裡面。它不是記錄一些想像中的交易，而是記錄一些我預測成功或失誤的例子，記錄了我預計股價進一步可能的走向。我的主要用意是驗證我的觀察是否準確，換句話說，我是否分析對了。

比如說，在研究了某檔活躍股票一整天的波動後，我會判斷它是否會如同以往那樣，將突破當前價位8點或10點。通常，我會在星期一記下股票的名稱和目前的價位，然後根據它先前的表現，記錄下在星期二和星期三它可能的發展，然後在股價記錄器上驗證我的判斷。

這就是我對股價記錄器上的資訊產生興趣的緣起。我最初從觀察股價

如果你和市場打交道，你就應該默默無聞，一聲不響。否則，你會招來很多非議還有提防，這對你的投資沒有好處。

★ 索羅斯

的漲跌中建立了波動的概念，儘管股價的波動總是有原因的，但行情記錄本身並不會對股價的波動作出任何解釋。我在14歲時不會探究價格為什麼漲跌，現在我已經40歲了，我仍不會去問原因。股價今天漲跌的原因也許兩三天或者幾週甚至幾個月以內你也不會知道。但這有什麼關係呢？你是要在今天作出決斷而不是等到明天。況且還要找出原因需要等，而你要嘛立刻行動，要嘛被機會拋棄！有多少次，我曾看到這樣的事情發生。記得霍洛管道（Hollow Tube）公司股票曾經突然下跌了3點，而這時市場上別的股票已經止跌回穩了。後來在下個星期一的報導上說該公司董事會通過了分紅方案。這就是原因。董事們知道股價會怎麼樣發展，雖然他們沒有賣出他們的股票，但至少沒有買進，股價缺乏內部支持，有什麼理由不跌呢？

我用小記錄本摘錄行情大約有6個月。每天下班後，我並不立刻回家，而是繼續我的工作，記下那些我想研究的股票價格並研究其變化，並一直在尋找重複的或表現相似的波動形態，以此來學習觀察行情記錄，儘管當時我還不清楚自己在做什麼。

有一天中午，我正在吃飯，辦公室裡一位比我年長一些的同事跑來找我，悄悄地問我身上有沒有錢。

「你想幹什麼？」我問。

「嘿，」他說：「我打聽到了伯靈頓（Burlington）公司的好消息，要是有人能跟我合作，我一定會抓住這個機會玩一把。」

「你說玩一把是什麼意思？」我問。在我眼中，能夠玩這種遊戲的人都是有錢的老手——因為這種遊戲需要成千上萬的美金，只有那些擁有私人馬車，還雇有戴著絲綢帽子的馬車夫的人才有資格。

「我想要試一次！」他說，「你有多少錢？」

「你要多少？」

「嗯，我可以交5美元作為保證金，買5股伯靈頓。」

「那你準備怎樣做呢？」

「我打算把這些錢當保證金，放進一家對賭行①買伯靈頓，他們讓我買多少股我就買多少股。」他說：「這件事就像從地上撿錢一樣，我們會立刻賺一倍！」

「等一下。」我對他說，然後掏出了我的小本子。

事實上，我對錢能否賺上一倍並不感興趣，但既然他說伯靈頓的股價快要上漲了，我的小本子也應該顯示出這一點。我一頁一頁翻著，果真，根據我的記錄，伯靈頓正表現得像它以前上漲前通常表現的那樣。在這之前，我從未買賣過任何股票，也沒和辦公室的同事一起下過賭注。當時我想，這實在是一次很好的機會，可以測驗一下我的研究成果。於是我把我所有的錢交給了他，他帶著我們湊起來的錢跑到附近一家對賭行買了一些伯靈頓股票。兩天後我們套現，我賺了3.12美元。

開了這個頭之後，我便獨自在對賭行裡做交易了。我總是在休息時間裡買進或拋空股票——這兩者對我來講並沒有什麼不同。我的祕訣是依據自己總結出來的一套方法來買賣股票，而且不只是買賣一些我所鍾愛的股票，而且我能抵制住各種各樣、五花八門的買賣建議。我唯一關注的，只是股價的數字。事實上，我的這套方法在對賭行裡是最理想的，普通的交易者不過是拿著印有股票價格的紙條賭博而已。

我的成績非常棒，不久我在股票交易上賺的錢就超過了做一名行情記錄員賺的錢，所以我辭掉了工作。起初我的家人都反對，但當他們看到我所賺的錢時就沒有再指責我。畢竟我還是個孩子，做一名報價員賺不了多少錢，而我在股票交易中卻做得不錯。

我15歲時就賺到了人生中的第一個1,000美元。我把1,000美元現金放在我母親面前，這些錢是我在短暫的幾個月裡在對賭行裡賺的，而且還不算我已經帶回家的錢。我母親因此患得患失。她想讓我把錢存到銀行去，擔心我會胡亂花掉。她說她從未聽說過哪個15歲的男孩能白手起家賺到這麼多錢，她甚至不相信這是真的鈔票。其實對我來說，這只是一個能讓我一直驗證自己的推測正確與否的遊戲，我從不考慮別的事情。這就是我所有的樂趣——動腦筋作出正確的推斷。有時我買10股股票來驗證我的推斷，有時我買100股來檢驗，而這時我並不需要10倍的把握，它只代表更多的保證金而已。這需要更大的勇氣嗎？不！用不著！

　　不管怎麼說，15歲時我已在股市裡賺得了不錯的利潤。我開始是在一些較小的對賭行裡做交易，在這種地方你如果一手買賣20股也會被認為是大戶了。在那個年代，對賭行並不需要優待客戶。他們不需要那樣做，即使客戶猜對了股價的走向，對賭行也有辦法吞食客戶的保證金。這是一個暴利的行業。當時經營對賭行是合法的，你每天都能看到客戶保證金隨著股價的波動落入對賭行老闆的口袋。股價只需向不利於客戶的方向變動0.75點，就足以吞沒客戶為買進或拋空而交的保證金了。而且，如果客戶賴帳，他就再沒機會參加這個遊戲了。失去信用的人不會被允許再買賣股票。

　　沒有人跟我的風。我自己的事自己做，而且總單獨行動，我憑自己的腦子賺錢。當股價朝我預測的方向發展時，並沒有朋友或夥伴能幫我推動市價；而一旦股價朝不利於我的方向發展，也更加沒有人能使它停下來。所以我不需要把我做交易的事告訴別人，當然我身邊有不少朋友，但我總是獨自做交易，我找不到要和別人合夥的理由。

　　我總是賺錢，沒過多久，對賭行就不太歡迎我了。終於有一天，我去

櫃檯繳納保證金時，那些傢伙只是盯著錢而不願意接受它。他們告訴我，這裡不接受我的交易單。就從那時開始，人們開始叫我「投機小子」。我只得不停地更換經紀商，從一家對賭行換到另外一家。到後來我不得不用假名去做交易了。我變得小心翼翼，剛開始只買賣15股或20股。有時我被他們懷疑了，我就會先輸些錢給他們，然後再狠狠地賺回來。這樣幾次後他們會發現賺我的錢太難了，於是便會讓我離開，不許我妨礙對賭行的老闆發財。

有一次，我在一家大對賭行做了幾個月交易後，他們拒絕再接受我的生意。我打定主意，臨走前要從這家公司撈一筆。這家對賭行有許多分公司，有些在旅店的大廳裡，有些在附近的鎮上。我找到了一家設在旅店大廳的分公司，進去問了經理幾個問題，然後開始買股票。就在我開始以自己的獨特技巧買賣股票時，分公司經理接到總部打來的電話，查問是誰在買賣這檔股票。我告訴分公司經理，我叫愛德華‧魯賓遜（Edward Robinson），從劍橋來。然而電話那頭還要知道我長什麼樣，我對經理說：「告訴總部，我是一個又矮又胖的人，深色頭髮，留著大鬍子。」但是那位經理如實地描述了我的外貌，緊接著他的臉變得通紅，然後掛斷了電話。

「他們對你說什麼？」我很有禮貌地問。

「他們說：『你這個瞎眼的白癡，難道我們沒有告訴你不許接受賴瑞‧李文斯頓（Larry Livingstone）的生意嗎？你竟然放水，讓他從我們這裡弄走700元！』」除此之外，他就沒再說下去了。

我一家接一家地試了幾乎所有的分公司，但他們都已認識我，彷彿我的錢是假的，都不肯做我的生意。甚至我只是去看看股票報價，都會受到店員們的挖苦。我試圖讓他們允許我做較長線的交易，他們也都拒絕了。

最終，我只剩下一家對賭行可去，那是所有的對賭行中最大最富有的一家——大都會證券經紀公司。

大都會公司有著極好的聲譽，生意做得很大，在新英格蘭[2]的每一個工業小鎮上都開有分公司。他們倒是允許我去做交易，我在那裡買進賣出，有賺有賠，但是最終和過去一樣——我是贏家。他們並沒有像過去那些小公司一樣直截了當地拒絕我去做交易。這倒不是因為職業道德，而是他們知道，要是因為哪個傢伙碰巧有本事賺點小錢就不接他的單子——這種事情一旦傳開，對他們的名聲無益。但是，他們的舉動更叫人受不了。他們要我付3點的保證金和額外的溢價[3]。溢價開始是0.5點，接著是1點，最終達1.5點。這太過分了！舉例來講，假定你買進美國鋼鐵公司[4]的股票，市價90美元，你的成交價通常為90.125美元。如果你交納1點的保證金，當市價跌破89.25美元時，你就自動賠光出局。證券所不會通知客戶追加保證金，也不需要得到客戶的通知或授權就幫你清理帳戶。

但是在大都會，他們要我增加額外的溢價，我就會更容易被清理出局。同樣假定美國鋼鐵公司股票市價為90美元，我買進它時報價為90美元，而他們給我的成交價卻是91.125美元。這樣的話，即使在我買進後，股票上漲了1.125美元，如果這時以市價賣出，我依然會虧錢。除此之外他們單憑3點的保證金就使我的交易潛力削弱了2/3。儘管如此，這是唯一讓我做交易的經紀公司，我要嘛接受這個苛刻條件，要嘛停止做股票交易。

當然了，我的帳戶淨值時升時降，不過大致上我仍然是贏家。不管怎樣，大都會公司對擁有我這樣的客戶大為煩惱，因為他們強加給我的條件

> 我其實是合併運用理論和本能做決定，你喜歡的話，可以把它叫做直覺。
>
> ★ 索羅斯

足以打敗任何人。他們試圖讓我掉進陷阱，但我總能憑直覺逃掉，從來沒讓他們抓住。

前面曾經說過，大都會是我最後一條路。它是整個新英格蘭地區最富有的對賭行，它的交易規則從來不限制客戶交易的手數，我每天都會做交易，我應該是這家公司裡買賣股票手數最大的個人交易者。而它呢，是我所見過擁有最好的交易廳和最大、最完備的報價板的公司。我在交易廳裡走來走去，可以看到任何東西的報價。諸如紐約、波士頓股票交易所裡的股票，棉花、小麥還有金屬期貨，總之所有在紐約、芝加哥、波士頓及利物浦交易的股票和商品期貨的價格在這裡都能看到。

你知道在對賭行裡，客戶們如何做交易嗎？你要先把錢交給一個營業員，並告訴他你想買或賣哪一種股票或商品，這時營業員就會盯著行情記錄器或大廳裡的報價板，把最新的成交價填在一張單子上，他也會把時間填上去。這張經紀商給你的成交單上記錄了你買賣的股票名稱、成交價、時間、日期及你繳納保證金的數額。當你打算了結你的某次交易時，你走到營業員那裡（可能還是同一個營業員，也有可能是另外一個，這要看你在哪家經紀行做交易），你告訴他你想了結交易，這位營業員就記錄下最新的成交價。如果你買賣的股票交易清淡，他就會等著下一個成交價傳過來。他記下你了結交易的價格後把成交單交給你，你就可以去收銀台兌換成現金了。當然，如果市場走勢不利於你，股價低於你的保證金的價位時，你的交易就會自動被清算，這樣你的成交單就變成一張廢紙。

在那些較小的對賭行裡，客戶們可以買賣很少的股數，比如5股。那些買賣成交單是顏色各異的小紙條。當市場處於狂熱的多頭市場時，那些對賭行會損失慘重，因為所有的客戶都在做多頭，而且經常賺錢。這時對賭行就會向客戶收取買進和賣出雙向的手續費。當你以市價20美元買進一

檔股票時，成交價會是20.25美元，結果你交納的保證金就只夠支撐0.75點的反向波動。

但大都會仍是新英格蘭地區最好的一家對賭行。這家公司擁有數以千計的客戶，我想我是唯一讓他們感到害怕的客戶。無論是他們強迫我交納的致命溢價，還是比平常高三點的保證金，都沒有減小我的交易量。我一直買進或賣出他們允許的最大數量，我有時會一次買賣達5,000股之多。

讓我來說說我的一次有趣的交易經歷吧。有一次，我拋空了3,500股糖業（Sugar）股份公司的股票，我得到了7張各500股的粉紅色的成交單。大都會使用的是比較大的成交單，預先留下空白，好添上額外追加的保證金。毫無疑問，對賭行從來不會要求客戶追加保證金。保證金越少，客戶迴旋的餘地就越小，對他們來說越好，因為他們利潤的來源就是客戶輸掉的保證金。在一些規模較小的對賭行裡，當客戶要求增加保證金以維持他們現有的部位時，對賭行卻給他們一張新的成交單，這樣他們就可以收取額外的手續費，而客戶的保證金只能承受0.75點的反向波動，對賭行把這看成是客戶的一次新交易，所以向客戶收取賣出時的手續費是理所當然的。

好了，我們繼續主題，我記得那天我擁有1萬美元的保證金。

當我賺到我的第一個1萬美元時，我只有20歲。你還記得我曾經提到過的我的母親嗎？1萬美元對她來說是一筆鉅款，她對我過去的表現已經很滿意了，希望我做一些實際的生意。我真的花了很多的時間來說服她我不是靠賭博，而是靠精確的計算賺錢。怎麼說呢？在我母親眼中，1萬美元是一筆鉅款，而我看到的，只不過是更多的保證金罷了。

我拋空3,500股糖業的成交價是105.25美元，在交易大廳裡，還有一個客戶叫亨利・威廉斯（Henry Williams），他拋空了2,500股。我平常總坐

在行情接收器旁，為站在報價板旁的職員大聲傳達價格。價格表現得正如我所料的一樣：在顯著地跌了幾點後停在那裡盤整，好像是另一次下跌前的停頓。整個市場顯得非常脆弱，各種情況都顯示市場對我有利。但是市場表現出的猶豫不決突然讓我不安，我想我應馬上退出市場。這時賣出價是103美元，我本該更有信心，但我卻覺得事情並非那樣，我想某個地方出差錯了，到底是哪兒呢？我不知道。但有一點是肯定的，一旦有什麼事情發生，而我不知道會是什麼，我將無法採取有效的策略保護自己，而此時最好的策略是趕快退出市場。

我從不盲目行事，我不喜歡那樣做。甚至我還是個孩子時，我也是有的放矢。但是這次，我沒有什麼明確的理由要採取行動，我只是感到非常不適，我想不能再保留我這筆交易了。我立刻呼喚我認識的人過來，他叫戴夫·威曼（Dave Wyman），我對他說：「戴夫，你來接替我的位置幫我做點事情，當你報出糖業股份公司的下一個成交價以前，稍停一會兒，好嗎？」

他說好的，然後我讓出位子給他，他坐在我原來坐的地方為計價員喊出行情收報機裡傳出的價格。我從口袋裡拿出7張成交單走向櫃檯，儘管我真的不知道我為什麼要退出市場。我站在那裡，斜靠在櫃檯上，把成交單捏在手裡不讓櫃員看見它。過了一會兒，我就聽到電報機發出一陣敲擊聲，有一個櫃員湯姆·伯納姆（Tom Burnham），很快把頭轉過去聆聽，我立刻感到陰謀在醞釀中，我決定不再等了。戴夫·威曼開始報價了，他剛開始說「糖業股份公司——」我就閃電般將我的成交單拍在櫃檯上，叫道：「平掉糖業股份公司。」這一切都在戴夫報完他的價格之前就完成了。就這樣，按照行規，對賭行不得不接受前一個價格與我成交，而戴夫報的價格，仍然是103美元。

根據我的預測，糖業這時應該已跌破103美元了。然而下挫動力不足，我感到這裡有一個陷阱。這時電報機就像發瘋一樣跳動，我注意到湯姆‧伯納姆遲遲不在我的成交單上做記錄，他只是專心聽著電報機的敲擊聲，好像在等待什麼事情一樣，所以我對他叫道：「嘿！湯姆，你到底在等什麼？快在我的單子上做記錄，價位是103美元，快點！」

交易廳的每個人都聽到我的叫喊聲，都轉過頭來，詢問發生了什麼事情。你知道大都會公司從不賴帳，因為發生在對賭行的擠兌會像在銀行裡的一樣可怕。只要有一個人猜疑經紀公司，別人也會紛紛效仿。所以湯姆緊繃著臉走過來，在我的單子上寫道：「平倉價103美元。」他把我的七張單子猛地推到我的面前，臉色異常難看。

從湯姆的櫃檯到收銀的桌子距離不到3公尺，就在這時，我聽到戴夫‧威曼報出電報機上的價格，他激動地大嚷：「天啊！糖業股份公司108美元！」但一切都太遲了，我忍不住大笑起來對湯姆說：「剛才不是這樣的，不是嗎？」

亨利‧威廉斯和我總共拋空了6,000股糖業股份公司的股票，這個對賭行收取了我和亨利的保證金。公司裡還有別的客戶拋空了糖業股份公司的股票，因此我們總共可能拋空了8,000至10,000股。僅這一次，他們就收取了差不多2萬美元的保證金。這筆錢足以讓對賭行在紐約股票交易所裡拉抬價位，使我們被迫斬倉10,000股。

在那個年代裡，每當對賭行發現自己在某檔股票上累積了太多的賭客時，往往會在交易所裡找幾個經紀人，打壓或拉抬股價，使價位超出客戶

> 我從來不在我不懂的事情上投入大量的金錢。
>
> ★ 彼得‧林區

保證金能承受的限度，使客戶被迫斬倉。對賭行只需花費幾百股，虧損幾點，就能賺到成千上萬美元。

這就是大都會公司的行徑。為了捉住我和亨利，以及別的拋空糖業股份公司股票的客戶，他們在紐約股票交易所的經紀人把價位抬高到108美元。當然，價位隨後立刻就跌回去了，但是亨利和許多別的客戶就這樣被洗劫了。每當市場上出現一個無法解釋的漲跌，緊接著又恢復正常，當時的報紙就會稱它為「對賭行的偷襲」。

好笑的是，在這之後不到十天又發生了一件更為精彩的事。一個紐約的投機客，使大都會公司損失了7萬美元。這位老兄是紐約股票交易所的會員，是很有名的股票經紀商，在1896年的股市恐慌中，曾獲得「大熊」的威名。他常常抨擊交易所的制度，因為這些制度阻礙了他提高會員利益的部分計畫。有一天他想到，如果他從那些對賭行裡分享一些他們的不義之財，紐約證券交易所或警察當局也不會介意他的舉動。於是他派了35個人裝扮成顧客，讓他們分別到大都會的總部和較大的分公司去。他們在事前計畫好的日期和時刻，買進了對賭行允許他們購入的最大股數然後依計畫在適當的時機賣出。當然，他所做的就是向他的老朋友們散播好消息，接著他走進股票交易所，開始拉抬價格，他的那些場內經紀人朋友也都幫助他，因為他們都還認為他是那個很有職業道德的人。他們為這次行動小心地挑選出適當的股票，在沒有遇到任何麻煩的情況下把價格抬高了0.75點，他的代理人們在對賭行裡按計劃獲利了結。

有一個知道內情的人告訴我，這個計畫的組織者最後得到了7萬美元的淨利，不包括他的代理人們的開銷和報酬。他用這套把戲玩遍了全國，痛擊了那些在紐約（New York）、波士頓（Boston）、費城（Philadelphia）、芝加哥（Chicago）、辛辛那提（Cincinnati）、聖路易

斯（Saint Louis）的大對賭行。他最愛挑選的一檔股票是西部聯合公司（Western Union）。因為這檔股票比較容易拉抬或打壓。他的人在事先定好的價位買入，價格漲2點獲利了結，然後反手拋空，又賺得3點或更多。順便提一句，這位老兄現在已經去世了，死時窮困潦倒，默默無聞。我想，如果他死於1896年，他會上紐約每家報紙的頭版，而現在呢，他卻只在第五版被報導了兩行。

【注釋】

1. 對賭行出現在19世紀末20世紀初的美國，是指那些不誠實且未登記的證券經紀商，他們利用客戶的資金，投機性買賣股票和商品，或者接受客戶下單買賣，卻未經過交易所進行交易。這種機構與指數期貨的操作有點相似，投資者只需要3%的保證金就能運作股市週邊盤口。——譯者注

2. 新英格蘭是美國東北部一個宗教團體Puritans在16世紀建立的英國殖民地，位於美國大陸東北角，瀕臨大西洋，毗鄰加拿大。新英格蘭地區包括美國的六個州，由北至南分別為：緬因州、新罕布夏州、佛蒙特州、羅德島州、康乃狄克州和麻塞諸塞州（麻省）。麻塞諸塞州（麻省）首府波士頓是該地區的最大城市及經濟與文化中心。——譯者注

3. 溢價是指所支付的實際金額超過證券或股票的帳面價值或面額。——譯者注

4. 美國最大的鋼鐵壟斷跨國公司。該公司成立於1901年，由卡內基鋼鐵公司和聯合鋼鐵公司等十幾家企業合併而成。曾一度控制美國鋼產量的65％，公司總部設在匹茲堡。——譯者注

第2章：股市永遠是對的

　　大都會經紀公司發現採用不正當手段以3點保證金的障礙和1.5點的溢價都無法擊敗我時，就向我暗示不願再接我的生意了。於是不久後，我決定到紐約去，這樣我可以在紐約股票交易所的會員公司裡做交易。我不想去波士頓的任何一家經紀公司，因為在波士頓，行情報價必須得透過電傳機傳遞，而我希望能盡可能地接近行情來源。就這樣，我在21歲的時候來到紐約，隨身只帶著2,500美元。

　　之前提到過，我20歲時就已經有1萬美元了，僅我在糖業股份公司股票交易中交納的保證金就超過了1萬美元。但我並不是總在贏錢。我的交易方法很完美，盈利比虧損多。要是我一直堅持我的交易方法，那麼大約有七成交易是盈利的。事實上，要是在交易之前我就確信我的計畫是正確的，那麼我通常會賺錢。真正打敗我的，是我沒有繼續堅持我的交易方法。換句話說，只有當市場上有先例支持我的交易計畫時，我才做交易。天下萬物皆有定時，而這一點正是華爾街許多智力非凡的投資者遭遇失敗的原因。有些十足的傻瓜，他們每筆交易都做了錯誤的選擇。還有一些華爾街的呆子，他們不分時間，總覺得非做點交易不可。任何人都沒有足夠的理由每天買賣股票，自然也就沒有任何人聰明得能使他的每次交易都賺錢。

　　我就是個例子。每當我根據先例發現市場上的交易機會時，我便能

賺錢；而一旦我在不恰當的時機做出交易，我就會虧錢。我也不能例外，不是嗎？一走進交易大廳，行情在巨大的報價板上不斷地變化，客戶們做著交易，眼看著手裡的成交單變成鈔票或變成廢紙。這麼一來，我就讓激情控制了我的理智。在對賭行裡，你的保證金只是很少的一筆錢，你會很快、很容易地被清掃出局，所以你不能做長線的交易。盲目而頻繁地交易是造成華爾街投資者虧損的主要原因，甚至在專業投資者中也是這樣。他們大概認為自己每天都應賺些錢回家，把投資當成一份有固定收入的工作。當時我只是一個孩子，我還不知道我後來學到的那些東西，也不知道它們會使我在15年之後獲得成功。15年後的1915年，我曾耐心地等待了兩個星期，尋找到合適的價位後買入一檔股票，看它上漲了30點。後來我又虧損了一些錢，我試圖再賺回來，但首先我必須做正確的選擇，不能草率從事，所以我靜靜等著……那是一個很長的故事，我會在適當的地方仔細講述它。現在讓我們把話題轉回來。我在對賭行裡做了好幾年的交易，我賺了一大筆錢，但對賭行最終吃了我的大部分盈利。

不僅如此，有些錯誤我還明知故犯，而且這種經歷不止一次。一個股票交易者必須戰勝許多人，其中包括他自己。不管怎樣，我帶著2,500美元來到了紐約。但在紐約，我找不到一家可以信賴的對賭行。紐約交易所和警察局攜手合作，嚴密地堵住了對賭行的財路。在此，唯一限制我的是我的財力，我打算找一個不限制部位的地方，有多少本錢就做多少。我當時買賣的手數並不大，很明顯我不想一直這樣。在開始做交易的時候，最大的問題就是找一家交易規則公平的經紀公司。起初我來到紐約股票交易所

如果操作過量，即使對市場的判斷正確，仍會一敗塗地。

★ 索羅斯

的一家會員公司，認識了其中的幾個職員。現在說起來，那家公司現在已經倒閉了。我在那裡沒待多久，因為我不喜歡其中一位合夥人。於是我就轉到A.R.富勒頓公司（A.R.Fullerrton & Co.）去了。肯定有人對他們說過我早期的經歷，因為不久之後，他們都開始叫我的綽號——「投機小子」。我看起來比較年輕，這為我帶來一些不便。總有人想利用我的年幼無知，所以我得學會保護自己。對賭行那些傢伙都認為我是個傻瓜，認為我擊敗他們的唯一原因只是我的好運氣。

結果，不到六個月我就輸光了。

我是一個非常活躍的交易者，也有「常勝將軍」的聲譽。我猜測，我所有付出的手續費加起來一定不少。我為我的帳戶賺了不少錢，但是最終卻被輸掉了。儘管我小心行事，但我仍然虧錢，其原因就是：我在對賭行裡非常成功！

我只能在對賭行裡憑我的方法賺錢，在那裡我只是對價格的漲落下賭注。我善於觀察行情，當我買進的時候，價格就在我面前，寫在報價板上，甚至在我買進之前，我就知道我將成交的價格是多少，於是我總能夠立刻把它拋掉。因為成交的速度非常快，所以我能成功地反手買賣。當我做對時，能夠繼續跟進；當我做錯時，能夠迅速地退出市場。舉例來說，有時我確信有檔股票將要上漲或下跌至少1點。不用太貪心，我只需交納1點的保證金，就能迅速賺一倍本金。或者賺0.5點也行。每天用一兩百股賺1點，那麼一個月下來，也是不錯的進帳。

然而問題是，即使對賭行有雄厚的資金來承擔損失，他們也不可能願意讓某個客戶總是贏錢，那種滋味實在太糟糕。

無論如何，在對賭行裡穩賺的交易技巧，在富勒頓公司就不靈了。在這裡，我是在真正地買進或賣出股票。比方說，當糖業股份公司的股票在

105美元時，我預見它會跌3點。電報機傳來的價格仍是105美元，但同一時間股票交易所裡的價格可能已經是104美元或103美元了。這時我下了一張賣出1,000股的指令單，傳遞給富勒頓公司的場內經紀人去執行，價格可能更低了。在我看到成交回報單以前，我一直無法得知我到底會以什麼價格賣出1,000股。我在對賭行裡做這樣的交易，能穩賺3,000美元，而在股票交易所裡，一分錢也賺不到。在A.R.富勒頓公司裡，行情收報機傳來的價格總是比交易所裡的交易價格慢得多，而我卻沒有意識到這一點，仍然採用過去的方法做買賣。

雪上加霜的是，做大手買賣的時候，我的賣單會在交易所裡壓低市價。而在對賭行裡，我就用不著考慮這個問題。我在紐約的交易虧損累累，因為這裡上演的遊戲規則和過去完全不同。我虧錢並不是因為我轉到紐約合法的經紀公司裡做合法的交易，而是源於我對現況的一知半解。從前說過，我分析行情的技巧很高，但這一點也救不了我。如果我是一名場內交易員，在交易所裡直接做交易，也許我能賺不少錢。

長話短說，我當時並沒有完全瞭解股票投機的精髓，我只是掌握了一部分，雖然這是一個很重要的部分，它過去對我一直很有價值。但是，在我掌握了這些交易技巧之後仍然虧錢，那麼，場外那些毫無經驗的新手又有什麼機會獲勝呢？

過沒多久，我就發現我的方法有問題，但我不能確定究竟是什麼問題。有時候，我的買賣系統似乎很有效，而有時卻突然接二連三受打擊。當時我只有22歲，並不是我固執己見，不願意去找出自己錯在哪裡，而是在那樣的年紀，誰都懂不了多少這方面的知識。

交易廳裡的人對我很友善，因此我不能自己想做多少就做多少，而是要照顧到他們的保證金額度。但老富勒頓和商行的其他人實在是對我太好

了，使得我做了6個月交易後，不僅把帶來的資本全輸光了，而且還欠了商行好幾百美元。在那裡，我只是一個孩子，第一次出門就摔得頭破血流，但是我知道這不是我自身的毛病，而是我的交易模式有問題。我不會跟股市嘔氣，也不會怪罪大盤分析理論，這樣對自己沒有半點用處。

我太渴望恢復交易了，一分鐘也不願耽誤，於是去找老富勒頓先生，對他說：「嗨，老兄，借給我500美元吧。」

「幹什麼用？」他問。

「我需要一些錢。」

「幹什麼用？」他堅持要我做出回答。

「當然是做保證金了。」我回答。

「500美元？」他一邊問一邊皺著眉頭，「你知道我們要收你10％的保證金，那就是說100股交1,000美元。你還是在公司裡賒帳好了。」

「不，」我說：「我不想這樣，我已經欠了商行的錢，我只是向你私人借500美元，然後我就可以拿到外面去賺一筆錢再回來。」

「你要怎麼做呢？」老富勒頓問道。

「我要去對賭行做。」我告訴他。

「就在這裡做吧。」他說。

「不，」我回道：「我在這裡沒有把握獲勝，但我敢肯定我可以把對賭行的錢賺出來。我懂那裡的玩法而且小有心得，也已經知道在這裡我錯

一些投資者跟著感覺走的選股方法，最大的毛病是，在股市大漲600點後，股票已經被高估，人們反而會感覺股市還會漲得更高，因而會在高位買入，結果股市調整而被嚴重套牢；而在股市大跌600點後，股票普遍被低估，人們反而感覺股市還會跌得更低，結果後來股市反彈而錯失低價買入良機。

★ 彼得・林區

在什麼地方了。」

　　他借給我500美元，我這個對賭行的投機小子便拿著這些錢走出了我曾經輸得精光的地方。我不能回老家去，因為那裡的對賭行不收我的錢。紐約也不可能，因為那時候那座城市不允許開辦這類業務。有人告訴我，在18世紀90年代，布羅德街（Broad Street）和新街（New Street）有很多這類機會，但在我需要他們的時候卻找不到一家。經過考慮，我決定去聖路易斯。我聽說那裡有兩家對賭行在中西部做著很大的生意，他們在十幾個城市開辦了分行，一定賺了很多錢。實際上，在營業額方面，東部的對賭行簡直無法和他們相提並論。他們公開營業，技術高超的人在那裡交易也不會受到任何限制。有個傢伙甚至告訴我，那裡有個商行的業主還是商業部的副部長。就這樣，我帶著借來的500美元朝那個地方走去，希望賺回一筆資金回到紐約的A.R.富勒頓公司充當保證金。

　　到了聖路易斯後，我先住進了旅店，梳洗一番後就上街去找對賭行。一家叫J.G.杜蘭公司（J.G.Dolan Company），另一家叫H.S.泰勒（H.S.Teller & Co.），我知道我能贏他們的錢。我必須保證絕對安全，因此極為小心謹慎。我唯一擔心的是，有人認出我，出賣我。因為全國的對賭行都知道「投機小子」的事。他們和賭場一樣，能打探到各種消息和謠傳。

　　我離杜蘭比泰勒近一些，因此我從杜蘭開始，但願他們能在趕走我之前讓我爭取到幾天的交易時間。我走進寬敞的交易廳，裡面至少有兩百人在盯著看報價。我很滿意，在這樣一大群人中間，我不容易引起別人的注意。我站著看了一會兒報價板，直到選定了我第一檔要買的股票。

　　我朝四周看了看，見接單員在窗子邊上，那是客戶交保證金取成交單的地方。他正看著我，於是我走上去問他：「這是買賣棉花和小麥期貨的

地方嗎？」

「是啊，小朋友。」他說。

「我也可以買股票嗎？」

「你只要有現金，就可以買到。」他說。

「啊，我有錢，有的是錢。」我說著，看上去就像一個愛誇耀自己的孩子。

「你有錢，是嗎？」他笑著問道。

「100美元能買多少？」我故意裝作有些氣惱地問。

「有100美元就買100股。」

「我有100美元，等等，是200美元，我有200美元！」我對他說。

「哇，好傢伙，真想不到！」他驚歎道。

「幫我買200股！」我不客氣地說。

「買200股什麼？」他認真地問，這次是在談生意了。

我再次望著報價板，像是在動腦筋猜謎一樣地告訴他：「200股奧馬哈（Omaha）。」

「好的。」他收了我的錢，點清後給我開了成交單。

「你什麼名字？」他問我。

我回答道：「霍拉斯・肯特（Horace Kent）。」

他把單子遞給我，我接過來便走到顧客中間坐著等待報價。我速戰速決，那天做了好幾次交易。第二天我故技重施，進展也很順利。兩天我賺了2,800美元，當時心裡還希望我能在這裡做完一星期。按我的成交率和賺頭，一週下來大概成績不壞。然後我再去別的對賭行，要是再有同樣的運氣，我就能滿載而歸地回紐約了。

第三天早上，當我裝作一副害羞模樣，去窗口買500股B.R.T的時候，

那個職員對我說：「嗨，肯特先生，我們老闆要見你。」

我知道事情敗露了，但還是裝作不解地問他：「他為什麼要見我？」

「不知道。」

「他在哪裡？」

「在他私人辦公室，」他指著一扇門對我說，「從那邊進去。」

我走了進去。老闆杜蘭正坐在桌旁。他轉過身來，指著一把椅子對我說：「坐下，李文斯頓。」

我最後的一線希望破滅了。我不知道他怎麼知道我的真實身分，大概是在旅店登記簿裡查到的。

「你要見我做什麼？」我問道。

「聽我說，年輕人，我對你沒有惡意。知道嗎？我一點也不想跟你過不去，一點也不想，明白嗎？」

「好吧，」我回應道：「但我不明白你在說什麼。」

他從椅子上站起身來，這傢伙是一個大塊頭。他對我說：「請你過來一點，李文斯頓，過來一點，好嗎？」

他一邊說一邊走到門邊去，開了門，指著交易大廳裡那些客戶，問我：「看見他們了吧？」

「看見什麼？」

「那些傢伙。好好看看他們吧，年輕人。那裡有300人，300人！他們供養著我和我們全家。懂嗎？300人啊！然後你來了，才花了兩天就收走了我兩個星期才從他身上刮來的那些錢。那可不是我的生意經，年輕人——那對我太不公平了。我不會與你過不去，但你該對你的收穫心滿意足了。你賺走的錢我就不計較了，但別想從我這裡再拿走一毛錢！」

「為什麼，我——」

「到此為止吧。前天我看見你進來，第一眼就不喜歡你。老實說，我一點也不喜歡你。我認出你是一個出格的玩家。我把那個蠢驢叫來——」他指著那個悔恨不已的職員：「我問他你買了什麼，他告訴我之後，我對他說：『我不喜歡那傢伙的樣子，他是一個詐騙犯！』那個蠢驢卻說：『騙子？不會的，老闆！他叫霍拉斯‧肯特，一個老實的毛頭小子，他沒問題！』聽他這麼說我才沒有理會，結果這傻瓜害我損失了2800美元！我不怪你，年輕人，我對你並不吝嗇，但是現在，我不能再給你任何機會來賺我的錢。」

「聽我——」我想再說點什麼。

「你看，李文斯頓，」他搶著說：「我知道你的底細，我要賺我顧客的錢，你卻不屬於這些人。我的目標是捕獵，而你呢？卻撲在我的獵物上。再這樣下去，我倒成獵物了。現在既然我知道你是誰了，那你就快走吧，小子！」

就這樣，我帶著我賺來的2,800美元離開了杜蘭營業大廳。泰勒的交易廳就在同一個街區。我已經打聽清楚了，泰勒非常富有，還開了好幾家其他的店鋪。我決定去他的對賭行。我考慮著，究竟是小筆買賣開始，適當慢慢加大到1,000股，還是一開始就大筆投入呢？因為考慮到我可能只有一天的機會，一旦他們發現虧本，就會很快變聰明，那樣我就再也沒有機會了。但我確實想買1,000股B.R.T，而且我確信可以賺到4～5點。不過，如果他們產生了懷疑，或者有許多其他的顧客都買了這檔股票，他們就可能根本不讓我進場。我覺得或許起初我還是分散資金，先從小筆開始為好。

這裡的交易廳沒有杜蘭大，但人員結構要好一些，明顯看得出來，這裡的客戶群來自更加富有的階層。這對我來說再適合不過了，我便決定買1,000股B.R.T。於是，我走到相應的窗口前，對櫃員說：「我想買一些

B.R.T，有限額嗎？」

「沒有限制，」營業員說，「你可以想買多少就買多少——只要你有錢。」

「買1,500股。」我一邊說著，一邊從衣袋裡掏出我的鈔票，而櫃員已經在為我開立成交單了。

就在這時，我看見一個紅頭髮的男人從櫃檯邊推開了那個櫃員，靠在窗口對我說：「嗨，李文斯頓，你去杜蘭公司吧，我們不做你的生意。」

「等我拿到成交單再說，」我說：「我剛買了一些B.R.T股票。」

「你拿不到成交單了，」他說。這時候，其他的營業員們都站在他的背後看著我。「請你再也不要到這裡來買股票，我們不做你的生意。明白嗎？」

我知道，在那種情形下，無論生氣或爭執都無濟於事。於是我便離開交易廳回到旅店，結清帳款，乘第一班快車回到紐約。我本想賺回一筆錢來，可沒想到泰勒居然一手交易都不讓我做。

我回到紐約，還了老富勒頓的500美元，又開始用在聖路易斯賺來的錢買賣股票。我的手氣時好時壞，不過整體還不錯，遠遠不只是保本不虧。畢竟我的交易技巧要改變的地方並不多，我認識到我過去對股票投資並沒能深入地瞭解。我就像那些玩字謎遊戲的玩家一樣，星期天總要補做報紙上的填字遊戲，不做完絕不收手。我非常希望自己能找到買賣股票的

我在金融領域的所作所為和別人的確有些不一樣，但我經常能取得成功，更主要的是我設計有一個模擬系統，也可以說是投資假設。就像進行試驗那樣，模擬、假設金融市場炒風驟起之時，當局會出什麼牌，據此決定我的投資決策。

★ 彼得‧林區

訣竅。當時我以為自己再也不會在對賭行裡交易了，可是事實並不像我認為的那樣。

　　大約在我回到紐約幾個月後，一個老人來到了富勒頓商行，他認識老富勒頓。有人說他們曾一起買過一群賽馬，很明顯，這位老人曾經有過光彩的好日子。經人介紹，我認識了老麥克·德威特（Mc Devitt），他正對一群人講西部賽馬騙子們在聖路易斯剛做成的一場詐騙案，他說：為首的就是開對賭行的泰勒。

　　「哪個泰勒？」我問他。

　　「H.S.泰勒。」

　　「我認得那傢伙。」我說。

　　「他是一個笨蛋。」德威特說。

　　「他壞透了，」我說：「我還有一筆小帳要跟他算。」

　　「怎麼算？」

　　「教訓這夥人的唯一辦法就是從他們的錢包入手！我現在在聖路易斯動不了他，但是總有一天，我要找他算帳。」我把自己的委屈告訴了他。

　　「啊，」老麥克說：「他曾經設法在紐約設點，但沒有成功，所以另在霍博肯（Hoboken）開了個分行。有消息說，那裡不限交易數額，生意很好。」

　　「什麼分行？」我猜他說的是對賭行。

　　「對賭行。」麥克說道。

　　「你敢肯定他開張營業了嗎？」

　　「沒錯，我已經聽到好幾個夥伴都跟我說過這家店了。」

　　「那只是道聽塗說，」我說：「能不能麻煩你確認一下他是否開張，還要問清楚一個人能允許做多少股？」

「好吧，小傢伙，」麥克・德威特說：「我明天親自去看，回來就告訴你。」

他跑了一趟，帶回來的消息說泰勒的生意正好，而且對投資者交易是來者不拒。那天是星期五，整整一週，股市都在上漲——記住，那是20年前——可以肯定，星期六公布的銀行報告必定顯示，銀行超額準備金大幅下降。因此大戶們有十足的理由投入市場，去動搖那些虛弱的信託商行。當天最後半小時交易，市場將一如既往地明顯回落，特別是那些最活躍的股票。當然，那些也正是泰勒的客戶們大量做多的股票，所以對賭行會很高興看到有人做空這些股票。沒有比兩頭捉弄這些傻瓜更令人愉快的了。這樣操作起來也沒什麼難的——因為散戶們只交了1點的保證金。

那個星期六的早上，我趕到霍博肯並走到泰勒的對賭行。他們正在裝修一間嶄新而且巨大的交易廳並掛上了豪華的報價牌，裡面還有一大群交易員和一支穿著灰色制服的特警隊，裡面大約有25個顧客。

我去找經理聊天，他表示願意為我效勞，我什麼也不需要他為我做，只是告訴他，大家在賽馬場上憑運氣賺來的錢比這裡多得多，而且沒有任何阻礙，可以自由地交易，能在瞬間賺到成千上萬的錢。不像在這裡，只能賺一點零花錢還需要等上好幾天才能出手。他開始勸說我，要我相信股市很安全，他們有很多顧客都賺了大錢——你一定認出了，這是那種常見的經紀人，他們代你買賣交易所的股票，還要你相信一個人只要買賣做得大，就會賺到令人滿意的錢。他一定以為我是揣著大把的鈔票來的，因此很想拉我入市，好讓他有機會得利。為此他還說，我得抓緊時機，星期六2點就收市了，辦完事還可以有一個下午去做別的事——要是我選對股票，我就可能賺得更多了。

我露出一副不相信的神色，因此他繼續對我勸說不已。我看著掛鐘，

到十一點一刻了，我說：「好吧。」然後給了他幾種股票的賣空指令，我投入了2,000美元現金，他很高興地收下了，並且說他認為我一定會賺大錢，而且希望我常常來。

後來的一切進展果然都在我的預料之中。許多交易商拋售打壓股價以觸發那些市場裡的停損單，當然價格明顯下滑了。我就在最後五分鐘價格回升之前把我賣空的股票平倉了。

我總共賺了5,100美元，我走過去換現金。

「我真高興自己入市了。」我對經理說，並把單子給他。

「呃，」他對我說：「我付不了你那麼多，我沒預料到會有這麼大的行情。星期一上午我一定替你準備好，到時你來這裡取吧。」

「好吧，」我說：「不過你先把你付得起的錢給我。」

「拜託了，這點現金我還得兌付給那些散戶呢，」他說：「我先把你的保證金還給你，然後剩下多少還你多少。但這得讓我先兌付完其他的成交單。」

於是，我在一邊等著，讓他先兌付其他贏家。嗯，我知道自己的錢是安全的，泰勒不會在這裡賴帳。而且，即使他真的食言，除了拿走目前剩下的所有的錢之外，還有什麼好辦法呢？那天我拿回了自己的2,000美元，另外還有800美元，這就是營業廳剩下的所有的錢了。我對經理說，星期一不見不散。他發誓，到時候一定準備好錢等著我。

星期一上午12點前，我到達霍博肯。我看到一個人正在與經理交談，泰勒叫我滾到杜蘭去的那天，我曾在聖路易斯辦公室見過此人。我立刻意識到經理向總部發過電報，於是他們派了一個人調查這件事。騙子不相信任何人。

「我來結算剩下的錢。」我對經理說。

「就是這個人？」從聖路易斯來的傢伙問。

「是的。」經理一面回答，一面從口袋裡抽出一疊嶄新的鈔票。

「等等！」那傢伙對經理嚷著，然後轉向我：「李文斯頓，難道我們沒對你講過，我們不做你的生意嗎？」

「先把錢給我。」我對經理說，他勉強地抽出兩張1,000美元鈔票，4張500美元鈔票，最後是3張100美元鈔票。

「你剛才說什麼？」我收好錢，問聖路易斯的那個人。

「我們對你說過，我們不歡迎你在我們的地盤交易。」

「是的，」我說：「我正是為此而來。」

「別再來了，走遠點兒！」他吼了起來。身著灰色制服的保安人員聽到聲音後小心地走來張望。聖路易斯的人對經理揮舞著拳頭，喊道：「你早就該瞭解情況的，竟然犯了如此愚蠢的錯誤，讓這個傢伙鑽你的漏洞。他是李文斯頓。我們之前警告過你。」

「仔細聽著，你這傢伙，」我對聖路易斯的人說：「這裡不是聖路易斯，你不能隨便取消任何成交單，就像你的老闆對待客戶那樣耍花招。」

傑西‧李佛摩（Jesse Livermore，1877年7月26日—1940年11月28日），曾經直到20世紀20年代後期都是華爾街的傳奇人物和「最大的空頭」。有著一頭金髮的李佛摩，也是那個時代最時髦的百萬富翁。

「出去！你不能在這裡做交易！」他喊著。

「如果我不能在這裡交易，別人也不會來的，」我警告他：「你無法用那套鬼把戲騙人。」

那人一聽到這話，口氣立刻軟下來。「年輕人，」他不安地說：「幫幫忙吧，講點道理！你知道我們不能天天遇到這種事情。要是老頭子聽說誰做了這事，一定會暴跳如雷的。請發發善心吧，李文斯頓！」

「我會適可而止的。」我許諾道。

「你會理智些的，對吧？看在上帝的分上，請離開！給我們一個重新開始的機會。我們才剛剛來到這裡，好不好？」

「下次我來的時候，不許用這樣傲慢的態度對待我。」我說完轉身離開，留下他對經理滔滔不絕地呵斥。我已經以他們在聖路易斯對付我的方式回敬了對方，所以也沒多大必要把事情鬧大或設法搞砸他們的生意。我回到老富勒頓的辦公室，把經過告訴了麥克，然後我說，如果他同意，希望他去泰勒的地盤交易20或30股，以便讓他們曉得有這麼個人。等我看準一個賺大錢的機會，就打電話通知他，讓他大賺一筆。

我給了麥克1,000美元，他帶著那些錢去了霍博肯，依我的話行事。他很快成了那裡的常客。不久之後，我覺得機會來了，悄悄通知麥克，他賣空了最大的股票限額。那天，除了付給麥克的傭金和開銷，我賺了2,800美元，或許麥克私下還留了一點。隨後不到一個月，泰勒關閉了霍博肯的分

看不清股市形勢時也去投資，這是對自己不負責任的做法。市場時起時落，人們有時持這種看法，有時持那種看法，這都是正常的。不正常的是，當投資者拿不定該買入還是拋出時，卻不迴避一下，勉強投資，結果當然不會好。

★ 索羅斯

支機構。於是，警方開始忙碌起來。不管怎麼說，我沒賠本，我只在那裡做了兩次交易。我們正好碰上了瘋狂的牛市，股價價格很少回落，甚至不足以把1點的保證金洗出去，以使客戶們不易被清理出局。幾乎所有的客戶都持多頭，盈利頗豐。全國許多對賭行都倒閉了。

他們的遊戲規則從此改變了。與在一家有名氣的股票經紀行做交易相比，在老式的對賭行更容易成功。其中一個原因是，當你虧完保證金而被自動清除部位時，你的交易自動終止，這是最好的停損方法。在交易所裡有時當股價朝不利的方向發展時，你會因無法及時成交而擴大損失。在紐約，對賭行對待顧客從不像我在西部聽說的那麼慷慨。他們過去常把某些惹人注意的股票盈利限制在2點以內。

糖業與田納西煤鐵（Tennessee Coal and Iro）公司即屬此例。哪怕它們的股票十分鐘內漲了十點，你也只能在一張單子上賺點。他們算準了，不讓客戶有太多的獲利機會，否則，客戶的贏面就大了，處處是賠一賺十的機會。曾經有一度，所有的對賭行，甚至最大的一家，都拒絕交易某些股票。1900年大選前的一天，麥金萊①（McKinley）勝出已經是確定的事了，於是紐約沒有一家對賭行允許投資人購買股票。麥金萊的勝選機率高達3：1，若是星期一購買股票，你認為會贏3～6點，或許更多。你也可以打賭布萊恩②（Bryan）會當選，買進股票也有把握盈利。然而那天對賭行拒絕交易。

要是他們不拒絕而接受我的交易，我會永遠在對賭行做下去。要是那樣，我就只會抓住上下幾點的波幅賺些小利，就再也學不到更多的股票投機技巧了。

【注釋】

1. 威廉・麥金萊（1843年1月29日—1901年9月14日）是美國第25任總統，生於俄亥俄州。1896年，麥金萊參加競選獲得總統職位。執政之後，他提高關稅，穩定貨幣，使美國經濟迅速有了很大的起色，他也因此被人們稱為「繁榮總統」。1900年，麥金萊以前所未有的票數贏得了總統大選，並於1901年3月4日就職，開始了他的第二屆總統任期。6個月過後的9月15日，總統威廉・麥金萊遇刺離開了人世。——譯者注

2. 威廉・詹寧斯・布萊恩（William Jennings Bryan，1860年3月19日—1925年7月26日），美國政治家、律師。能言善辯，曾三次代表民主黨競選總統（1896、1900、1908年），均失敗。威爾遜總統上臺後任命他為國務卿，後因對於盧西塔尼亞號事件的意見與威爾遜不一致而辭職。——譯者注

第3章：股市上只有看對的一方

　　一個人要花很長的時間才能從自己的錯誤中吸取教訓。雖說凡事都有兩面性，但對股市而言，只有一面，既非牛市的一面，也非熊市的一面，而是正確的一面。這是我在熟悉了大部分的股票投機技巧後，才深深印入腦海中的一條普遍原則。

　　我聽說過有些人喜歡自娛自樂，在股市進行模擬操作，並以想像的美元數字證明其水準高超。有時候，這類虛擬的賭徒會賺大錢。按照這種方式，似乎成為優秀的投機客非常容易。這讓我想起一個老故事，說的是一個第二天就要決鬥的人。

　　他的助手問他：「你是個好射手嗎？」

　　「嗯，」決鬥者說：「我可以在20步以外擊中葡萄酒杯的杯腳。」他略顯謙虛。

　　「這很好。」不為所動的副手繼續問：「如果酒杯上有一枝子彈上膛的手槍正指著你的心臟，你還能擊中酒杯腳嗎？」

　　對我來說，我必須用賺的錢來證明自己的觀點。之前的虧損教會了我：除非自己確信不會後退，我才能前進。如果不能前進，我就會按兵不動。我這麼說，並不是指一個人出錯時不該限制損失。限制損失是應當的，只是不能因此養成優柔寡斷的處事習慣。我這一輩子幾乎一直都在犯錯，然而在錯誤中，我也獲得了經驗，累積了許多頗有價值的「幾不做」

原則。我也有過賠得很慘的時候，但總算不是徹底的虧損。否則，我此刻也就不在這裡了。我始終清醒地相信自己會有下一次機會，而且不重複同樣的錯誤。我信任自己。

要想在這個遊戲裡生存，你必須相信自己，相信自己的判斷，這也是我不聽信種種所謂內線消息的原因。如果買進證券是按照某個人的內線消息，那麼賣出這些證券也必須要按照他的內線消息，那我就在依靠他了。如果這個人度假去，而恰好賣出的時機來了，要怎麼辦呢？因此沒有人能依靠別人來發財。我從自己的親身經歷體悟到，沒有誰向我提供消息讓我賺的錢比我根據自己的判斷賺到的錢更多。我總共花了五年的時間，才學會在判斷正確的時候儘量抓住機會多賺錢。

實話實說，我沒有多少你所想像的有趣經歷。我的意思是，學習如何投機的過程似乎並不富有戲劇性。我曾經幾度破產，這當然令人不快，但我輸的方式和那些在華爾街的人是一樣的。投機，是一椿艱苦的冒險行為，投資者必須始終全心地投入到工作中，不然，很快便會一敗塗地、無工可做。

其實在富勒頓受挫後我的任務就明確了，非常簡單：從另外一個角度觀察投機。但是，我沒有意識到有更多的遊戲內容是在對賭行裡學不到的。我自以為在交易中遊刃有餘，實際只是在對賭行略有勝績而已。不過，對賭行的經歷確實增強了我的行情分析能力，對記憶力的訓練更是可貴。對這兩項，我得心應手。作為一個交易商，我把自己早期的成功歸於

> 人們認為我不會出錯，這完全是一種誤解。我坦率地說，對任何事情，我和其他人犯同樣多的錯誤。不過，我的過人之處在於我能認識自己的錯誤。這便是成功的祕密。
>
> ★ 索羅斯

這兩點，而不是頭腦靈活或知識廣泛，因為當時我的思考能力未受訓練，並且在知識上也很匱乏。我接受的是市場教育，遊戲本身教會了我如何遊戲。教法總是無情而有效的，讓我經一事，長一智。

我至今還記得自己剛到紐約的那一天。我曾經說過，對賭行拒絕我的生意，因此，我不得不去找一家可靠的證券經紀商。我過去的一位同事當時在為哈丁兄弟（Harding Brothers）公司工作。我是那天早晨到達這座城市的，然後中午一點之前，我就在哈丁公司開了帳戶，準備做交易。

對我來說，像在對賭行那樣做交易是再自然不過了，也就是看準股價的波動趨勢，抓住雖然微小，但肯定會有的差價來盈利。初到紐約，我仍然如此行事。沒有人告訴我和過去的區別。要是有人說我的辦法行不通，那我肯定會實際操作一番以檢驗之。因為只有一件事能說明我錯了——那就是「賠錢」。而我唯一正確的時候就是「賺錢」。這就是投機生意。

那些日子，投機者們生機勃勃，股市相當活躍，令人鼓舞。我頓時找到了如魚得水的感覺，陳舊而熟悉的股市行情佈告牌就在眼前，牌上的語言在我15歲之前就已經學過。有一個人做著我最初工作時同樣的事情。股民們目不轉睛地盯著佈告牌，高聲嚷嚷著價錢，談論著股市。就連他們使用的設備也是我所熟悉的。那裡的空氣，幾乎與我利用伯靈頓賺第一筆錢（3.12美元）時呼吸到的一模一樣。同樣的行情，同樣的股民，做著同樣的遊戲。還記得嗎？當時我才22歲。我以為自己已經充分瞭解遊戲了。於是我對自己說：為什麼不試試呢？

我密切關注著佈告牌，看準一種有利可圖的股票，它走勢良好。我以84美元買進100股，半小時內，又以85美元拋出。然後，我又發現了另一種有利可圖的股票，於是如法炮製。很短時間內，各賺了0.75點。我開了個好頭，是吧？

現在請看仔細：作為一家知名的證券商的客戶，第一天，在當時僅剩下兩個小時的交易時間裡，我就交易了1,100股，買進賣出。結果呢？那天的炒作最終使我損失了1,100美元。這個意思是，我在紐約證券交易所初試鋒芒時，一半的資本都付諸東流。請注意，其中一部分交易是獲利的，然而，那天我總共賠了1,100美元。

這一切並沒有令我不安，因為我看不出自己究竟做錯了什麼。我操作的步驟相當穩妥，相信如果在以前的大都會對賭行裡做，一定會成功。我想，大概是這個機構當時運轉得不太正常，所以才會損失了1,100美元，只要管理者狀態良好，就沒必要擔心。唉，22歲的年輕人無知起來正是一個足以致命的缺陷。

過了幾天，我對自己說：「不能這樣交易下去了，這裡的紙帶機沒有發揮出應有的參考作用！」但也僅僅如此，我沒有繼續研究下去。我還在交易，時好時壞，直到賠光了所有的錢。我又去見老富勒頓，請他借給我500美元。後來，帶著再次從對賭行賺來的錢，前面我曾經說過，在那裡我總能贏，我從聖路易斯回到紐約。

回來後，我開始更謹慎地交易，確實有一段時間做得很出色。境況一好轉，我便儘量生活得更舒適些，結交新朋友，過得很開心。別忘了，我那時還不到23歲，獨自一人在紐約闖蕩，懷裡揣著賺來的錢，滿是一腔要在紐約股市站住腳的信念。

我更為謹慎地從事著真正的股票交易。但我依然固執地堅信著紙帶資訊，而不理會其他因素。事實上，只要我不改變交易方式，就永遠看不出遊戲有什麼異常。

1901年，我們進入一個經濟大增長的時代，對於一個年輕人來說，我是賺了一大筆錢。還記得那段美妙的舊時光嗎？國家空前繁榮。我們不

僅迎來了勢不可擋的工業兼併和資本組合浪潮①，而且公眾一波接一波地瘋狂湧入股市。我聽說過，華爾街之前號稱自己擁有日成交量25萬股，面值2,500萬美元易手的記錄。然而在1901年，人們創下了日成交量300萬股的新紀錄！那年頭，差不多人人都在賺錢。鋼鐵幫進城了，這是一群揮金如土的百萬富翁，唯一令他們滿足的遊戲便是買賣股票。我們曾經見過這樣的巨頭：約翰‧蓋茲（John Gates），一開口就是「和你賭一百萬」，還有他的那些朋友，像約翰‧A.德瑞克（John A.Drake）、洛依爾‧史密斯（Loyal Smith）等等。里德-里茲-摩爾（Reid-Leeds-Moore）集團賣出鋼鐵公司股份，隨後又在開放股市裡買了羅德島集團（Rock Island system）的大多數股份。還有施瓦布（Schwab）、佛瑞克（Frick）、菲普斯（Phipps）及匹茲堡集團（Pittsburgh coterie）都是這樣。更不用說那些在機構重組中失業但換個行業即可稱為冒險家的人了。一個股票經紀人在短短幾分鐘內就可以拋售十萬股。這是多麼精彩的時代！這是多麼精彩的贏家！另外，人們無須為賣出股票而納稅。啊，真是一段好日子啊！

自然，每過一陣子，我都會聽到一些股市要暴跌的傳言。那些老手們說除了他們以外，人們都瘋了。但事實卻是，除了他們之外，人人都在賺錢！我當然知道，漲勢總有盡頭，什麼都買的瘋狂勁必定有停止的一天，我做好了對付熊市的心理準備。然而，每次我的拋出總是虧了一些，若非我動作迅捷，一定會損失得更多。我希望捕獲跳水行情，我變得更加謹慎，買進做多的時候獲利，賣出做空的時候卻一點點虧掉——結果在那場大繁榮中，我並沒賺大錢。儘管根據我通常的大手買賣，你們會認為我應當賺了很多錢。

僅有一檔股票我一直留在手上，那就是北太平洋鐵路（Northern Pacific）股票。我對閱讀紙帶得心應手，認真分析之後，認為大多數股票

都穩定了，而北太平洋表現良好，似乎還會上漲。現在我們都知道，當時無論普通股還是優先股，都在被庫恩－盧伯－哈里曼集團（Kuhn-Loeb-Harriman combination）穩步收購。我不顧辦公室其他人的勸說，牢牢地捂住了1000股北太平洋普通股。當它漲到110時，我便有了30點的盈利。我抓住這個機會，賺了近5萬美元的利潤，賺到了那時自己最大的一筆收入。對一個年輕年輕人來講，幾個月前還在同一地點賠得精光，這已經很不錯了。

　　你也許還記得，當時哈里曼集團通知了摩根—希爾（Morgan-Hill）財團說明，他們有意取代摩根財團在北太平洋公司的地位，於是摩根財團先指示尼恩買5萬股北太平洋股，以確保其在該公司的控股權。我已經聽說，尼恩告訴羅伯茲‧培根[2]（Robert Bacon）做好買進15萬股的匯票，銀行家羅伯茲執行了。不管怎樣，反正尼恩派了一個他的經紀人，艾迪‧諾頓（Eddie Nprton），去北太平洋集團買入10萬股。我感覺，之後又有一個買入指令，他們接著又買了5萬股，一場著名的收購戰[3]隨之而來。在1901年5月8日市場收市後，全世界都知道兩個金融寡頭間的較量正在進行。在此之前，在這個國家，還從來沒有如此規模的資本集團爭鬥過。哈里曼對摩根，真是旗鼓相當。

　　5月9日，第二天早晨，我手裡有近5萬美元現金，沒有一張股票。我之前提到過，對熊市我已有所準備，現在機會終於來了。我知道將會發生什麼：先是暴跌，然後是廉價得驚人的股票，很快市場又會反彈，接著便是當初低價買進的人賺大錢！這都用不著請福爾摩斯來推理，我們將迎來一個稍縱即逝的機遇，捕獲一個來回，因為不僅獲利巨大，而且幾乎十拿九穩。

　　之後發生的每件事都如我所料。我完全正確——然而，賠了個精光！

我被一些意外擊敗了。怎能沒有出人意料的事情發生呢？要不然人與人之間就沒有差別了，生活也失去了樂趣。炒股遊戲會變成枯燥的加加減減，讓我們變成想法僵化的記錄員。正是投機中的競猜，拓展了人們的大腦思維能力。

索性把你要做的事當作猜謎吧。為了猜對，我們不得不做許多的功課啊。

股市如我期望的一樣，又相當熱絡了。成交量之巨大，股價波動之劇烈，再創新高。我遞交了一大堆賣單。我看到開盤價的那一刻，形勢並不樂觀。我的經紀人忙碌地操作著，他們精明能幹，和其他經紀人沒什麼兩樣。可是，當他們執行我的賣單時，股市已跌了20多點。因為成交量巨大，紙帶記錄和相關報告傳來的資訊遠遠落後於實際的市場行情。我按紙帶提出的賣價，譬如100美元下單賣出股票，被他們以80美元的成交價格出手，實際賣價已經比頭天晚上的收盤價跌了30或40點，就好像我花了錢使它們降到我想買進的低價。但我想，股市總不會沒完沒了地跌下去，因此很快決定平掉空頭轉做多頭。

我的經紀人買進了股票，以證券交易所接到買單時的價格，而不是以能令我獲得轉機的股價買進。他們的成交價比我預計的平均高15點。沒人受得了一天之內損失35點。

由於紙帶機傳來的資訊難以及時反映股市變化，斷送了我的獲利。畢竟我已經習慣於根據紙帶資訊做出判斷，但這一次，我的好幫手——紙帶愚弄了我。紙帶機列印出來的價格與實際價格的差異搞砸了我的買賣。以前就曾導致我失敗的同樣原因再次打擊了我。現在看來很明顯，從不理會經紀人如何成交，僅僅靠閱讀紙帶是遠遠不夠的。我驚訝於當時自己為什麼沒有認清這一點並找到解決辦法來及時補救呢？

我因此做得越加糟糕。我不停地交易，買進賣出，不考慮經紀人的操作。你看，我從不用限價單交易。我總覺得必須在股市裡把握機會，我要打敗的是股市，不是某個價位。當我覺得應當拋出時，我就拋出。當我覺得股市會上漲時，我就買進。最終，對普遍投機原則的篤信拯救了我。如果在對賭行使用的方法──簡單地以有限價格交易適用於大型證券機構，我可能學不到真正的證券投資。如果不是賠錢，我恐怕只能根據淺陋的經驗繼續冒險。

　　為了儘量減少紙帶機滯後股市的不利影響，每次我都試圖限制買賣價格，結果卻發現股市總是變化得更快，因此我不得不放棄這種念頭。我沒法說清楚，我花了許多年，才認識到不能醉心於對眼前股市下注押寶，而是應該抓住較大的漲跌波幅。

　　經過5月9日的失敗後，我便改進操作方法，然而仍舊有欠缺。如果不是有部分時間還能獲利，也許我能更快地掌握股市規律。然而，我賺的錢足夠我過舒適的生活。我喜歡結交朋友，享受快樂時光。與所有華爾街的交易商一樣，那年夏天我住進紐澤西（New Jersey）海濱。說真的，我當時賺的錢其實還不夠從容地平衡虧損和生活開銷。

　　我不再固執地堅持以往的交易方法。不過，我還是說不清癥結所在，當然更談不上解決問題了。我反覆強調這一點，是想說明在真正賺大錢之前，我得經歷許多挫折。打個比方來說吧，與高性能的來福槍相比，我已經感到自己的老獵槍在大獵場中劣勢越發明顯了。

　　一旦在路邊聽到什麼小道消息，或者在公車上聽到什麼傳聞，或者偶然在報紙雜誌上看到什麼評論，都可能讓一些投資者為一個盈利前景十分可疑的機會而心潮澎湃，又會用自己的閒錢來玩玩，賭上一把。

★ 彼得・林區

就在那年秋天，我不僅輸光了所有的錢，也對不再穩操勝券的股市遊戲感到厭倦，以致我決定離開紐約，到別的地方換個行業做做。從14歲起，我就開始交易。15歲時，賺了第1個1,000美元；21歲前，賺了第1個1萬美元。我曾經不止一次地賺到、又賠掉1萬美元的賭本。然而幾年後，我又回到了當初的起點。更糟糕的是，我養成了奢侈的習慣，雖然它不如賠錢那樣令我心煩意亂、倍感困惑。

【注釋】

1. 1901年前後，美國經濟持續繁榮，出現了一波企業兼併浪潮。據統計，一家大公司的兼併占83.5%，其中5家以上企業合併為一家企業的兼併至少占75%，10家以上企業合併為一家企業的兼併占26%。比如，在1901年當年，多家大型鋼鐵企業進行重組，成立了美國鋼鐵公司，該公司資產達14億美元，前後11年裡共有785家中小鋼鐵企業，被重組到美國鋼鐵公司當中。——譯者注

2. 羅伯茲・培根（1860年7月5日～1919年5月29日），美國金融家、外交家，創紀錄的擔任了一個月零9天的美國國務卿。作為一名政治家和外交家，他表現平平。但作為一名金融家，他稱得上老謀深算，他是美國最大的金融帝國之一——摩根財團的董事，參與了公司許多重要活動，為公司的壯大立下了汗馬功勞。——譯者注

3. 一場發生在當時美國最為顯赫的兩大銀行巨頭之間的收購戰爭——J.P.摩根（摩根銀行的創始人）和雅各・謝弗。戰爭的導火線是E.H.哈里曼，這位先生是當時著名的聯合太平洋鐵路公司的實際控制人。1898年他接手了瀕臨破產的聯合太平洋鐵路，後來中西部農場日漸繁榮，使得聯合太平洋鐵路成了一棵搖錢樹。1901年，哈里曼在謀求北太平洋公司控制的一小段對他能夠造成威脅的鐵路的控制權時受挫，於是哈里曼決定利用收購北太平洋公司來永遠地解決這個問題。由此引發了兩大銀行巨頭之間的戰爭。

當時與哈里曼合作的銀行家就是雅各・謝弗，而北太平洋公司的控制人希

爾則是摩根銀行的重要客戶，因此對希爾的北太平洋鐵路動手就等於是挑戰摩根銀行。謝弗先下手為強，動作迅速地把北太平洋公司的大部分優先股收購到手，同時還持有了相當數量的普通股票，這使哈里曼控制了絕大多數的北太平洋公司的股票，而對普通股票的收購還在繼續。而此時摩根還在歐洲，對此一無所知。

摩根銀行最終還是識破了謝弗的計畫，並立刻致電摩根，要求他授權銀行在5月6日（星期一）開盤購買15萬股北太平洋公司的普通股票（總股票數是80萬股）。留給希爾的最後一線希望就是獲得大多數的普通股票，然後讓公司做出決定，回購優先股（法律賦予了公司這個權利），這樣希爾就能夠重新獲得公司的控制權。而實施這個計畫要花費1500萬美元，摩根同意了。於是摩根和謝弗之間的戰爭開始了。

星期一早上一開盤，激烈的股票搶購戰就開始了，這時兩個巨頭總共持有北太平洋公司80萬普通股票中的63萬股，而到了星期二收盤的時候他們掌控的數字就變成了75.4萬，市場上僅剩下了4.6萬股在流通。

當時市場上的股票空頭們都在盼望股價的下跌，等他們意識到這是摩根和謝弗兩個人的較量時，一切都太晚了。他們只能拋出自己手中的其他股票，然後以高價購買北太平洋股票來履行合約。於是很多空頭已經傾家蕩產時，股票價格還在上揚。空頭們的恐慌還在持續著，由於北太平洋股票的價格不斷增長，空頭們不得不大量拋售其他公司的股票來高價購買北太平洋股票以履行合約。在巨大的賣壓下，其他股票的價格也出現了連鎖效應。例如美國鋼鐵公司（United States Steel）的股票短短幾天內就從54.75美元直降到26美元。直到週四下午，J.P.摩根和雅各·謝弗終於簽訂了緊急停戰協定。兩家銀行宣布不再購買北太平洋公司的股票，同時允許所有的空頭以150美元的價格（當時北太平洋的股價在1000多美元）平倉，把很多人又從破產的邊緣拉了回來。戰爭結束了。——譯者注

第4章：避免做虧錢的事

　　就這樣，我回到了家鄉。然而從歸來的那一刻起，我就猛然地意識到自己的生活裡只有一項使命——再回華爾街冒險！我迫切想要找到一些資本，然後重新殺回華爾街。華爾街是這個國家裡我唯一能大筆交易的地方。總有一天，等我找回了感覺，有了一定積蓄，就需要這樣一塊用武之地。你瞭解的，當一個人感覺良好的時候，他便更渴望得到有利條件的支持。

　　儘管沒抱多少希望，但我還是想重新進入對賭行。當時城裡已經沒有太多對賭行了，其中幾家的主人我還不認識。那些認識我的老闆，仍然不肯給我機會再試身手，儘管我如實地向他們解釋了，諸如在紐約，我賠掉了全部積蓄；實際上，我並非如自己想像的那樣對股市瞭若指掌；允許我進行交易絲毫無損他們的利益等等。可是他們還是不同意。那些新開的對賭行也靠不住，那些新老闆認為：即便客戶有把握，他也應該像一位紳士般的只買進20股。

　　我需要錢，考慮到那些規模較大的對賭行可以從其他客戶那裡吸納充足的資金，因此我找了一個朋友，合夥去對賭行交易。我只是偶爾進去掃一眼，便抽身退出。但有些時候，我會忍不住巧言相勸某位營業員讓我做一次，哪怕只有50股。當然他們都拒絕了。我與朋友臨時編了一套暗語，好讓他及時按照我說的去買賣。這辦法雖然能解燃眉之急，但對我來說，

依然是杯水車薪。很快，這家對賭行嚷嚷著要收回我朋友的單據。終於有一天，當他想賣出100股聖保羅（St.Paul）股票時，被人取消了他的交易資格。

後來我們才知道事情的原委。一個客戶看到我們在外面交談，便進去告訴對賭行的人。等我朋友到填單處去填100股聖保羅（St.Paul）的賣單時，櫃員冷冷地說：「我們不收任何聖保羅的賣單，尤其是你的。」

「為什麼，怎麼回事，喬？」我的朋友問。

「停止交易，沒什麼好說的。」喬回答。

「難道這些錢不好嗎？瞧這裡，仔細瞧瞧。」我的朋友遞進去100美元，那是我的100美元，一共10張的10美元面鈔。喬惱怒地看著他，他也盡量顯得義憤填膺，而我在一旁靜靜地看著這一切。如同每次聽到店家與顧客發生口角那樣，其他客戶漸漸圍了過去。為了瞭解公司是否有清償能力，他們總是樂意湊湊熱鬧。

櫃員喬，大概是一位副理，他走出櫃檯，走向我的朋友，看看他，又看看我。

「太可笑了，」他慢吞吞地說：「實在太可笑了！你的朋友李文斯頓不在的時候，你什麼都不做，只是瞧著佈告牌，甚至傻坐上個把鐘頭，一聲不吭。但他一來，你就忽然忙碌起來。就算你只為自己交易，也不能再來這裡了。我們從未變更交易規則，只不過不允許李文斯頓在背後指使你買賣。」

唉，我的生路就這麼斷了。幸虧除去花銷，我還淨賺幾百美元。我思考著怎麼個花法更划算，以便更快地賺夠回紐約的錢。我想下次自己一定會做得更好。我現在有時間靜心反思那些愚蠢的失誤，並逐漸清晰地瞭解到，首要目標是進行新一輪冒險。你瞧，當一個人站得遠一些，他就能更

全面地看清事物的本來面目。當務之急是籌集一筆新本金。

　　一天，我在一家旅館大廳裡與一些熟人交談，他們都是業績相當穩健的交易者。大家在一起談論證券業，我說：「就我的經歷而言，當一個人在證券交易所炒作時，要是經紀人的執行不力，沒人能贏得了遊戲。」

　　有人提高嗓門，問我說的經紀人指誰。

　　「全國最優秀的。」我毫不猶豫地說。

　　1906年，明信片上的紐約證券交易所（New York Stock Exchange，NYSE）。1792年5月17日，24個從事股票交易的經紀人在華爾街一棵樹下集會，宣告紐約股票交易所的誕生，直到1865年交易所才擁有自己的大樓。圖中這座坐落在紐約市華爾街11號的大樓是1903年啟用的。交易所內設有主廳、藍廳、「車房」等3個股票交易廳和1個債券交易廳，是證券經紀人聚集和互相交易的場所，共設有16個交易亭，每個交易亭有16～20個交易櫃檯，均裝備有現代化辦公設備和通信設施。交易所經營對象主要為股票，其次為各種國內外債券。除節假日外，交易時間每週5天，每天5小時。自20世紀20年代起，它一直是國際金融中心，這裡股票行市的暴漲與暴跌，都會在其他資本主義國家的股票市場產生連鎖反應，引起波動。他說了一個名字，是我以前聽說過的。

他接著追問：「這些最優秀的又是誰？」

我看得出他不相信我曾經在一流的證券公司做過。我說：「那些紐約證券交易所的經紀人。問題並不是他們粗心大意或不誠實，而是當你在證券市場填單買入時，你無從瞭解買進的股票實際交易價格是多少，直到你從經紀人那裡收到交割單後。市場上一兩點的波動總是多於10～15點的大波動，場外交易商卻因為成交條件的限制沒辦法抓住這些微小波動而獲利。如果對賭行允許大筆買賣，我倒寧願天天去那裡交易。」

這位和我講話的人，叫羅伯茲（Roberts），我以前從未見過。他似乎非常願意幫忙。羅伯茲把我拉到一邊，問我是否在其他交易所做過，我說沒有。他說，他認識一些棉花交易所和農產品交易所，以及一些小規模的證券交易所的會員公司。這些公司無一例外都運作規範，尤其注重經紀人的成交速度。他們與紐約證券所這樣的證券巨頭有著密切關係。透過自己的影響力和每月穩定的高額交易量，他們能夠為個人交易者提供非常優質的服務。

「他們真的很關照小客戶，」羅伯茲說：「此外，他們還開展了一項專為偏遠地區客戶服務的特殊專案。他們對待10股的單據和對待10萬股的一樣細緻周到。他們真的非常能幹、可靠。」

「好吧。但如果他們要向紐約證券交易所支付常規的0.125點傭金，那他們自己又得多少利呢？」

「對的，他們應該付第0.125點的傭金的。但是……你明白！」他朝我眨了眨眼。

「是，」我說：「可是證券交易所最不願意做的就是分割傭金。這是不公平的，證券交易所的生命就取決於遵守這條規則。」

他一定看出我曾經和交易所的人打過交道，於是便說：「聽我講，

每過一段時間，就會有一家誠守法規的證券商由於違反那條規則而被罰停止交易一年，對吧？但是，返回傭金的門路數不勝數，所以沒人會告密。」望著我疑惑不解的面孔，他繼續道：「此外，在某些業務類別上，我們……我是說，這些有獨立通信設施的證券商將在第0.125點的傭金的基礎上加收0.03125點。他們這樣做很公平，除非一些特殊情況，比如有的客戶帳戶交易清淡，否則就不會額外收費。你能理解的，不然他們會入不敷出，大家努力工作的目的也不是為了賺大錢，僅僅是為了養家糊口而已。」

這時候，我明白了，他是在為一些冒牌的經紀行拉生意。

「你能介紹一家可靠的嗎？」我問他。

「我知道美國最大的經紀公司。」他說：「我自己就在那裡交易。他們在美國和加拿大有78個分公司，生意好極了。如果沒嚴格的管理，不可能年復一年把生意做得這麼大，對吧？」

「沒錯，」我隨聲附和，接著問他：「他們提供紐約證券交易所裡交易的那些股票嗎？」

「那當然，他們也做場外交易市場和這個國家或歐洲交易所上市的任何股票。諸如小麥、棉花、糧食，其他農產品，要什麼有什麼。他們在世界各地都有代理人，是所有交易所的一級或二級會員。」

現在我都清楚了，可我還想逗他再多透露些內情。

「是啊，」我說：「不過這並未改變單據要由別人執行的事實，還是沒人能預測最新的股市變化或紙帶顯示價接近即時交易股價的程度。等客戶在這裡看到報價，遞進單據，再電傳到紐約，已經喪失一部分寶貴時間了。我想最好還是回紐約去，在有名氣的紀經商那裡輸錢吧。」

這時，他說了一個名字，是我以前聽說過的。

「你們的顧客？」

「我不知道虧錢是怎麼回事，我們的顧客沒這個習慣。他們賺錢，我們則負責生意。」

「呃，我在這家公司也有股權，如果我能替他們攬些生意，當然樂於盡力。因為他們待我不錯，幫我掙了不少錢。要是你願意，我也可以把你介紹給他們。」

「這家公司叫什麼？」我問他。

這個公司在各類報紙上大做廣告，大肆宣揚很多人在他們內部消息的幫助下做股票發了大財。這是該公司最與眾不同的地方。他們可不是一般意義上的對賭行，而是一群老騙子。他們截留客戶的單子和客戶的交易，卻打著經紀行的幌子，經過巧妙的偽裝，令世人相信他們只是從事守法買賣的普通經紀人。實際上，這類對賭行早已存在，而這一家是其中最老的一員。

那些職業買空賣空者，就是今天許多被註銷執照資格的經紀人的鼻祖。他們的欺詐原則和方法都沒有變，只是手段略有不同，把一些人盡皆知的鬼把戲換成各種花樣。

這夥人常常提供所謂的「內幕」消息，勸導民眾買進或賣出某種股票。他們一方面拍出數百份電報建議買進一種股票；另一方面，再拍數百份電報向其他顧客推薦拋出同樣的股票，跟古老的提供賭馬內線消息的騙局如出一轍。然後，買單和賣單滾滾而來，公司可能經由一家頗負盛名的

我相信，我管理麥哲倫基金的前4年期間不再開放，不是壞事，反而是好事。這段對外封閉的日子，使我可以安靜地學習投資，不斷進步，即使犯了一些錯誤，也不會因廣受關注而難堪。

★ 彼得・林區

證券交易所，買賣交割上千股的同種股票，獲得一份正規的營業記錄。要是有人對他們的欺詐行為提出質疑，他們就用這樣的記錄來反駁，讓他沒話說。

他們也發起一些自營交易基金。按照他們認為最穩妥的方式，要求參與的客戶書面授予其交易姓名使用權和資金使用權。這麼一來，當客戶資金無影無蹤的時候，即便是脾氣最壞的客戶也得不到合法的賠償。隨後，他們哄抬股市，誘使股民跟進，接著玩賣空的花招，把數百位客戶微薄的保證金一捲而空。他們不放過任何人，連婦女、教師和老人也不例外。

「我討厭所有的經紀人，」我對這位推銷員說：「我得考慮考慮。」說完抽身離去，免得他再來搭訕。

我向人打聽這家特殊對賭行的情況。他們有幾百個客戶，雖然有一些不利的傳聞，但我還沒發現有客戶賺錢卻被拒付的事例。關鍵是找到一個能賺錢的人十分困難，而我做到了。當時整體上股市行情似乎對他們有利，因此如果某一樁交易造成了損失，他們還不至於賴顧客的帳。

當然，大多數這類公司在走下坡路。每過一陣子，就像傳染病似的，大批這樣的對賭行紛紛倒閉。其他對賭行的顧客則擔心受損而忙於抽回注入的資金。但在這個國家，仍有很多暫時罷手的對賭行老闆伺機而動。

還好，那人推薦的公司除了一心盈利、時有欺詐行為外，便沒有令我感到更加驚訝的其他壞消息。他們的拿手好戲就是愚弄那些企圖一夜暴富的傻瓜，要求顧客允許在異常情況下不訴諸法律。

我遇到一個年輕人，他告訴我他親眼看見的一幕鬧劇。一天，某投機對賭行發了600份電報建議顧客買入一檔股票，與此同時，又發600份電報強烈規勸另外一批顧客賣出同檔股票。

「是的，我知道這把戲。」我對他講。

「事情可不單單是這樣，」他說：「第二天，他們又發電報給同樣的客戶，建議那些人放棄可能的盈利，轉而買進或拋出另外一檔股票。我問一位高級合夥人，當時他正在辦公室。你們為什麼要這麼做？我懂你們的第一步做法。一些顧客理論上可謂是賺錢了——你們利用了這樣的心理，而事實上呢，他們最終還是要賠本。但像現在這樣再發一次電報，不就等於是害他們了嗎？為什麼要這樣做？」

「呃，」他說：「這些顧客註定要賠本的，無論他們買賣的對象、方式、時間和地點如何。他們輸錢的時候也就是我失去他們的時候。反正早晚都得如此，還不如我儘量從他們口袋裡多撈點錢，然後再尋找新的冤大頭。」

說句實在話，我並不關心那些公司的商業道德。我說過泰勒的對賭行如何惹惱我，我厭惡它，甚至報復了他們。但對這家公司，我卻沒有這樣的感覺。他們大概是騙子，大概沒有傳聞那麼黑心。當然，我也不想聽從他們的花言巧語，或者相信他們的謊言。我只想儘快賺到錢回紐約去，在一家堂堂正正的證券公司做大額的交易，不必擔心警察會突然闖入搜查——警察會查抄對賭行，或者檢察官強行檢查並凍結資金之類的事。

無論如何，我下定決心要看這家特殊的對賭行到底提供了哪些優於合法經紀公司的條件。我沒有多少錢可以充當本金，而這類公司在這方面十分靈活，因此我就以用幾百美元長驅直入，窺其究竟。

我來到這家公司，直接與經理本人見了面。當他弄明白了我是一個老交易商，而且曾經在紐約的證券交易所開過戶，便以為我是一個只知道賠錢的偏執狂，一隻無論是大膽地被做手腳還是「謙虛」地只收傭金都會乖乖掏錢的肥羊。

我只對這位經理說，我需要的是執行交易指令最好的公司，因為我總

在市場中做交易，我不想看到成交報告顯示成交價和股價收報機上的價差超過1點。他對我信誓旦旦，保證將完全照我的意願行事。他們擁有這行裡最精明的員工，以其快捷的操作聞名。他們想顯示出一流仲介機構的工作水準，如果紙帶機價格與報單價格不同，他們總是盡可能選擇有利於客戶的報價，雖然，他們不承諾一定會準確無誤。要是我在這裡開個戶頭，就可以立刻透過電報進行交易了。他們顯然對其經紀人的操作水準充滿自信，這樣，我就可以像在一家普通的對賭行交易了。還有，他們希望我從下一輪就開始。我當然不想顯得太匆忙，便搖搖頭，告訴他我可能當天不能開戶。而他呢？迫不及待地勸我不要錯過當前的良機，應該立即入市。

對他們來說，的確是這樣的。一個股價輕微波動的平緩股市，正好慫恿股民投資，等股市動盪時，再捲走他們的錢。我被他纏住了，費了好大的勁才得以脫身。

我只留下了自己的姓名和住址。然而就在當天，我便開始收到一些費用預付的電報和信函，敦促我買入一檔股票，他們聲稱：一家聯營機構要把這種股票炒升10點。

我忙著四處走動，尋找那些類似的公司。我覺得，如果我要擺脫他們的控制，真正賺到錢，就必須在附近的幾家公司同時做。

瞭解情況後，我在其中3家開了戶。隨後我租了一個小辦公室，並安裝了電報機直通這三家冒牌的對賭行。

我謹慎地進行交易，平均地投入本金，以免一開頭把他們嚇跑。整體上來說，我是賺錢的，於是他們就告訴我希望我做更大的交易，他們不歡迎膽小鬼。他們肯定是這樣想的，我做得越多，賠得就越多，就會更快地傾家蕩產，而他們則賺得越多。就金融方面講，這些人的理解確實有些道理——如此對付客戶，那麼客戶將是極其「短命」的，這是一套相當完善

的理論。畢竟破產了，顧客就不能交易了。而受到嚴重打擊的顧客，卻只能滿腹牢騷，指桑罵槐，或是不時地給他們找點對生意不利的小麻煩。

我還和一家當地的正規公司取得了聯繫，他們可以直接透過電報和身在紐約的代理人交流，該代理人是紐約證券交易所的會員。我安裝了一台自動收報機，開始小心翼翼地操作起來。正如我之前說過的，我的操作極像普通對賭行的情況，只是節奏略慢一點。

這是我擅長的遊戲，我也確實贏了。以前我還沒有達到這種地步，投入多少賺多少，而這回我考慮周密，一週又一週地逐漸盈利。我又開始過得相當舒適起來，同時存了一部分錢，以備回到華爾街一展身手。我又選了另外兩家同類經紀商，這樣一共是5家——當然，都是我賺錢的對象。

有時候，我的計畫也會出錯。選中的股票沒有按我預計的走向發展，而是反其道而行，或者是原地踏步。但這對我來說，尚未構成真正的威脅，我還有些小賺，此外，和經紀人的關係也還算協調。他們的記錄和帳冊並不總是和我的一致，而出現偏差的時候毫不意外地全都對我不利。多麼驚人的人為巧合！每逢這種情況，我都會為自己的利益據理力爭，通常也都是我獲勝。

他們毫無公平交易的精神，只顧不擇手段地撈錢，從不在意別的。因為滿腦子做著發財夢的人從不認真思考，下注時總是輸錢。你可能認為這些傢伙做的事，雖然不合法但或許還算合情理。事實卻並非如此。「照顧好你的顧客才能致富」是一句古老而經得起檢驗的生意真經，可是他們似乎從未聽說過，一門心思只圖騙取錢財。

有好幾次，他們都想用那些老花招引我上鉤。稍不留意，他們就做一些小動作欺騙我。每回我賺得較少時，都是他們暗中做了文章。我指責他們有欺詐行為，他們全都一口否認，然後一切又照舊進行。

與騙子打交道也有好處，那就是只要你不停止和他來往，他總能原諒你對他的愚弄。與他希望盈利的目的相比，其他一切都沒什麼大不了的，所以他樂意屈從讓步。真是一群「慷慨」的傢伙！

　　後來，因為受不了他們那套鬼把戲，我決定還以顏色。我先選了一些已經炒過了頭的冷門股票。這做起來似乎有點棘手，但要是直接選那些垃圾股，他們可能會懷疑我的動機。然後，我對5位投機經紀人發出了5條買入指令。當他們收到買單，等待紙帶傳來下輪行情時，我立刻透過熟悉的一家交易所拋售100股同檔股票的賣單，並要求該交易所立即執行。你能想像得出，當賣單出現的時候，交易所的人會如何猜測——居然有人迫切地從外地要求拋售一檔冷門股票，一定是有人買到了便宜貨。但是，紙帶上打出的是我那五張買單的價格。我耐心地等待低價買進400股該種股票。和交易所連線的幾家公司疑心地問我聽到了什麼消息，我只說有一些內線消息。就在閉市前，我又向那家正規的交易所發出了立即買回那100股的指令。無論如何，我不願做這100股的空頭，我不在乎付多高的價位，這立即抬高了股價，我自然同時下賣單將那400股賣掉，於是他們致電紐約立即執行。就這樣，我不露痕跡地教訓了那幫跟著炒500股賣單的投機經紀人。整個過程相當令人滿意。

　　但是他們還是執迷不悟耍花招，因此我後來又懲治了他們幾次，當然，他們並未受到應有的懲罰，因為100股很少推動股價超過1點，卻能使我賺更多的錢以備下一次去華爾街投資。有時候，我變變花樣，賣空某些股票來改變策略，但從未做得過火，每次賺個600～700美元，就很滿足了。

　　有一次，我怎麼也沒有料到，我的計策竟然引起十幾點的波動，我從沒想到會有這種事。事實上，當時是我碰巧有200股在一個經紀人手上，而

其餘四個經紀人手裡，雖然都只有100股，但這對那些人來說，就已經夠受了。於是，他們開始向我抱怨有人操縱股市。

我去找某位經理，一個總是急於報復我的傢伙。當然，每次我發覺他想整我時，他都做出一副寬宏大量的神態。在他那個位置的人總是愛說大話，他生氣地說：「那檔股票的行情是假的，我絕不會付你一分錢！」

「你接受我的股票訂單買進時，代表那不是假行情。既然你讓我買進，那麼現在你就必須讓我賣出，為了公正起見，你不能拒絕，明白了嗎？」

他咆哮：「不行！我能證明有人故意搗亂。」

「誰在搗亂？」

「你心裡有數！」

「他們到底是誰？」我質問。

「確定無疑，」他說：「肯定有你的朋友參與。」

我正色告訴他：「你知道，我從來都是獨自一人，而且我一開始就是如此，這裡每個人都知道。我現在客氣地告訴你，趕快去把錢給我拿回來，我不想把事情弄大，趕緊照我說的做。」

他號叫：「我一分不給，這筆交易有人操縱！」

我煩透了他的話，乾脆對他說：「你必須馬上付給我。」

這下他更凶了，大聲地指責我是不要臉的搗亂鬼，但最後還是付了錢給我。其他幾家公司可沒有這麼凶。這些傢伙並不在乎投機者們控告他們的欺詐行為，因為他們總有一套現成的辯護詞。但他們的確害怕我提告，申請凍結他們放在銀行的資金，因此處處小心，不肯承受一丁點的風險。如果說，世人瞭解他們的欺詐不會為他們帶來致命損失，那麼，賴帳的醜名對他們來說，簡直糟透了。對投機者來說，在經紀人手裡賠錢，不是什

麼稀罕的事情，但賺了錢卻拿不到，是投機行道最不可饒恕的罪行。

我從所有的經紀商那裡都拿到了我所賺的錢，但10點的上漲，結束了我從騙子手裡騙錢的愉快時光。他們自己常用這些小伎倆欺詐數以百計的可憐客戶，現在他們嚴加防範、十分警惕。有一家經理研究過我那套股票把戲，他收下我的訂單時，在小登記簿上登記為我買股票之後，他自己也買了些，實際上也賺了錢。而我還是像以往一樣投機，市場狀況對我並不總是有利——也就是說，我受訂單數額限制，賺不到大錢。

這樣的交易生活我過了一年多，其間用盡了各種賺錢方法。日子倒也過得不錯，我買了一輛車還大膽地花錢。我必須賭，同時也要生活，如果在股市上順利，我也不能把賺的錢花光；如果在股市上不順利，當然無錢可花。我已經存了一大筆錢，我也清楚地看到，在這五家交易所裡沒有賺大錢的機會，於是我便決定去紐約。

我開著車，和一位朋友一起去紐約，他也是交易員。我們停在紐哈芬（New Haven）吃飯，見到一位生意場上的老相識，大家聊起來，他還告訴我們城裡有一家對賭行，生意相當不錯。

我們離開旅店繼續向紐約駛去。車子路過了那家對賭行，開始我只是想看看它的外觀，但經不住誘惑，下了車又去看看裡面，不算豪華，但有個大黑板，而且正在營業。

經理是個年輕人，看上去像是曾經當過演員，對人很熱情，他向每個人說「早安」——活像是他送給大家多麼珍貴的禮物。他看見我們從跑車上下來，而且我們倆人都很年輕，我感覺自己看起來不到20歲——他自然推斷我們是兩位耶魯大學的學生。我沒有告訴他我們的來歷，他也沒有給我們說話的機會，就開始獨自演講起來。他說見到我們很高興，問我們是否能找個舒適的位置坐一下，說這天上午的股票市場是帶慈善性質的，目

的在於增加大學生的零用錢，因為聰明的大學生總缺錢。他還說，此時此地，仁慈的報價機將會告訴你小小的投資就會有很大的回報，這筆零用錢誰都花不完。

既然對賭行的經理那麼急於叫我們賭，不賭真讓我感到可惜。於是，我就告訴他我要賭，因為聽說很多人在股市上賺了不少錢。

我開始交易，最初只下小本錢，但贏了之後，就增加一些，我的朋友也跟著一起做。

我們在紐哈芬過了一夜，第二天上午10點差5分的時候，我又來到這家好客的交易所，演說家經理高興地會見了我們，說我們今天定會交上好運。嗯，確實沒錯，當天我獲利大約1,500美元。第三天上午，我們又去拜訪這位了不起的演說家，同時遞給他一張交易單，要賣500股，他猶豫了一陣，還是默默地收下了。當時股價突然跌了1點，我拋售出去，正好賺500美元，還有我的保證金，也是500美元！他從保險櫃中取出20張50美元面額的鈔票，慢慢地數了3遍，然後又在我面前一張一張點數，好像他的手指流出的汗把錢黏住了一樣，不過最終，還是把錢給了我。他雙臂交叉著抱在胸前，咬著下唇，眼睛直直地看著我身後的窗戶上方。

我告訴他，我又打算賣出200股鋼鐵，但他毫無反應，充耳不聞，我又改說300股，他才轉過頭來。我等著他的長篇大論，但他只是看著我，然後咂咂嘴，咽了一下口水，似乎準備開始抨擊那些早已腐化的政權。最後，他對我手上的鈔票搖搖手，說：「把那玩意兒拿走！」

我說：「把什麼拿走？」我不明白他要趕走什麼。

他很生氣地說：「你們要到哪裡去，大學生？」

我告訴他：「去紐約。」

「那好，」他不停地說，「那很不錯，你們就要離開這裡，現在我

認識兩個傢伙——兩個學生！我明白你們不是……我知道你們是什麼人，唉！唉！唉！」

我很客氣地說：「你說完了嗎？」

他停了一下又說：「完了，你倆……」然後他撕掉一本正經的面具，在大廳旁停下來暴跳如雷，大叫起來：「你們兩個傢伙是全美最大的騙子！學生？還是一年級學生呢！胡扯！啊！」

我們留下他繼續發瘋，他可能並不在乎這點錢，任何職業賭徒都不在乎，因為輸贏是難免的。但是，他被我們愚弄，傷了他的自尊心，這才是最重要的一點。

就這樣，我第三次重返華爾街想要捲土重來，當然，我一直在不斷研究，企圖找出我投資方法上的毛病，正是它導致了我在A.R.富勒頓營業部的敗績。

20歲那年，我首次投入1萬美元，結果輸了，但我知道失敗的原因——因為我不顧市場狀況總在不停地交易，或是沒有根據從研究和經驗得來的方法來投資，而是靠賭。我希望贏，但不知道應該靠技巧取勝。22歲時，我曾把本金累積到5萬美元，但僅僅5月9日那一天，我就把它輸掉了。不過，我也知道原因，因為紙帶報價機滯後於市場，而且股市行情的波動很異常。但是從聖路易斯回來和5月9日大恐慌之後，我仍不明白為何輸了錢。我認為，我已經在自己的做法中發現了缺陷，我有一套能糾正我投機把戲中犯錯誤的理論。不過，需要不斷地經由實踐來檢驗。

失去你擁有的一切，教會你什麼是不該做的——世上沒有什麼能比得上這種教育效果了。當你學會了不做某些事來避免虧錢，就是你開始學習應該做什麼才能賺錢的時候。明白了嗎？

第5章：順市而行

　　普通水準的憑報價來預測行情的投機者，在我看來，就像人們常常稱呼他們的那樣——紙帶蟲。就像過於專業化往往導致鑽牛角尖一樣，缺乏靈活性就會付出沉重代價。投資是一門藝術，遵循一些主要的法則，但絕不是僅僅依賴數學或定理就能獲勝的。即使我在閱讀紙帶、研讀行情的時候，我所做的也不僅僅是計算，我更關心股票的行為習性。換句話說，我關注的是那些能使你判斷市場是否與先例表現一致的證據，如果股票行為不對，就不要碰它。因為你找不出股票行為不對的原因，當然你無法預知市場的方向。無法診斷，何以預測；不能預測，自然賺不到錢。

　　關注股票行為和研究以往行情變化其實是老生常談了。初到紐約，在一家經紀行的營業廳裡，我就常常聽見一個法國人大談他的圖表。當初我還以為他是經紀行豢養的怪人，但是後來，我發覺他的話很有說服力，很能感染人。他說圖表是唯一不會說謊的東西，藉助圖表可以預測股市走勢，同樣也能加以分析。比如說，為什麼基恩在其操縱出名的艾奇遜優先股（Atchison Preferred）牛市行情時做法是正確的，為什麼後來他在合夥操縱南太平洋鐵路①（Southern Pacific Railroad）行情時出了問題。有些職業交易商偶爾嘗試了法國人的方法，但後來又回到原來的老路上去。他們說，打游擊的方法風險不大。那位法國人聲稱，基恩承認他的圖表雖然百分之百正確，但在活躍的股市上，這個方法實際操作起來太慢。

後來，有一家經紀行繪製了每天價格變化的股價走勢圖，乍一看它僅顯示出幾個月來每種股票的漲落情況。但顧客透過將個股變化曲線與整體股市變化曲線比較，並記住某些規則，就能判斷他們憑藉不可靠的內部消息而買的股票是否要漲，人們把這張圖作為內部消息的補充。今天在很多經紀行都能找到這種走勢圖，它們是統計專家繪出來的，其中不僅包括股票行情，也包括商品行情。

　　我應該說，圖表只能幫助那些能讀懂它的人，更準確地說，只能幫助能領會其內涵的人。普通的讀圖人只不過關心股票的漲跌和走勢，在他們眼裡這就是炒股要瞭解的一切。如果你要他對股市做進一步分析，他就沒信心了。有一位極出色的人才，他是一名數學家，他曾經是一家有名的證券商行所的合夥人。他精心研究了許多市場的價格行為——包括股票、債券、穀物、棉花、貨幣等市場，以此為基礎繪製圖表，還倒退幾年追溯它們的相互關係和季節性變化——幾乎所有的方面都研究到了。他根據他的圖表從事股票交易多年了。他確實勝了許多人，有人說他常常獲勝，直到世界大戰推翻了他總結的市場規則。我聽說，他本人和追隨他的大客戶在退出之前損失了幾百萬元。然而，只要條件具備，股市該是牛市就是牛市，該是熊市就是熊市，即使是一場世界大戰也無法阻擋多頭市場來臨。想要盈利，辨別大勢便是你所需要瞭解的一切。

　　我也並非一帆風順，那時不懂的現在清楚了，想想那些因我無知而犯

　　歷史長期統計資料告訴我們，在過去70年裡，股票平均每年投資收益率為11%，比國庫券、債券、定期存單高出一倍以上。儘管20世紀以來發生了各種大大小小的災難，曾經有成千上萬種理由預測世界末日將要來臨，但是投資股票仍然要比投資債券的收益率高一倍以上。

★ 彼得・林區

的錯，正是普通的股票投資者年復一年所犯的。回想起在華爾街頭幾年的經歷，就忍不住要強調這一點。

　　我重返紐約且交易活躍，第三次想為自己在證券交易所裡殺出一條路來。我並不指望能做得像在對賭行裡那樣出色，不過，我認為在經過這樣一段時間後，我應該做得更好，因為我現在有能力支付更多的資金。我也清楚我的問題在於搞不清楚股票賭博與股票投資的根本區別，然而憑藉我七年來讀行情變化表的寶貴經驗，以及對這個行業擁有的一些天賦，我開始盈利了，雖然不是賺大錢，但回報率很高。和以前一樣，我贏得多，花得也多，多數人都會這樣。不，不只是賺錢容易的人會如此，所有不願做守財奴的人其實都差不多。就像老羅素・塞奇（Russell Sage），他既會賺錢又吝於花錢，自然，他死的時候很富有，不過這樣的人生有什麼意思呢？

　　每一天，從上午10點到下午3點，我都全心地投入股市；3點後，同樣全心全意地開始享受生活。請別誤會，我不是那種會耽於享樂而忽略交易事業的人。我敢說，當我輸了的時候，只是因為在股市中做錯了，而不是因為生活放蕩、疲倦不堪才壞事。我從來不會讓任何事影響我的身心健康，甚至直到現在，我也常常在10點以前睡覺。我年輕時從不熬夜，因為睡眠不足不利於把事情做好，因此我身體一直很好。在我看來，人應該好好享受生活，沒有必要省吃儉用地苛待自己，因為市場總能提供我享受生活的金錢。從職業的角度來講，股票交易是為了謀生，因此我態度非常認真，也有這樣的自信心。

　　在股票交易方式上，我的第一個變化和時間因素有關。不像在對賭行時等到行情已定才動手，僅贏一兩點，現在要在富勒頓的證券公司裡抓住行情，我就必須及早動手。換句話說，我不得不研究股市行情，預測其走

勢。這話聽起來沒什麼特別，但我想你明白我的意思，這標誌著我對這一行業態度的轉變，它對我至關重要。我漸漸地知道，在市場中股價波動時賭博股票和預測股票價格的區別。

當我在研究市場時，不得不回溯超過一個小時以上的歷史行情——這樣的研究方式，是我在世界上最大的對賭行也不可能學會的。我對交易報表、鐵路收支及各種金融和商業統計很感興趣，因為我喜歡大的投機，難怪人家叫我「投機小子」。我同時也熱衷於研究股市行情，凡是有助於我投機的事，我都喜歡做。在解決問題之前，我得好好地分析它。如果我認為找到了解決問題的辦法，就要驗證它。當然了，驗證的唯一辦法是用錢交易。

看起來，我進步的過程似乎很慢，但是我覺得自己已經學得夠快了，因為大致說來，我賺錢了。如果常常賠本，大概會激勵我更加努力地研究行情。當然，我還有很多錯誤沒被發現。但如果賠多了，我就沒有足夠的錢來檢驗我對交易方法的改進了。

研究我在富勒頓公司盈利的交易記錄，我發現，儘管我經常百分之百正確地判斷股市行情和走勢，卻並未因此賺到足夠多的錢，為什麼呢？不完全的勝利與失敗一樣需要進一步研究。

從部分盈利的案例可以學到和虧損的案例一樣多的經驗和教訓。舉例來說，股價一開始漲，我就買進股票，而且股價按我預測繼續上漲，這驗證了我的看法，一切順利。但接下來我是怎麼做的呢？唉，我聽從了老行家的話，抑制了年少的衝勁，決心小心謹慎地投機。我正是這樣做的，更正確地說，我盡可能地謹慎保守。每個人都知道「逢低買進，逢高出貨」的道理，我所做的也正是這樣，或者說這是我力圖做到的，因為我常常在獲利了結之後，再等待永遠不會來臨的回檔。我保守的口袋裡安全地躺著

四點的利潤，卻眼睜睜地看著賣掉的股票再飛漲10點。人們說，獲利了結者，才能得財。但在牛市行情下，賺上4點就套現，你也不會發大財。

在我本該賺上2萬美元時，僅賺了2千美元，這就是保守策略帶給我的後果。大約就在這個時期，我發覺自己僅賺了應該賺的一小部分錢。於是我發現：經驗深淺決定著交易方式的差異，經歷不同的投機者之間是有區別的。

股市的新手，或者說「肥羊」差不多一無所知，所有人包括他們自己在內都知道這一點。他們之中多數是同一類人，差不多所有人都一副華爾街欠他們錢的樣子，在富勒頓，往往也是這樣一群人，各種職業都有！

但是，下一個層次的投機者，或者說第二階段的投機者就不同了，他們自以為對股市知道很多，而且也擺出一副股市熟手的樣子。他是有經驗，他可是做了功課的——不是研究市場本身，而是打聽更高階段的某些「肥羊」傳出來的小道消息，所以他們還是給股市當免費投資的「肥羊」。不過這第二階段的「肥羊」至少懂得一些避免損失金錢的方法，而這些方法是第一階段的新手所不知道的。正是這些半瓶子醋的「肥羊」，而不是那些新手，一年365天真正為傭金經紀行提供了收入來源。一般來說，這類「肥羊」能挺上三年半的時間；相比之下，初到華爾街一試身手的「羊羔」，通常只能挨過一個賽季，比如3個星期到30個星期不等。

你會看到，這些半吊子張嘴就是金光閃閃的交易格言和各種金科玉律。從投機前輩嘴裡說出的所有禁忌戒條，他都背得滾瓜爛熟——除了最

> 以往取得成功的經驗固然重要，但它只能作為你進行新投資的參考，而不能照搬照套。股票市場變幻莫測，這次投資和以前的投資肯定不同，照搬的結果，只有失敗。
>
> ★ 索羅斯

主要的一條：絕不當「肥羊」。

　　這些半吊子總喜歡在股價下跌時買進。因此他們就在不斷地等待市場下跌。市場從頂部下跌的點數通常會被他們當成自己占到的便宜。在大牛市行情裡，新手對清規戒律和市場規則一無所知，因為期望上漲而盲目買進。這類人也會賺到一些錢，但當股市出現某個正常回檔，行情劇烈下跌時，他們千辛萬苦賺來的利潤就會一掃而光。然而，這些半吊子小心翼翼的做法與我自以為明智的那種做法其實都差不多，同樣是根據其他人的老經驗來行動。我知道自己必須改變在對賭行養成的習慣，我以為自己正在藉由改變來糾正自己的問題，特別是藉助了一條客戶群熟手口中的金科玉律。

　　絕大多數交易者——當然我們稱之為「客戶」——都是相似的。你會發現，其中極少有人能夠老實承認華爾街不欠他們分文的。

　　在富勒頓公司，各種階段層次客戶群中有一個投資客與眾不同。第一，他年齡較大；第二，他從不主動替人出主意，也從不吹噓自己賺到了錢。然而，他最善於傾聽別人打聽到的小道消息，也就是說，他並不熱衷於打聽內線消息。但是，如果有人主動告訴他小道消息，他也會很客氣地表示感謝。若小道消息確實有效，有時他會再次表示感謝。但是，如果它不靈，他也不抱怨，因此，誰也不知道他是否採納了消息。他是交易廳裡的一個傳奇，這傢伙很富有，交易量巨大，但從不頻繁進出，從傭金上說，他並沒有為這家公司貢獻多少，因此別人很難注意到。他名叫派特‧里奇，因為他胸肌很厚，下巴搭在胸口，大搖大擺地在各個房間竄來竄去，人們背地裡叫他「火雞」。

　　那些急不可待的投機者總是習慣性地把失敗歸於別人，他們常去請教派特‧里奇，告訴他某位圈內的朋友建議他們買賣某檔股票，在採取行動

前他們都希望他能指點迷津。但是無論內部消息是要他們買進，還是要他們賣出，派特‧里奇的回答總是相同的。

在投機者傾吐了他們的困惑之後，往往都會接著問道：「你認為我應該怎樣做？」

於是，派特‧里奇把頭一偏，帶著慈父般的微笑，打量著他，語重心長地說：「你知道，這是個牛市。」

一次又一次，我聽見他說：「你知道，這是個牛市。」就好像他在講述一句智者箴言。但那時我沒有領會他的意思。

有一天，一個名叫艾爾默‧哈伍德（Elmer Harwood）的傢伙急急忙忙地跑進辦公室，寫了一張委託單交給營業員，然後又匆忙地要見派特‧里奇。派特‧里奇那時正在傾聽約翰‧范寧（John Fanning）絮叨他的老故事：說他聽說基恩給了經紀人一張訂單，於是跟風買進，但是約翰只買了100股，而且賺了微不足道的3點。當然了，他賣出之後，那股票3天就上漲了24點。這至少是第四次約翰‧范寧向派特‧里奇訴苦了，然而那老火雞好像是第一次聽到，仍一直同情地笑著。

艾爾默找到了派特‧里奇。他沒有向約翰表示歉意，就直接向老火雞走去，並且說：「派特‧里奇先生，我剛才賣了所有的克萊曼汽車公司的股票，有人告訴我，市場會有一個回檔，然後我再以低價買入。你最好也跟著做吧，不會吃虧的。」

艾爾默盯著老火雞，當初就是他把第一手買進消息傳遞給這個人的。像其他提供內線消息的人一樣，儘管情報還未得到證實，艾爾默就認為是完全可靠的，因此覺得別人欠了他們天大的人情。這時，就見老火雞感激地說：「是呀，哈伍德先生，我當然還留著呢！」他還說：「艾爾默是個好人，還記著他呢。」

艾爾默說：「現在可是高拋低接的好機會。」他好像在為老火雞指點迷津。看不到老火雞臉上的感激之情，艾爾默又說：「我已清倉了。」從他的聲音和神態上看，保守估計至少有1萬股。

然而，派特・里奇先生面帶難色地搖搖頭說：「不！不！我不能那樣做！」

艾爾默叫道：「為什麼？」

「我就是不能！」派特・里奇說。他看上去非常苦惱。

「是我給你情報叫你買的呀？」艾爾默不解。

「是的，艾爾默先生，非常感謝你，真的，我打心底感謝……但是……」

「打住！你聽我說！難道這檔股票在10天內沒有上升7點嗎？不是嗎？」

「的確是，很感謝你，好朋友，但我不考慮賣掉它。」

「你不考慮？」艾爾默臉上帶著明顯的疑惑。

「是的，我不能。」

艾爾默又靠近點兒：「為什麼不能？」

「為什麼，因為這是個牛市啊！」老火雞說這話的樣子，好像剛剛作了詳盡的解釋。

艾爾默失望而氣惱，垂頭喪氣地說：「是的，我也知道是牛市，但你最好高拋低接，這樣不就能降低成本嗎？」

「我親愛的兄弟，」派特・里奇很痛苦地說，「如果我現在賣了股票，就會丟掉倉位，如果股票持續漲，以後買不回來該怎麼辦呢？」

艾爾默甩著兩隻手，搖搖頭，向我走來，尋求我的建議。他的動作誇張得猶如在演戲，說：「你聽明白了嗎？我問你。」

我什麼也沒說。於是，他又說：「我告訴他有關克萊美斯公司的內線消息，他買了500股，贏了7點的利潤。現在我建議他先賣出，然後在股價回檔時買回，現在還來得及。可是他怎麼說呢？他說如果賣了就會丟飯碗，你能理解嗎？」

老火雞插嘴說：「請您原諒，哈伍德先生，我並沒說丟飯碗！我是說失去倉位。等你到了我這年齡，經歷了許多興衰之後，就會明白沒人承受得了失去自己正在獲利部位的後果，那是誰都付不起的代價，甚至是約翰・D.洛克菲勒（John D.Rockefller）。先生，我希望股價拉回，你能以較低的價格買回你的籌碼。但我只能憑自己多年的投機經驗來交易。為了這些經驗，我曾付出了很高的代價，我不想再次交學費。不管說什麼，我仍然很感謝你。這是牛市，你知道。」老火雞走了，留下困惑不解的艾爾默。

派特・里奇的話當時對我沒有多大的影響。回想過去，當股市對我有利，而我卻沒有賺到該賺的錢時，我才如夢方醒，意識到派特・里奇話語中的智慧。我對這個問題研究得越多，就越覺得他是那麼老練。顯然，他年輕時也吃了不少虧，因此知道自身的人性弱點。痛苦的經歷已教會了他拒絕各種難以抵擋的誘惑，因為它的代價太昂貴，我也如此。

派特・里奇之所以反覆告訴其他人「你知道這是個牛市」。本意在於告訴他們，賺大錢不能靠個別股價波動，而要靠股市的主要趨勢——換句話說，賺大錢不能靠解讀個別股價波動，而在於評估整個股市行情及其走勢。意識到這一點，我認為我的交易水準已有了足夠的進步。

在這裡，請讓我強調一點。在華爾街打拚了多年，輸贏了幾百萬美元之後，我要給你的忠告是：我之所以賺了大錢，跟我的作為毫無關係，有關的是我的無為，就是穩如泰山的功夫，明白嗎？我穩坐不動。看對走勢

的人沒什麼了不起。你總能遇到很多在牛市早期就能看漲，在熊市早期就能看跌的人。我認識許多看盤高手，他們有能力在最佳價位買賣股票，而且他們的經驗總是跟我不謀而合。但是，他們卻沒真正賺到錢。看對市場且穩握部位不動的人難得一見，我發現這也是最難學的內容之一。但是，股票交易者只有牢牢把握了這一本領，才能賺大錢。對一名交易者來說，當你對股票一無所知時賺幾百塊錢都困難，可是一旦知道如何正確交易時賺取百萬輕而易舉。

原因就在於，也許股市按照預料的那樣發展，他把一切都看得一清二楚，因此變得沒有耐心或焦慮不安。正是這樣，華爾街的很多投資者，他們雖不都是傻瓜，卻都賠了本，並不是股市打敗了他們，而是他們自己打敗了自己，他們雖然有頭腦，卻不能持之以恆。老火雞恰恰在這方面做得很好，他說的就是他所做的。他不僅有勇氣把自己確信的判斷付諸行動，更有機智的耐心堅持到底。

不理會市場大幅波動，一門心思搶進搶出是我失敗的主要原因。沒有誰能抓住所有的股價波動，在牛市中，你的遊戲就是買進股票，一直等到牛市行情快要結束，然後全部拋出你的股票，統統拋出！一直等到股市行情倒轉，新一輪的牛市行情出現——要做到這一點，你必須研究整體狀況，而不是靠一點內線和影響個別股票的個別因素。你必須施展自己的才智和眼光才能做到這一點，否則我的建議猶如告訴你「低價買進，高價賣出」一樣愚蠢和無意義。

最有益的一件事，每個人都能學會的，就是不要試圖最後一刻（賣出）或第一時間（買進），它們太昂貴了。股票交易者付出的代價加起來何止千百萬美元，這些錢足以建一條橫跨美洲大陸的高速公路。

研究自己在富勒頓經紀行裡的交易記錄後，我有另一個發現，在我有

一點懂得交易之後，由於我的操作最初很少出現虧損，使得我自然而然地加大頭寸量。這也使得我更加認為要相信自己的判斷，不受別人的影響，不驕不躁。在這個行業，要是不相信自己的判斷，沒人能夠有多大的作為。這就是我的體會：研究整體狀況，建立倉位，並堅持到底。我不急不躁地等待，遭受挫折不驚慌，知道這是暫時現象。我曾賣空10萬股股票，眼看著股價迅速反彈，我已預料到這必定會出現，然而我仍按兵不動，眼睜睜地看著50萬元浮動利潤消失，完全沒有想過回補賣空的股票，等股價反彈時再賣出去。因為如果那樣做，我就失去了倉位，而只有我的倉位才會給我帶來真正的利潤。唯有大行情，才能為你賺大錢。

我之所以這麼慢才瞭解這一切，是因為我是從失敗中一點點學會的。從失敗到認識，再到失敗和再認識需要時間，瞭解失敗和找出失敗原因更需要時間。不過同時，我也做得相當不錯，因為還年輕，所以還有亡羊補牢的機會。我的大部分盈利在某種程度上還是源自我研讀行情的技巧，因為當時所處的股市環境很適合這種方法。我不再像早期那樣經常輸，也不像那時因輸了而惱火。想想我在不到兩年的時間就破產三次，這可不是什麼值得自豪的事情。當然，我曾經說過，失敗是很有效的學習手段。

我的資本增長得很快，並不是因為我善於節省。事實上，我始終未克制自己，我擁有我這個年齡和品味的年輕人都想享受的所有東西。我有自己的汽車，既然我的錢都是從股市上賺來的，那生活上太吝嗇毫無意義。股市只有星期天和假日不開盤。每當找到失敗或失誤的原因時，在我的資產清單中，就增添了一條新的「禁令」。那麼，如何把我日益增長的資產

> 保持自己清醒的頭腦是必要的，金融本身就是為了追逐利潤，如果你放棄自己獨立思考的習慣，而是一味的跟風和從眾，你就會像常人一樣庸碌。
>
> ★ 索羅斯

變現呢？最好方法就是不削減生活開銷。我當然享受過好時光，也有過不如意的時候，真是一言難盡。事實上，能夠在我腦子裡立刻浮現出來的那些事情，都是那些在投機方面最有價值的教訓，它們增長了我在這行業的才幹，並幫助我更進一步地認識我自己。

【注釋】

1. 南太平洋鐵路是美國曾存在的鐵路線之一，1865年該鐵路線以地產控股公司的名義成立，是中太平洋鐵路的一部分。鐵路營運者為「南太平洋公司」（Southern Pacific Company），在併購多間小型鐵路公司後，於1900年晉身為一間大型鐵路公司。1959年，南太平洋鐵路公司收購了中太平洋公司。1988年8月9日，美國ICC批准營運丹佛—里奧格蘭德西方鐵路的母公司「里奧格蘭德工業」收購南太平洋鐵路公司，同年10月13日接管鐵路。由於財政問題，南太平洋鐵路於1996年由聯合太平洋鐵路所收購。——譯者注

第6章：堅持自己的判斷

　　1906年的春天，我在亞特蘭大度過了一個短暫的假期。當時我手上沒有股票，滿腦子都是換個環境好好休息一下。順便說一句，我那時已經回到我在紐約的第一個經紀行——哈丁兄弟公司，我交易活躍，能買賣3,000～4,000股，雖然比不上我20歲時在大都會公司裡的交易量大，但你知道，在紐約股票交易所裡買賣股票和在對賭行裡做按金交易是不可同日而語的。

　　也許你還記得我講過的那個小故事，就是我在大都會公司拋空3,500股糖業股份公司的股票，那時我直覺有什麼不對勁並決定立即平倉。怎麼說呢，我經常會有那種奇怪的感覺，它使我受益匪淺。但有時候，我也會對這種感覺不屑一顧，對自己說只憑一時的盲目衝動就反轉部位是愚蠢的。我把我的這種感覺歸結為抽多了雪茄，或是睡眠不足、肝臟不好等原因，當我說服自己克服衝動、堅持初衷時，我又總是有後悔的理由。有十多次，我克制住預感並沒有脫手，第二天市場強勢，甚至還有所上漲，可是到了第三天，市場急跌，讓人大跌眼鏡。磕磕碰碰中，我懂得了賺錢並不一定要執著於理智和邏輯。看來產生這種感覺的原因顯然不是生理的，而是心理上的。

　　我只想告訴你其中一件小事，讓你看看它對我產生了什麼作用。那事發生於1906年春天，我在亞特蘭大的短假期間。與我同行的朋友也是哈丁

兄弟公司的客戶。那時我對市場一點興趣也沒有，乾脆完全放手好好輕鬆一下。要知道，除非市場異常活躍，而我又有很大的頭寸，否則我總能停止交易，跑去娛樂。我記得當時正是牛市，雖然股市有所下跌，但所有跡象都顯示還會上漲，因而大家也很有信心。

這天早晨，我們吃過早飯，讀完了紐約所有的早報，對觀賞海鷗將蛤蜊叼起、飛到20英尺高左右又把牠扔在堅硬的濕沙地上美餐一頓的過程也看到膩了，就出發去海邊小路上散步。在白天，這算是我們最有意思的事了。

那時還不到中午，我們慢慢走著打發時間，呼吸著略帶鹹味的空氣。哈丁兄弟公司在海邊小路上有個營業廳，我們每天早上都會順路去看一看，瞭解開盤的情況。這其實只是習慣而已，因為當時我沒有別的事可做。

我們發現，市場強勁且交易活躍。我的朋友對市場非常樂觀，他持著半倉且已經有了幾點的盈利。他開始向我發表高論，諸如繼續持倉顯然是一件非常明智的事，等等。我沒有專心聽他講話，也懶得與他爭論。我瀏覽著報價板，看看有何變更，這時我注意到一些變化：除了聯合太平洋鐵路（Union Pacific）以外，其餘的股票都上漲了。我當時的感覺便是我應該做空它。我說不出為什麼，只是有這種感覺。我問自己怎麼會有這種感覺，但我找不到答案。是啊，我找不到任何一條做空聯合太平洋鐵路的理由。

> 我身在波浪之前，我密切注意趨勢可能衰竭的跡象；如果我認為趨勢走過了頭，我可能嘗試逆勢而為。大部分情況下，我們如果違反趨勢，通常都會遭到懲罰，只有在轉捩點時才會得到補償。
>
> ★ 索羅斯

我盯著板上的最新價位，直到眼前一片模糊。腦子裡只剩下一個念頭，就是要拋空聯合太平洋鐵路，即便找不到這麼做的理由。

　　我看上去一定很古怪，因為站在旁邊的朋友突然忽然撞了我一下說：「嗨，你怎麼了？」

　　「不知道。」我只能這麼回答。

　　「要去睡一會兒嗎？」他問。

　　「不，」我說：「不想睡覺，我只想拋空那檔股票。」我聽從預感時總能賺錢。

　　我徑直走向一張桌子，那裡有空白的指令單。我的朋友緊跟著我。我拿了張指令單，填上按市價拋出1,000股聯合太平洋鐵路，然後交給了經理。經理本來一直保持著微笑，可是他讀完訂單後笑容一下子消失了。他盯著我問：「沒寫錯吧？」

　　我一言不發，也盯著他。於是，他立刻把單子塞給了操作員。

　　「你要做什麼？」我的朋友問。

　　「我賣空它。」我回答說。

　　「賣什麼？」他大叫起來。如果他是多頭，我怎麼能做空頭呢？這其中一定有什麼不對勁。

　　「1,000股聯合太平洋鐵路。」我說。

　　「為什麼？」他追問，顯得非常激動。

　　我搖搖頭，表示我說不出來原因。不過，他肯定以為我得到了什麼內線消息，因為他抓著我的胳膊把我拖到大廳外，在那裡沒人注意我們，其他人也聽不到我們說些什麼。

　　「你聽到什麼風聲啦？」他問我。

　　他十分激動，聯合太平洋鐵路是他最偏愛的股票之一，他手上有一

些，他對其盈餘和前景很有信心。但是，他願意接受看空的二手內線消息。

「什麼也沒有！」我說。

「沒有？」他顯然很懷疑。

「我什麼也沒聽說。」

「那你為什麼在這時做空？」

「我不知道。」我告訴他。我說的是實話。

「哦，少來了，賴瑞。」他說。

他知道，我的習慣是盤算清楚才做交易，而現在我拋了1,000股聯合太平洋鐵路，肯定是有很好的理由才會賣空這麼多股，特別是在當下的行情很堅挺的情況下。

「我不知道，」我回答說：「我只是覺得要出事。」

「出什麼事？」

「我不知道，我沒法跟你解釋，我只知道我必須做空，而且我還要再賣1,000股。」

我回到營業部，又拋出了1,000股。我知道，如果拋空第一個1,000股是正確的，我就應該再拋一些。

「到底會出什麼事？」我的朋友堅持不懈地問，他開始猶豫是不是要跟我一起做了。如果我告訴他我聽說聯合太平洋鐵路要下跌，他就不會問是誰說的，以及為什麼之類的傻問題，而將其立即脫手。這時，他卻接著問：「會出什麼事？」

「什麼事都可能發生，但我可不敢保證到底會發生什麼，我無法告訴你為什麼，我又不是預言家。」我這樣告訴他。

「那你就是瘋了，」他說：「瘋得還挺厲害，一點理由都沒有就拋

出。你真不知道你為什麼要拋嗎？」

「我不知道，我只知道我想拋。」我說：「我就是想，就像渴望得到想要的其他東西時一樣。」形勢很緊急，我又拋了1,000股。我的朋友這下可受不了了，他抓住我的胳膊說：「行了，走吧，別再拋了。」

我已經如願以償，感覺滿意了，因而也就沒等最後2,000股的成交報告，就跟著他走了。那時我覺得，再好的理由也不會改變我的看法，拋出那檔股票讓我渾身暢快。雖然這種選擇的確找不到什麼好理由，尤其是整個股市行情看好，沒人看到熊市的跡象時，就更為如此，然而我記得，每次我有拋空的衝動卻沒拋時，後來總會追悔莫及。

我曾把類似的故事講給朋友聽，有些人告訴我，這並非預感，而是潛意識，也就是工作中的所謂創造性思維。這種思維是藝術家創作靈感的源泉，他們自己也沒能意識到靈感是怎麼來的。對於我，大概是受了一些微不足道零散事件的強烈合力作用。大概是我朋友那種不明智的信心反而激起我的反抗心理，並選擇了聯合太平洋來發洩，只因為它太受吹捧了。我無法告訴你那種預感的原因或動機到底是什麼，我只知道，當我走出哈丁兄弟

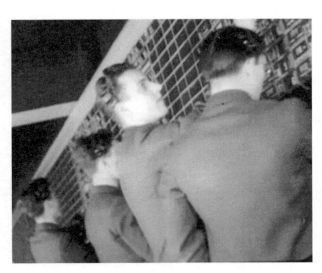

經紀行裡忙碌的行情抄寫員。在證券行業早期，每個經紀行裡都有這樣的一群抄寫員，每當報價行情條傳進辦公室的時候，他們就把最新的股價寫在黑板上。

的亞特蘭大營業廳時，我拋出了3,000股聯合太平洋鐵路，而且是在上揚的股市中拋出的，但對此我一點都不擔心。

我想知道最後兩筆1,000股的成交價，因而吃過午飯，我們又去了那家營業廳，我很高興地看到整個股票行情很好，聯合太平洋上漲了。

「我看你完了。」我朋友說。不難想像，由於沒有跟著賣，他顯得十分高興。

第二天，整個股市還在繼續上漲，除了我朋友愉快的言論之外，我一無所獲。不過，我始終認為我拋得對，而且當我覺得自己做對時，總是很有耐心。憑什麼失去耐心呢？那天下午，聯合太平洋鐵路不再上漲，接近收盤前開始下跌，很快跌至我拋出價位的平均線以下。我更加覺得我站在了正確的一方，自然要賣出更多的股票。於是，到收盤前，我又拋出了2,000股。

就這樣，我憑著直覺，拋空了5,000股聯合太平洋鐵路，用光了我在哈丁兄弟營業廳的所有保證金。由於在度假中，我無法承受這麼多部位，只好放棄度假，當晚就回到了紐約。究竟會發生什麼，誰也說不準。不過我覺得對於紐約，我熟悉得多，行動起來也會快些。

又過了一天，我們聽到了舊金山地震的新聞。這是一場很嚴重的災難，但股市開盤時，僅僅跌了幾點。多頭的力量仍很強大，而公眾從來不會獨立地對新聞做出反應，這點你隨時可見。舉例來說，如果有牢固的牛市基礎，這些消息不一定會達到相應的作用，這時取決於市場當時所處的心理狀態。在這種情況下，華爾街沒有評估地震對市場的影響，因為它並不希望跌。就在那天股市結束前，價格又有所上漲。

我拋出了5,000股。當時股市升勢有所減弱，我相信預感，但我的財富卻沒增加，連浮動利潤都沒有。那個和我同去亞特蘭大、看著我賣空聯合

太平洋鐵路的朋友為自己高興、為我擔憂。

　　他告訴我：「那是個了不起的直覺，夥計。但是，當高手們與資本都在牛市那邊時，抗衡是沒用的，他們贏定了。」

　　「再給它一點時間，我不會現在平倉的。」我說。我的意思是指行情，我不想掩飾，因為我知道地震引起的損失極為慘重，而聯合太平洋鐵路將是首當其衝的受損者之一。但看到華爾街為此視而不見，這實在讓人氣憤。

　　「哼，給它時間？那你的皮將和其他熊的皮一樣，撐起來在陽光下曝曬，直到乾透。」他斷然說道。

　　「那你說怎麼辦？」我問他：「聯合太平洋鐵路和其他鐵路線損失了成千上萬美元，現在是買進的時候嗎？等他們開支了所有的損失之後，分紅從哪兒賺呢？你能指望的最好結果，不過是希望事態沒有像描述的那麼嚴重。但這是買進主要受災鐵路的理由嗎？回答我！」

　　我朋友只說了這麼一句：「是的，聽來還不錯，但我告訴你，市場不同意你的看法，行情記錄可不會說謊，不是嗎？」

　　「股價並不總能即時反映真相。」我說。

　　「聽著，在黑色星期五之前，有人曾經和吉姆‧菲斯克（Jim Fisk）談了一會兒，說了不下10條黃金將要下跌的理由。他被自己的話所鼓舞，最後告訴菲斯克，他要賣空幾百萬，吉姆‧菲斯克瞧著他說：『只管去賣吧，去呀！馬上賣掉，然後別忘了請我參加你的葬禮。』」

　　「說得對，」我說：「如果那傢伙真的做了空頭，看看他能通吃多少

　　一個鍾情於計算，沉迷於資產負債表而不能自拔的投資者，多半不能成功。

★ 彼得‧林區

利潤！你最好也拋出一些聯合太平洋鐵路。」

「我才不呢！我只會見風使舵，這樣才能把生意做好。」

接下來的第二天，更詳盡的災情報導出現了，股市開始下跌，但即使這時候，下跌過程還不像預計的那樣厲害。我覺得世界上沒什麼東西可以阻擋即將到來的暴跌，因而我又拋出了5,000股。到那個時候，多數人都明白了事態發展，而我的經紀人也反應過來了。這既不是他們的錯，也不是我的錯。再往後的一天，股市開始暴跌，當然了，我把自己的運氣發揮到相稱的地步，抓住機會又拋了10,000多股，這是唯一的選擇。

我當時沒有其他任何念頭，只覺得自己是正確的，而且百分之百正確。這可是天賜良機，就看我能否好好利用了。我繼續拋出，拋出這麼多，萬一股市反彈，我的利潤會被吞噬，甚至可能連老本也全丟掉，我有沒有想過這些呢？天知道我當時想過沒有，不過，就算我想了也不會造成什麼負擔。我並非魯莽的賭徒，其實我很謹慎。沒人能挽回地震造成的損失，對不對？誰也不會無償地將倒塌的大廈一夜之間修復，是不是？在地震後的最初幾小時，即使拿世界上所有的錢來也幫不上什麼忙，對不對？

我不是盲目賭博，也不是一頭瘋狂的熊。我沒被一時的成功沖昏頭腦，也不認為舊金山已從地圖上完全消失，整個國家將變為廢墟。我沒有處心積慮地等待恐慌。第二天，我平倉了，賺了25萬美元，這是我有史以來賺得最多的一次。賺這麼多錢，不過數日之間。華爾街在剛開始的那兩天對地震置若罔聞。也許他們還會告訴你，這是因為首批報導把地震說得並不太嚴重的結果，但我認為，這是因為必須花費如此長的時間才能改變公眾對股市的看法。甚至很多職業交易商的反應都很遲鈍，而且目光短淺。

我無法向你解釋清楚，無論是科學的還是幼稚的解釋都沒有。我只是

告訴你我做了什麼，為什麼做，以及結果是什麼。我關心的倒不是那種神奇的預感，而是我賺了25萬美元這個事實。這意味著，一旦時機成熟，我就可以做更大金額的交易了。

那年夏天，我去了薩拉托加溫泉（Saratoga Springs）。我本來是想度假的，但我又總是留心股市。首先，我也不太累，想想它也不覺得煩。其次，我在那裡認識的人都對股市有著濃厚的興趣，我們自然而然地就會討論起來。我已經注意到，紙上談兵和實際操作之間其實有著天壤之別，而有些傢伙喜歡班門弄斧。

哈丁兄弟公司在薩拉托加開了一間營業部。在那裡有不少顧客，看來是廣告效應，其實在偏遠的旅遊勝地開營業部本身就是一個很好的廣告。我總是順路去逛逛，擠在人群裡，坐在旁邊看著。這裡的經理來自紐約營業部，是個和藹可親的人，無論對朋友還是對陌生人，都會伸出友誼之手——當然，他也一有機會就拉客戶。那裡是小道消息的雲集之處——賭馬、股票等，各種消息應有盡有，是服務生撈小費的好地方。營業部的人都知道我手中沒有股票，因而經理也就從不走到我面前對我耳語，嘀咕他剛從紐約得到的最新消息。他只是直接遞給我電報，說「這是他們發出的」。諸如此類。

當然，我仍然密切關注著股市。對我來說，看看報價板，是一種程序，我注意到我的老友——聯合太平洋鐵路，看起來又上漲了，而且價錢還挺高。我觀察了兩天，推測有人在吸貨。我持續觀察了好幾天，但始終沒有買，我確認有人在吸貨，那人並非小角色，一定有背景，而且挺懂操

認錯的好處，是可以刺激並增進判斷力，讓你進一步重新檢視決定，然後修正錯誤。我以承認錯誤為榮，甚至我驕傲的根源來自於認錯。

★ 索羅斯

作，我認為他做得相當聰明。

一旦看準也確認了這一點，我便立即開始買進，買進價位是160美元左右。它保持橫向波動，於是我也繼續買進，每筆500股。我買得越多，市場越強，雖然沒跳升，但我還是很滿意。根據我從報價紙帶上讀到的資訊，我找不到任何這檔股票不大幅度上漲的理由。

突然，那位經理走到我面前，說他們從紐約得到消息——當然是指電報，問我此刻是不是在營業廳，當得到肯定回答後，對方立刻發來第二封電報，讓我在那裡等著，告訴我哈丁先生要和我通話。

我回答說我願意等，然後又買了500多股聯合太平洋鐵路。我想不出哈丁會對我說什麼，我覺得可能不是生意上的事，因為我的保證金足夠買進我想買的這些。很快，經理走來告訴我，艾德・哈丁（Ed Harding）先生要我接電話。

「你好，艾德？」我說。

他立刻回道：「你到底在搞什麼鬼？你瘋了嗎？」

「你才瘋了呢。」我說。

「你在幹什麼？」他問道。

「你什麼意思？」

「就是買那些股票。」

「怎麼啦，我的保證金有問題嗎？」

「不關保證金的事，你上當了。」

「我不明白你的意思。」

「你為什麼買進聯合太平洋鐵路？」

「因為它在漲啊。」我說。

「漲，漲個鬼！你知不知道這是局內人想倒貨給你？你是那裡最容易

被人盯上的靶子。要是這麼玩，你還不如去賭馬，輸錢輸得還有意思些。別讓他們耍了你。」

「沒人在耍我，」我告訴他：「我沒跟任何人提起過這檔股票。」

但他反駁道：「你別指望每次買進股票，都會有奇蹟救你，一有機會就趕快撤！」他說，「趁著現在還有機會，趕緊罷手吧。當大戶都拚命拋出的時候還這樣做多頭，真是罪過。」

「行情記錄上說他們還在買進！」我堅持著。

「賴瑞，當你的訂單過來時，我差點心臟病發作。看在老天的分上，別當傻瓜了，趕快撤吧！立刻！你現在隨時都有可能破產的！言盡於此，我反正盡職了。再見！」然後他掛了電話。

艾德‧哈丁是個聰明人，消息十分靈通，無私而善良，是靠得住的朋友。更重要的是，他的職業可以讓他耳聽八方、眼觀六路。我之所以買進聯合太平洋鐵路，能依循的不過是多年來對股票走勢的研究，經驗告訴我某種跡象總是伴隨著大幅度上漲的。我不知道自己到底是怎麼回事，但我推斷出行情記錄之所以顯示股票正在被人吸納，是由於局內人的操縱。大概我是被艾德‧哈丁的一片好心打動了，他想阻止我犯一個毀滅性的錯誤，他的話留給我太深的印象。無論他的智慧，還是他的動機，都沒什麼可懷疑的，因此我照他說的做了。我自己也不知道為什麼會聽他的意見，但我確實聽從了。

我賣掉所有的聯合太平洋鐵路股票。當然了，不適合做多頭的時候，就得做空頭，否則就太不明智了。於是，我賣掉持股後，又拋空了4,000股。我賣出的絕大部分股票以162美元成交。

第二天，聯合太平洋鐵路的董事宣布派發10%的紅利。起先，華爾街沒人相信。紅利過於豐厚，簡直就像絕望的賭徒在孤注一擲。所有的報紙

都對董事會議論紛紛，然而，當華爾街的天才們猶豫著要不要追進時，市場卻已經傳開來了。聯合太平洋鐵路成了領頭羊，以巨大的成交量創了歷史新高。一些場內交易商一個小時就賺了大錢，我後來還聽說，有一個相當遲鈍的場內營業員當時歪打正著，竟然糊裡糊塗賺了35萬美元。第二個星期，他就辭去了工作，當農場主去了。

我一看到聯合太平洋鐵路創下的新紀錄，就對自己說「我不該拋的」。當我聽說那個空前的10%紅利的消息時，就意識到這是我的報應。我沒有相信自己的經驗，卻聽信小道消息，僅僅由於某個朋友一貫的無私和智慧，就相信了他的疑慮，放棄自己的原則。

至此，我在這個世界上就只剩下在哈丁兄弟公司的保證金了，對於這個事實，我既不高興也不沮喪。很明顯，我曾經正確地解讀了行情記錄，卻像個傻子似的讓艾德‧哈丁動搖自己的決定。責怪別人是沒有意義的，再說我也不能浪費時間，反正已經覆水難收了。於是，我下單平倉空頭。當時我從股市上買入4,000股聯合太平洋鐵路，股票大約是165美元左右，我因而損失了3點。我的經紀人替我買進的部分股票執行價格達到了172美元至174美元。拿到帳單後，我發現，艾德‧哈丁用心良苦的善意擾亂，使我損失了4萬美元。這一課上得還算便宜，對於一個沒有勇氣堅持自己初衷的人來說，這樣的代價不算大。

我沒有患得患失，因為行情記錄顯示價格還會再創新高。這種行情走

自己進行研究來選股的客戶越來越少，加上用閒錢玩玩股票、像賭博一樣投機的氣氛越來越濃，再加上財經傳媒對基金經理人投資水準的大肆吹捧，難怪投資大眾們會覺得，想要依靠自己獨立研究選股來戰勝市場，那是根本不可能的。

★ 彼得‧林區

勢非比尋常，而且董事會的行為也沒什麼先例，但這次，我決定按自己的想法做事了。我平掉了4,000股空頭，按照行情記錄的提示想再賺一筆，接著便勇往直前，買進4,000股，直至第二天清晨拋出。就這樣，我不僅彌補了我損失的4萬美元，還賺了1.5萬美元。要是艾德・哈丁不曾想替我省錢的話，我早賺了一大筆了！不過，他也算做了一件大好事，我一直堅信，正是這個教訓使我成為一個真正的交易商。我相信，正是這一課，完成了我做交易的教育。

　　我的意思並不是說，我需要學的是不聽小道消息，而是按自己的想法辦事。經過這一課，我找到了自信，終於有能力擺脫老一套的交易方法。這次薩拉托加的經歷，是我最後一次靠冒險、憑運氣的經歷。從那以後，我開始通盤考慮基本條件，而不只是單個股票上。我的努力使自己在艱難的投機學習中升高了一級。

　　這實在是漫長而艱辛的一步。

第7章：在正確的時機買進賣出

　　我從不介意告訴別人我對市場的看法，無論是看好還是看壞。但也僅僅於此，我從不會告訴別人是買進還是拋出某檔股票。在熊市裡，所有的股票都跌，而在牛市裡，所有的股票都漲。當然，我的意思是指由於戰爭引起的熊市除外，因為軍火股票在那時會上漲，我說的是一般的情況。說句實在話，人們通常並不想知道是牛市還是熊市，他們只希望確切地知道到底該買入什麼，拋出什麼。這些人不想自己動腦，就算讓他們從地上把錢撿起來數一數都嫌太麻煩。

　　哦，我倒沒有那麼懶。不過，我確實發現考慮個股比考慮大盤方便多了。同樣，考慮個股的漲落要比考慮大盤走勢簡單。我覺得我得改變原來的那一套方法，否則沒有前途，因此我做出了改變。

　　要掌握股票交易的基本要領並不容易，我以前總是說，買入時最好選擇在上漲的股票，而現在，關鍵不在於能否買到最便宜的股票或在最高價上做空頭，而在於是否能在恰當的時機買入或拋出。當我身處熊市，拋出時每一手一定比前一手賣得低，當我買入時則剛好相反。我一定會在上漲時買進，我從不在下跌時做多頭，而是按照步步上漲的方式買入做多。

　　舉例來說，讓我們假設一下，我正在買進一檔股票，以110美元的價格買入了2,000股。如果在我買之後，該股票上漲至111美元，那麼我就處於有利的位置，因為價位上漲了1點，表示有盈利。好，因為我買對了，所

以就會再買2,000股。如果股市繼續上揚，我還會再買2,000股。假設這時價格上漲到了114美元，那時機就算成熟了，我現在手上有了交易的基礎，可以做文章了。我以平均111.75美元的價格持6,000股多頭，而現在漲到了114美元，我就不會再買入了。接下來的時間裡，我會耐心地等待和觀察。我認為漲到一定程度就會有調整，而我想觀察股市在調整時如何反應，我判斷這次很有可能調整到我第三次買2,000股的價位。假設市場走高之後又回跌至112.25美元，然後又繼續上漲。就在它剛回升至113.75美元的時候，我立即下指令買入4,000股——當然得用市價方式。如果我得到這4,000股的成交價為113.75美元，那我就知道是什麼地方不對勁了。我會下單測試市場，也就是說，我拋出1,000股看看市場的反應。但是，如果我在113.75美元價格時下單買入的4,000股中，有2,000股的成交價為114美元，500股的成交價為114.5美元，剩下的股票越買價格越高，最後500股成交於115.5美元，那麼這時，我就知道我做對了。正是這4,000股的買賣過程讓我知道，在這個時點買入這個股票是否正確——當然，上述做法的前提是，我已將整體狀況通盤考慮清楚，而且市場處於牛市。我從不希望買進的股票價格太便宜，或得手太容易。

我記得別人跟我講過一個迪肯‧懷特（Deacon.S.V.White）的故事，他曾是華爾街最大的股票操作手之一。他是一位很好的老紳士，練達睿智、行動果敢。我聽說在他的時代，他有過一番很了不起的作為。

把你的投資策略建立在一些普遍流傳的陳詞濫調上絕對是非常愚蠢的，這些陳詞濫調包括：「當你的投資獲利倍增時就賣出股票」、「持有期滿兩年後就賣出股票」，或者「當股價下跌10%時馬上賣掉股票停損」等。你絕對不可能找到一個普遍適用於各種類型股票的投資法則。

★ 彼得‧林區

那是很久以前的事了。過去有一段時光，糖業股份公司最愛惹起爭端。H.O.哈夫邁耶（H.O.Havemeyer）時任公司董事長，當時的權力也處於鼎盛時期。我從前輩們零散的聊天中拼出的情況是，哈夫邁耶和他的下屬們坐擁大把資金，再加上他們詭計多端，足以應付任何針對他們股票的投機行為。前輩們說，H.O.哈夫邁耶在這檔股票中魚肉的中小營業員人數，可能超過任何一位內線交易者的記錄，以及發生在任何一檔股票上的記錄。通常，場內交易商更可能擾亂內線人士的圈套，而不會幫他們推波助瀾。

　　據說有一天，有位認識迪肯‧懷特的人萬分激動地衝進他的營業廳說：「迪肯，你叫我一聽到什麼貨真價實的消息就立刻告訴你，要是你真的用上了，你會提攜我也做上幾百股。」他停頓一下，喘了口氣，等著對方的答案。

　　迪肯‧懷特以他慣有的冷靜姿態看著他說：「我不記得我是不是真的這麼跟你說過，但如果真有資訊對我有用，我絕不會虧待你。」

　　「好極了，我的確有好消息，現在就告訴你。」

　　「哦，那太好了。」迪肯非常和藹地說道，那個人站起來說：「是的，先生。」然後又湊近了些免得別人聽見，他說：「哈夫邁耶在買糖業股份公司的股票。」

　　「是嗎？」迪肯非常平靜。

　　這可惹惱了情報員，他強調說：「是的，迪肯，他能買多少就買多少。」

　　「你確定嗎，夥計？」老迪肯問。

　　「迪肯，我可有確鑿的證據，那些老傢伙可正在竭盡全力地買入呢，可能跟關稅有關，總之可以大賺一筆。我想有30點的利潤。」

「你真的這麼認為嗎?」老人透過舊式的銀絲眼鏡鏡片看著他,戴上它本來是想看行情記錄的。

「我這樣認為!我知道的確是這樣的,絕對!迪肯,哈夫邁耶和他的朋友們都在買糖業股份公司,不賺到40點他們是不會滿意的,就算是看到股市在他們滿倉之前暴漲,我也不會驚訝。」

「他在買糖業股份公司,對嗎?」迪肯心不在焉地問。

「買?他簡直是在吞,能吞多快就吞多快,只要不把價位抬高。」

「是嗎?」迪肯只這麼說了這麼一句。

但這已足以激怒這個情報員,他說:「是的,先生!我把這稱為一個很好的情報,這可一點不摻假。」

「是嗎?」

「是的!而且應該值不少錢,你打算用嗎?」

「哦,是的,打算用。」

「什麼時候?」情報員懷疑地問。

「現在,馬上,」迪肯叫道:「法蘭克!」法蘭克是他最精明的經紀人,他那會兒就在隔壁。

「是,先生。」法蘭克說。

「我想讓你去交易所拋出10,000股糖業股份公司。」

「拋出?」情報員叫了起來,他的聲音是那麼痛苦,以致已經跑出去的法蘭克都停下了腳步。

「怎麼了?是拋出!」迪肯溫和地說。

「但我告訴你哈夫邁耶在買!」

「夥計,我知道,」迪肯平靜地說,他轉頭交代法蘭克:「法蘭克,要快!」

法蘭克跑出去執行命令了，而情報員氣紅了臉。

「我到這裡來，」他憤怒地說：「帶來了最好的資訊，我之所以告訴你是把你當朋友，覺得你挺正直，我是想讓你採取行動——」

「我正在按你的消息行動。」迪肯平靜地打斷他。

「但我告訴過你哈夫邁耶那一幫人在買入。」

「對呀，我聽清楚了。」

「買入！買入！我說的是買入！」情報員尖叫起來。

「是買入！我確實聽到你這麼說。」迪肯保證道，當時他正站在自動收報機前，看著行情記錄。然後他就不再說話，專注地看著。情報員也走近了一些，想看看他在看什麼，他知道這個老人老謀深算。就在他正越過迪肯的肩膀想看看時，一個辦事員拿著一張紙條走了進來，顯然是法蘭克的報告。

迪肯看都沒看一眼，他已經從行情記錄上看出了命令的執行情況。

於是他對那個辦事員說：「再拋出10,000股。」

「迪肯，我向你發誓，他們真的是在買進那股票！」

「是哈夫邁耶親口告訴你的嗎？」迪肯輕聲問，他還是很平靜。

「當然不是！他從不對任何人說透露一個字，但我知道這消息是真的。」

「別太激動，我的朋友。」迪肯舉起一隻手，他還在看行情記錄。

情報員苦澀地說：「早知道你和我所盼望的反其道而行之，我就不會

> 一定要買股票！不管是大盤股、小盤股，還是中盤股，只要是買股票，都行。當然，前提是你能夠用理性明智的態度來選擇股票或股票基金，而且在股市調整時不會驚慌失措地全部拋空。
>
> ★ 彼得・林區

來浪費你的時間了，也免得浪費我的時間。但等到你因為買回那些股票虧大了的時候，我也不會開心的。真替你難過，真的。迪肯，請原諒，我得去別處把我的資訊付諸行動。」

「我正是在按你的資訊行動，我知道我對股市瞭解不多，至少不像你和你的朋友哈夫邁耶瞭解得那麼多，但我的確瞭解一些，我正在做的，只不過是根據經驗和你所提供的資訊，所做出的一種英明之舉罷了，一個人要是像我一樣在華爾街混了這麼久，他會很感激為他難過的人，冷靜點，我的朋友。」

那個人兩眼緊緊地盯著迪肯，對他的判斷力和勇氣佩服得五體投地。

很快，那個職員回來遞給迪肯一份報告，迪肯看過以後說：「現在讓法蘭克買入30,000股糖業，30,000股！」

那個職員匆匆地走了，而情報員嘀咕了幾聲，看著這隻白頭的老狐狸。

「我的朋友，」迪肯和藹地解釋道：「我並不是懷疑你是否如實地告訴了我你所見的情況，但即便我聽說是哈夫邁耶本人告訴你的，我也會按照我剛才的做法辦事，因為只有一種辦法可以看出是不是真的有人在買入——正如你所說的哈夫邁耶和他的朋友們在買入——就是照我剛才做的那樣去試試。第一個10,000股賣得相當容易，這還不足以說明問題，但第二個10,000股也被市場吸走了，而且價位仍然上揚。市場吃進這20,000股的形勢向我證明，的確有人想把能買到的統統買走。從這一點來講，到底是誰在買就不重要了。所以，我平掉了空頭，而且再買進了10,000股。我認為你的資訊，到目前為止，絕對貨真價實。」

「貨真價實到什麼程度？」情報員問。

「你將得到500股，以那10,000股的平均價格。」迪肯說：「再見，我

的朋友，下次冷靜點。」

「嗯，迪肯，」情報員有點不好意思：「你拋出的時候，可不可以幫我一起拋出？我明白，我那三腳貓功夫遠比你懂得少多了。」

故事講完了。這就是為什麼我從不會低價買入股票的緣故。當然，我總是儘量有效地買入以便對我的操作方向有所幫助，而拋出時，很明顯除非有人願意買，否則沒人能夠全部拋掉。

如果你在操縱一個大數目，就得時時刻刻想著點，應該先研究條件，再認真地做出計畫，然後才付諸實踐。如果你手上有大量的股票且有巨額浮動利潤，那你就不能隨意拋出，不能指望股市吸收5萬股時像吸收100股那麼容易，你只有等，等一個能夠接受的市場。機會一來，就必須牢牢抓住，在這之前你得一直等待，這是規則，必須等到你能賣的時候，而不是你想賣的時候。想知道什麼是恰當的時間，你必須觀察、嘗試。想知道股市何時能接受你想拋的股票可沒有什麼訣竅，但剛剛開始一項舉動時，除非你確定局勢非常好，否則直接全力入市是不明智的。要記住，股票永遠不會價高而不能買入，也永遠不會價低而不能拋出。但是，第一筆入市以後，除非真的有利潤，否則不要採取第二步，你所需要做的就是等待、觀察。你的行情記錄會讓你判斷是否到了可以開始的時間，在恰當的時機開始行動萬分重要。我花了幾年的時間才瞭解到這一點，當然還花了成千上萬美元的學費。

我並不希望大家認為我是在建議持續的緩慢累積，當然，一個人的確可以經過點滴累積攢一大筆錢。我真正想說的是，假如一個人的最大能力是買500股，如果他是在投資，就不該一次性買入，如果他只想賭一把，我只能給他一個建議，別這麼做！假設他買100股，結果立即虧了，他就不應該繼續買入更多股，他應該馬上看出來他錯了，至少暫時錯了。

第8章：牛市看多熊市看空

　　1906年夏天，我在薩拉托加遭遇的聯合太平洋鐵路交易，讓我更加不再依靠小道消息和勸告。這就是說，無論別人多麼友好，多麼為我著想，我也不去聽他的觀點、猜測或懷疑。事實上，我這麼說並非自負，許多事情已經證明了我能比周圍大多數人更準確地理解行情記錄，而且我的條件也比哈丁兄弟的一般客戶好一些，因為我可以完全避免有色眼鏡的盤算和偏見。我對熊市並沒有特別的偏好，我唯一堅持固執的一點是，絕不允許自己站在錯誤的一邊。

　　甚至當我還是個孩子的時候，我就能從觀察到的事實中得出自己的看法。用自己的眼睛看，是真正認清事物本質的唯一途徑。我無法從別人告訴我的事實中得到什麼，除非是我自己看到的事實。如果我相信了你所確信的事，那只是因為我自己也判斷應該這樣做。如果我做多頭，那是因為我對形勢的分析使我看漲。你可能發現了，許多公認的聰明人之所以看漲，是因為他們已經持有股票。我不允許手上已有的部位或先入為主的觀念，來代替我做任何思考。這就是我之所以反覆強調我永遠不和市場爭論的原因。如果因為股市意外地或不合邏輯地對你不利，你就對它火冒三丈，那就如同得了肺炎的時候跟自己的肺嘔氣一樣荒唐。

　　對於股票投機，我已逐漸明白到除了分析行情走勢外還需要什麼。派特・里奇堅持認為，在牛市保持資金是至關重要的。毫無疑問，正是這一

點使我將主要精力放在判斷市場的性質上面。我開始瞭解到，只有抓住大幅度波動才能賺大錢。無論看上去可能是什麼原因最初刺激了市場，大幅度波動之所以持續，不是由操縱基金和玩詭計的金融家炒作的，而是由基本環境條件所決定的。

在薩拉托加的經歷之後，我開始看得更清楚，或許我該說是更成熟地看到，既然整個市場的股票都按大潮流的方向走，也就沒必要像我以前想的那樣，研究某一檔股票的動向或個別的交易。而且，由於沒有交易量的限制，也可以全倉買入或拋出。就單獨某檔股票而言，如果拋出量超出了總股本的一定比例，做空頭是很危險的，具體數量取決於該股票的持有情況，比如在什麼地方、被何人持有、成本價格等。但對於通盤來說，即使拋出100萬股，也不可能出現被軋空①的危險。過去，內線人士經常利用空頭們杯弓蛇影的心理，透過軋空頭週期性地賺大錢。

在牛市裡做多頭，熊市裡做空頭，是眾所周知的道理。強調這一點聽起來挺傻的，不是嗎？然而，必須緊緊抓住這條基本原則。就我的經歷來說，我花了很長時間才學會如何有原則地交易。不過，我為自己說句公道話，我得提醒你，直到那時我還沒有足夠資金按照這樣的方式交易。如果你有足夠的資本，就能建立大量的部位，然後在大波動行情中賺大錢。

而我總是不得不，或者說我覺得自己不得不，每天從股票市場賺取生活費。這干擾了我累積本金的努力。要是本金多，就可以採用獲利更豐的長線方法。不過現在，不僅我的自信心增強了，我的經紀人也不再把我當成一個偶然好運的投機小子了，他們在我身上賺了不少錢，於是我以正

> 作為投資家，我願意看到暴漲暴跌現象發生，但在任何時候，我都表現得異常的冷靜，哪怕金額很高也是如此。
>
> ★ 索羅斯

當的方法成為他們的明星客戶。一個能賺錢的客戶對於任何一個經紀商來說，都是一筆財富。

從我不再滿足於僅僅研究行情記錄時起，我也不再把自己置身於某些股票的日常波動之中。如果真有這種情況發生，我需要從不同的角度研究一下。我會從具體事件考慮到基本原則，再從價格波動考慮到基本條件。

當然了，長久以來，我還是照例每天都會閱讀內幕資訊——所有交易商都是這樣做的。然而在這些資訊中，大部分都是流言，有的是故意散佈的錯誤背景狀況資訊，有的只是那些作者的個人觀點。我對評價較高的每週評述也不甚滿意，怎麼說呢？金融編輯的觀點通常跟我的觀點不一致。對於他們來說，整理實際情況得出結論並沒有什麼，但對於我來說卻至關重要，而且，我們對時間因素的估計也有極大的差異。因此，對我來說，每週末對過去一週情況的分析，遠遠不如對下一週情況的預見來得重要。

這麼多年來，我一直都是經驗不足、年少無知、資金短缺三方面不幸的混合體。但是現在我終於茅塞頓開，興高采烈地尋找新發現。我對市場的態度有所改變，也明白我在紐約想賺大錢卻屢次失敗的原因。現在，我有了資金、經驗和自信，但是我太急於去嘗試這把新鑰匙，以致忽略了門上還有另外一把鎖——那是時機之鎖！這種疏忽也是正常的。於是，我不得不照例支付學費——每向前邁進一步，都要受一次挫折和錘煉。

我研究了1906年的形勢，認為資金市場的前景十分嚴峻。許多真正的財富都被毀掉了，所有的人遲早都會感到拮据，因而沒有人能幫得了別人。這一次的舊金山地震，使房屋遭遇到火災，完全摧毀了；使火車失事，一車廂的賽馬全部死亡了；使波耳戰爭[②]（Boer War）中的炮灰，及派兵去南非花費的幾百萬老百姓血汗錢都化成了灰燼。這一次舊金山的大地震和隨後的火災，以及其他各種自然災害，影響席捲著每個人——製造

商、農民、商人、勞工和百萬富翁們。鐵路必然受到了極大的破壞。我思量著，所有一切都在劫難逃。在這種情況下，只有一件事可做，那就是——賣股票！

我告訴過你，我已經決定用什麼方式做交易，而現在我決定做空，毫無疑問地，我們正在進入一個真正的熊市。既然對此不抱懷疑，我確信應該能賺到在我的交易生涯中最大的一筆。

股市漲了又跌，交易冷淡一陣又穩步上揚，我帳面上的浮動利潤少了，而浮動虧損多了。終於有一天，我膽怯了，也平了空頭部位。這正是時候，如果不這樣做，最後剩的錢恐怕連一張明信片也買不起了。我損傷了元氣，但為下次的戰鬥留下一條性命。

我犯了錯誤。

但是，到底錯在哪兒呢？在熊市遵循熊市的做法，這是英明之舉。我做了空頭，這是正確的。但是，我拋得太早了，因此我付出了巨大的代價。我的方向是正確的，但時機卻選錯了。不管怎麼說，市場日益接近不可避免的崩盤。於是，我等待著，當價格止跌停頓下來時，我把很少的一點保證金全用來賣空股票。這次我做對了，因為只有那一天有這個機會。但第二天卻又開始回穩，我又上了一次當。因而我觀察行情記錄，平倉並等待。在適當的情況下，我再一次賣出——再一次，市場如往常一樣下跌，而後又突然上揚。

決定股票投資者命運的，不是分析判斷的智力，而是堅韌的勇氣。那些神經脆弱、過於敏感的投資人，不管頭腦多麼聰明，股市一跌就會懷疑世界末日來臨，嚇得匆忙拋出，這種人總是再好的股票也拿不住，再好的股票也賺不到錢。

★ 彼得・林區

看來股市似乎存心和我過不去，努力想使我回到在對賭行交易的那種古老而簡單的方法中。這是我第一次制訂了一個精確計畫，以整體市場為依據，不再只關注某幾種股票。我覺得如果我繼續堅持這樣做下去就一定會盈利。當然，那時候我還沒有一個系統的交易方法，否則我就會在下跌的股市拋出空頭了，也就不至於失去那份保證金，之前我曾經對你解釋過這種方法。我也許會犯同樣的錯誤，但不會損失得太慘重。你瞧，我已經觀察到了某些事實，但還沒學會如何利用。要怎麼說呢，我這種不完全的觀察，非但沒有什麼作用，反而阻礙了我。

　　我發現，研究自己的錯誤總會為我帶來好處。就這樣，我最終發現在熊市保持住空頭也是很好的。但無論如何，行情記錄還是要研究的，這樣才能判斷出行動的適當時機。如果有一個良好的開端，那麼你所處的有利情況就不會受到威脅，然後你會發現抱牢手上的部位也就不再困難。

　　當然，如今我對自己觀察市場的精確性更有信心，其中既不摻雜個人感情，也不摻雜個人癖好，我也有更多不同的方法來檢驗我觀點的正確性。但1906年那次價位成功的回穩，對我的保證金還是產生了嚴重的威脅。

　　那年我應該是27歲，但是已經做了差不多12年的交易。這是我第一次遇到如此危機四伏的交易。我透過望遠鏡看到了這次危機，但是從危機開始到股市大幅下挫，這期間與我當初的預計差距太大了，所以我開始懷疑自己的觀點。其實徵兆已經出現了，關於貸款利率我們都曾聽說過很多警告。但有一些經濟學家還在滿懷希望地進行評述，至少他們對媒體記者們一直是以這樣的口吻說的，而股市也用持續性的回穩掩飾那些災難性的錯誤。難道從一開始就堅信熊市到來的我錯了嗎？抑或是因為我拋得過早而犯了暫時性的錯誤？可能是我拋得太早了，但行情的確不在我的掌控範圍

之內。不久之後股市又開始下跌了，這對我來說是個絕好的機會。我索性就來了個滿倉做空，但很快股票價格再次上揚，而且創了新高。

結果無須多言——我被清理出局。

換句話說，我破產了！

即使對我來說，這也是很不尋常的一件事，但它就是發生了：向前看，有一大堆美元，旁邊立著一塊牌子，牌子上用大的字體寫著「請隨意取用」，旁邊一輛馬車，車身的一側寫著「賴瑞‧李文斯頓馬車公司」。我手裡拿著一把嶄新的鐵鏟，但周圍一個人也沒有，我想挖金子也沒有人能幫忙，毫無疑問，挖金子又可以創造一種先於別人擁有美元堆的美好未來。其實好多人都從此地路過，如果他們願意停下來看一下，也可以看到這個良機，可惜他們那時卻只關注球賽，或正準備用我看到的那堆錢買汽車、豪宅。這是我第一次看到前面有大堆美元，我迫不及待地向它飛奔過去，但還沒等我跑到，風就倒著吹回來，我跌倒了。美元堆還在老地方，更不幸的是我的鏟子——我的武器丟了。這就是過早起跑造成的惡果！

我太想證明我看到是真正的美元而不是幻景。我看到了，我非常確定自己看到了。我只想著這絕妙的發現會帶來什麼，卻忘了考慮一下雙方的距離。我應該走過去，而不是飛奔過去。

這就是當時所發生的一切，我根本沒有認真考慮，再決定投入熊市的時機是否已經成熟。在那種情況下，我本應該藉助行情記錄的幫助來做明智的判斷，可是我沒有。就這樣，我得到了一個教訓——熊市剛開始，即使你看空後市，但除非能確定沒有反覆的危險，否則最好不要立刻大量地做空。

這麼多年來，我在哈丁兄弟公司買賣了大量的股票，公司很信任我，我們雙方的合作很愉快。我想他們認為我肯定會在很短的時間內東山再

起。他們知道以我的好運，我所需要的只是一個機會重新起跑，我不但可以恢復元氣，還會賺很多。他們已經從我身上賺了不少，而且未來還將賺得更多，因而只要我的信譽還保持得很高，我想在那裡繼續做生意還是沒問題的。

接二連三的打擊使我不再那麼趾高氣揚，或許我應該說我變得謹慎起來了，因為我知道我瀕臨破產。我所能做的只是安靜、慎重地等待。其實在交易以前就應該這樣做了，這並非亡羊補牢。只不過我下次嘗試交易時，一定要先弄清楚。如果一個人絲毫無錯，那他一個月之內就能擁有整個世界；但如果他不從錯誤中吸取經驗教訓，那就連上帝白白賞賜的東西都得不到一件。

就像我說的這樣，在一個晴朗的早晨我去了市中心，再次覺得信心百倍。這次沒有什麼可懷疑的，我所期待的一切正在成為事實。我發現所有報紙的經濟版上都刊登了一條廣告，這就是我在投資前沒有理智地去等待的交易訊號。這是北太平洋及大北方鐵路（Great Northern）的增發新股告示，分期付款的預付款是為了股民方便。這種方式在華爾街是很罕見的，這對我來講不僅是個惡兆，更是個打擊。

多年以來大北方鐵路十分強勁，一直保持不跌破面值，現在宣布又將有一股紅利。其中包括持股人有權平價買入大北方鐵路新發行的股票等優惠。由於股票市場價格總是高於票面面值，因而這一權利是很有價值的。但現在金融市場情況不景氣，連最有實力的銀行也不能保證以現金支付發股人，而北方鐵路價位在330美元左右！

我一走進營業廳就對艾德・哈丁說：「現在時機成熟了，拋吧，我們應該有點大動作，看看那個廣告吧。」

他已經看過了這則廣告，我以我的觀點指出這則廣告到底意味著什

麼，但遺憾的是，他們仍不太明白我們隨時面臨著破產的危險。他認為在大量拋空之前最好還是等待，如果我等一下，說不定價格會低一些。

「艾德，」我耐著性子說：「跌勢總是越來越猛。那則廣告是站在銀行家立場上的安撫告示，他們所怕的正是我所希望的。這對我們來講預示著市場要走入熊市了，而這正是我們所需要的。說實話，如果我有一千萬美元，我也會立刻全部投進去。」

我必須不斷地勸說，不斷地與他爭論，他對我這樣一個明智的人面對那個令人瞠目結舌的廣告所能做出的唯一推論並不滿意。這對我來說是足夠了，但對於營業廳裡大多數人卻不夠，因為我能拋得太少、太少了。

過了幾天聖・保羅手拿一張關於發行股票的告示走了過來。讓我想想，大概是股票，或者是通知，我記不清了。但是這並不重要，重要的是我注意到，付款日期被安排到了早就宣告過的北方鐵路和北太平洋鐵路繳款日的前面。這個訊號太明顯了。就好像他們拿著擴音器宣布了不起的聖・保羅正在力挫其他兩條鐵路。爭奪在華爾街所剩不多的現金，聖・保羅的銀行家們顯然很害怕錢不夠三家用，而他們絕不會說：「您先請吧，我親愛的兄弟。」如果錢真的那麼吃緊，而銀行家們確實又知道這一點，那麼接著會發生什麼呢？換句話說，鐵路公司需要錢，但銀行裡卻沒有錢，答案會是什麼呢？

當然應該拋出！在那一個星期裡，公眾的眼睛都在盯著股市，對於其未來的走勢卻幾乎什麼也看不出來，而嗅覺敏銳的股票操作者們在那一年卻看出了不少問題，這就是區別所在。

對我來說，這種情況卻意味著疑慮和猶豫的結束，我當時就下定決心。就在那天早上，我開始了第一次真正行動。我告訴哈丁我的想法和立場，對於我想以大約330美元拋出北方鐵路，以及以再高一些的價格拋出其

他股票，他都沒有異議。我從自己早先付出過代價的錯誤中受益匪淺，因而這一次拋得很有策略。

偶然或是必然，我在很短的時間內就恢復了聲譽和信用，在經紀人那裡判斷正確實在是人生一大快事。不過這次我完全正確，倒不是因為分析行情技巧熟練，而是憑著對影響股市的整體條件分析的結果。我並非全憑猜測，我是對不可避免的事做事前準備。想拋出股票並不需要太大勇氣，對我來說，我看見的只有日益下跌的價格，所以我必須採取行動，不是嗎？我還有別的選擇嗎？

整個報價表上的股票都疲軟得像煮過頭的玉米糊一樣。不久，市場有一個反彈，許多人都跑來告誡我說股票已經跌到底部了。那些大戶知道現在做空的人很多，決定要軋空大賺一筆，這是一件很容易而又穩妥的事，那些大戶是不會心存憐憫之情的。一般來講，我會感謝一下這些顧問，我甚至不願去和他們爭論，因為那樣他們會認為我對這些告誡不知感激。

那個在亞特蘭大和我待在一起的朋友目前正在痛苦中沉浮，從那次地震開始，他變得相信預感了。由於我憑藉莫名的感覺拋出聯合太平洋鐵路而賺了25萬美元，因而他不能不相信這種奇妙預感的存在。他甚至說是上帝用了什麼神奇的方法讓我拋出股票。而且他也能夠理解我在薩拉托加所做的第二次聯合太平洋鐵路的交易，因為他可以理解與股票有關的任何買賣。一個小道消息就可以決定股票的趨勢是上漲還是下跌，但這種預言所有的股票都必跌無疑的事又往往會激怒他，這種情報對人們究竟有何好處？你該如何告訴別人要怎麼做呢？

> 我當時做事情有點憑直覺，我看著數字就能有所感覺。我從來沒有學會如何分析一家公司，我的意思是我沒有正常分析師擁有的分析技巧。
>
> ★ 索羅斯

這使我想起了派特・里奇常說的一句話「行了，你知道現在是牛市」。好像因為這是事實，所以對所有明智的人來講，這條資訊就已經足夠了似的。但是對於剛剛蒙受損了15或20點損失，又仍然堅持不放的人來講，看到3點的回升，就確信已經到了底線，要恢復上漲了。

　　一天，我的朋友來拜訪我，問：「你平倉了嗎？」

　　「我幹嘛要平倉？」我回問。

　　「為這個世界上最棒的理由。」

　　「什麼理由？」

　　「賺錢啊，股市已經到底了，下跌的肯定會回升，難道不是這樣嗎？」

　　「是的，」我回答說：「第一步要先到底了，然後才是回升，而且不會馬上回升，還會反反覆覆好多天呢。但現在還不是它們回升的時候，因為它們還沒真正死透呢！」

　　一位老朋友聽到我這麼說，立刻想起以前的事情來，他說有一次威廉・特瑞沃斯（William R. Travers）在看跌的時候遇了一個看漲的朋友，兩人交換了一下對股市的看法，那位朋友說：「特瑞沃斯先生，市場這麼強你怎麼會看跌呢？」特瑞沃斯回道：「市場死得很徹底了。」這時特瑞沃斯去了一家公司的辦公室要求看一下報表，出納員問他：「你對本公司感興趣嗎？」特瑞沃斯回答說：「我應該說我有興趣！因為我拋空了兩萬股你們的股票。」

　　股市的回升力道變得越來越弱了，我的運氣一點點好轉，每次我拋出幾千股北方鐵路時，價格總會又跌幾點。我把我覺得較弱的股票都拋空了一些，它們也都下跌，但只有雷丁公司（Reading）一家除外，因而令我印象深刻。

其他股票都在不停地下滑，而雷丁公司的股價卻依然像礁石一樣屹立不動。所有的人都說該股票被莊家壟斷了，事實好像也的確如此，他們總是告訴我拋出雷丁的股票簡直無異於自尋死路。交易廳裡還有別人和我一樣全部做空，但要是有人暗示他們拋出雷丁股票，他們又會馬上縮回來要求幫助。我自己已經拋了些股票。同時我自然而然地想找些容易得手的股票出擊，避開那些異常堅固的股票。我觀察行情，發現了幾種容易賺錢的股票。

　　一直以來，我聽說過許多關於雷丁背後基金的傳說，那是個非常強大的基金，首先他們有許多低價買進的存貨，因而按我朋友的說法，他們的平均價實際上較低，這是一個了不起的優勢。而且，那筆基金的主要成員與一些銀行保持著非常密切的關係，他們正是用這些銀行的錢來持有大量的雷丁股。只要股票價格不下降，他們與銀行間的友誼就牢靠而堅固。每個成員的浮動利潤均不少於300萬美元。這就使得價格的下降不至於致命，因而他們的股票足以對抗熊市也就不足為奇了。不時地，總會有些場內交易商盯著雷丁公司的股價而蠢蠢欲動，用一兩千股試探一下。這一點股份並不能壓低價位，因而他們只好將其平倉再去賺點好賺的錢。無論何時，只要我看到了，我就會多拋一些，只要自己滿意就行了，我對自己的交易原則很有信心，並不偏向於自己喜愛的股票。

　　在過去，雷丁看似堅不可摧的力量可能愚弄了我，市場行情總是說：「離它遠點！」但我卻認為事實並非如此，我預料將有一次暴風雨般的打擊，無論有資金的還是無資金的，對誰都不例外。

　　我喜歡單打獨鬥，在對賭行裡是這樣，以後也一直會這樣。我的思維就是這樣的，我必須自己看，自己思考。但我可以告訴你，當我開始從股市獲利時，我第一次感覺到我有了這個世界上最好、最真的合夥人，那就

是基本形勢。它們盡其所能地幫助我。儘管有時它們反應速度很慢，但只要我有耐心，它們的確很可靠。在很大程度上，我並非用我的行情分析技巧及預感與投資機會抗衡，對市場的邏輯分析反而使我賺了不少錢。

瞭解它並根據它的行為來作判斷，正確率是非常高的，我的真心夥伴，基本形勢說「下跌」，而雷丁卻不肯聽它的。這對我可是個侮辱，看著雷丁的股票依然一動不動，一切風平浪靜好像什麼都沒發生，我開始憤怒起來，它本應該是整個報價板中最好的空頭，因為它還沒有下跌記錄。基金持有太多的股票，如果一旦宣布更嚴格的貨幣管制，他們就徹底完蛋。總有一天，高貴的銀行朋友們並不會比普通大眾好過，股票必須跟他們一起不斷下跌。如果雷丁不下跌，那麼我的理論就錯了，而如果我錯了，就說明事實錯了，邏輯錯了。

根據我的判斷，正是由於大家都不敢拋出才造成雷丁價格不變的現況，因而有一天，我同時讓兩個經紀人分別拋出了4,000股。

你應該看看那個了不起的被壟斷的股票！之前都說如果誰賣空它就等於自殺，但我這種競爭性的賣單沉重地打擊了它，於是它開始不斷下跌。我又讓他們拋了幾千股，我開始拋的時候價格是111美元，沒多久，我就以92美元平倉這檔股票的空頭部位。

從那以後，我的好日子就到來了，在1907年2月我清盤了。當時北方鐵路已經下跌了60～70點，其他股票也有一定幅度的下跌。我賺了大錢，但我清盤的原因是推算出這次已經從下跌變成了超跌，這時我的信心也不是特別足，我不想因為判斷失誤而完全失去我的有利地位。換句話說，那時的股市並不適合我立刻交易。我在對賭行的第一筆1萬美元之所以付諸東流，就是因為我不管條件適合與否就每天快速進出。相同的錯誤我不會再犯第二次，而且別忘了以前我因為過早投入交易、時機還未成熟又拋出股

票而蒙受過損失，讓自己在一段時間內破產。現在，當我盈利時，我總想將帳面收益換成現金，這樣我才能感覺到自己是對的。回升行情曾使我破產，我可不想再一次被回升行情擠出股市。這次我沒有老老實實地在家待著，而是去了佛羅里達。我喜歡釣魚，而且我需要休息一段時間。在那裡我就又能釣魚，又能休息了。對於我的投資事業也毫無妨礙——華爾街和棕櫚海灘之間可以直接發電報。

【注釋】

1. 軋空（Corners），股市用語。投資者認為當天股價將下跌，於是融券賣出，等股票下跌後買回，以此賺取價差。然而股價並未大幅度下跌，投資者無法低價買進，收盤前只好被迫回補，反而使收盤價大幅度升高，造成虧損。——譯者注

2. 歷史上一共有兩次波耳戰爭，第一次波耳戰爭發生在1880年至1881年，第二次波耳戰爭發生在1899年至1902年，本處所指的即是第二次波耳戰爭。波耳戰爭是英國人和波耳人之間為了爭奪南非殖民地而展開的戰爭。荷蘭殖民者於17世紀來到南非。他們和葡萄牙、法國殖民者的後裔被稱為波耳人。19世紀晚期，德蘭士瓦共和國和奧蘭士自由國相繼發現世界上最大的鑽石礦和金礦。英國殖民者為了奪取這些寶藏，於1899年8月與波耳人爆發戰爭。戰爭初期，英軍在人數上處於劣勢，在輕捷靈便的波耳人面前多次遭到失敗，隨著援軍的抵達，英軍逐漸掌握主動權。當年秋，英國宣布取得戰爭的勝利，但波耳人繼續反抗英軍。英軍把波耳人強制關進集中營，兩萬婦孺致死。波耳戰爭中的英軍總司令基契納成為英國的民族英雄，但直到他凱旋時，英國仍然沒有完全控制南非。英波戰爭稱得上英國復興史上最長的戰爭。——譯者注

第9章：真正的股市之王

　　我在佛羅里達的海灘上過得自由自在，在那裡釣魚很不錯。我的腦子很放鬆，無須考慮股票，過得確實挺開心的。有一天，一些朋友一起乘著遊艇從棕櫚海灘來這邊玩耍，其中一個帶了張報紙。這對我來說是一件新鮮事，因為那幾天裡我一直沒看報紙，也不想看，我對它刊登的任何新聞都不感興趣。但是那天我掃了一眼朋友帶上艇的報紙，發現了一個重大消息，那就是股市已大幅度回升，大概有十多點。市場裡到底發生了什麼？當然股市偶而來一次適度的回升行情也是有道理的。但現在熊市還沒結束，情形並不樂觀，而華爾街及絕望的股民卻忽略了資金面條件，仍為短暫的回升行情振奮不已。我真是受不了。我必須關注股市了，我也許會做點什麼，或者什麼都不做，但我知道我最迫切的需要是看一下報價板。

　　我的經紀商哈丁兄弟公司在棕櫚海灘也有一個營業廳，當我進去的時候看見了不少熟面孔。他們大多數都在興奮地討論牛市，他們都屬於那種憑行情報價機做交易的人，總希望快進快出。這樣的交易商並不需要深思熟慮或高瞻遠矚，而他們的這種經營方式也的確用不著他們這麼做。我告訴過你，當我還是個「投機小子」的時候，是如何在紐約一舉成名的。當然，一般來講，人們總是愛把別人的盈利與交易量誇大其詞，營業廳裡的人聽說過我在紐約做空時大賺了一筆的事蹟，現在他們希望我再一次地把資金壓在空頭上。他們自己也認為回升還會繼續很長時間，但他們卻認為

打擊多頭是我的責任。

　　來到佛羅里達時，我的目的是釣魚，前段日子我承受了不少壓力，我需要一段時間的休假，但當我看到價格已經回升到何等程度的那一刻，我立刻把休假之類的事情通通拋諸腦後了。我完全忘記當初來到這片海灘的初衷，我只知道我必須做空股票。我相信自己是正確的，我必須用我用過的唯一方法來證明我的正確性，我會用現金來說明的。通盤拋出將會是一種正確、謹慎、有益，甚至可以說是愛國的舉動。

　　我在報價板上看到的第一件事，就是安納康達（Anaconda）正上漲即將超越300點，它漲幅驚人，簡直是跳躍性上升。很顯然裡面有個財力十足的多頭團體。我一直遵循一條古老的交易原則，那就是當股票第一次突破100美元、200美元或300美元時，上漲的趨勢不會就此止步，只會升高更多。因而只要它一突破關鍵點你就買，肯定能賺上一筆，膽小的人不喜歡在股價創新高時買入股票，但我卻有類似的「史實」來指引我在這個時候大膽買入。

　　安納康達是小面額股票，其票面面值只有25美元，算起來400股安納康達等於100股普通面額的股票，我認為這檔股票大有前途，預計它300點後還會再上漲，轉眼就會到340美元。

　　別忘了，我堅持看空，但我同樣是一個會看行情走勢做交易的人。我瞭解安納康達，如果它按照我的預計發展，就會漲得非常快，這檔股票

　　買入小盤成長型股票的最佳時機，就是本益比下降到相對水準以下的時候。當然，要利用這個投資策略來賺錢，你必須有足夠的耐心，因為小盤股大跌之後，需要好幾年的時間才能重新積蓄能量，然後還需要幾年的時間才會再次全面大漲。

★ 彼得・林區

對我來說很有吸引力。我已經學會了要有耐心，學會了如何堅持自己的意見，但我個人更喜歡股價快速變動帶來的刺激。而安納康達顯然並不遲鈍，而強烈的欲望驅使我終於在它漲到300美元時買入。

當時的情況是買方比賣方多，因而大盤回升行情可能會持續更久。因此等一段時間再做空頭比較安全一些。對於我來講，等待也會帶來好處，而且，安納康達很快漲了30點，我對整個市場看跌而唯獨對這檔股票看漲！因而我買入了32,000股安納康達，等於8,000股普通面額的股票，這樣做似乎是有點太冒險了，但我相信自己的判斷，而且據我預計，這次的盈利可以擴充我的保證金，以備後市做空用。

第二天，由於北上的一場暴風雨或是別的事情，電報網被中斷了，我在哈丁的辦公室等消息，人們閒聊著，猜測著各種情況，後來我們終於等來了一個報價，那也是當天唯一的一個，安納康達，292美元。當時有一個朋友和我坐在一起，他是我在紐約認識的。他知道我手上有整整32,000股安納康達，我懷疑他可能也有一些，因為當我們聽到報價的時候，他顯然大吃一驚，也不能斷定這檔股票是不是又跌了10多點。本來以安納康達的漲勢，再漲個20多點應該沒問題的，於是我告訴他：「約翰，別擔心，明天會漲回去的。」我的確是這樣認為的，但他看著我搖了搖頭，他就是那種人，覺得自己更明白到底發生什麼事。因此我笑了起來，還是繼續在營業廳等其他報價，但卻再也沒有其他消息了。我們只知道安納康達，報價292美元，對於我來講，這個報價意味著我損失了10萬美元。我喜歡股價變動帶來的刺激，顯然這個刺激讓我心驚膽戰。

第二天電報線路修好了，我們像往常一樣得到新報價，安納康達開盤為298美元，一度漲至302.75美元，但很快就又下跌了。

而且，其他股票也沒有進一步的回升，我打定主意，如果安納康達跌

至301美元，我就把整個事件都看作一種假象。如果是正常進行的上漲行情，價格應該不停頓地漲至310美元，如果不是這樣，那就是我的經驗失效，我自己犯了錯，而一個犯了錯的人唯一能做的事就是立即改正錯誤。我買入了整整8,000股，期待能漲30或40點，這不是我第一次犯錯，當然也不會是最後一次。

安納康達又跌回到了301美元，它剛一跌，我就偷偷地跑到電報員那裡，他們能直接發報給紐約。我對他說：「把我所有的安納康達全都拋了，整整8,000股都拋掉。」我把聲音壓得很低，以免別人知道我在幹什麼。

他抬起頭，用幾乎是驚恐的表情看著我，但我點了點頭：「全部的安納康達都拋了。」

「李文斯頓先生，您肯定不是指按市價成交吧？」他擔心的表情看起來就好像是成交價不好會對他造成巨額損失似的，但我只是對他說：「拋！別等了！」

當時布萊克（Black）家族的兩個兄弟，吉姆和奧利夫正在交易廳閒聊，他們聽不見我和發報員的對話，他們本是芝加哥著名的小麥期貨商，現在又成了紐約舉足輕重的股票交易商，他們的家產資金豐厚，也是股票大玩家。

在我離開發報員想回到我在報價牌前的座位時，奧利夫·布萊克笑著向我點頭打了個招呼。

「你會後悔的，賴瑞。」他說。

我停住腳步問他：「你這話是什麼意思？」

「明天你還得把它買回來。」

「把什麼買回來？」我說，因為除了那個發報員以外，我對誰也沒有

提過什麼。

「安納康達，」他說：「你會花320美元把它買回來，你這次做的可不怎麼樣，賴瑞。」他又微笑起來。

「什麼舉動不怎麼樣？」我讓自己看起來很無辜。

「在股市上拋出你的8,000股安納康達，而且是堅持拋掉。」奧利夫・布萊克說。

我知道別人都認為他很聰明，因為他常常根據內線消息做交易。但他怎麼知道我的事我就不清楚了，我確信營業廳不會出賣我。

「奧利，你怎麼知道的？」我有點驚疑不定。

他大笑起來，告訴我說：「是查理・克拉茲告訴我的。」查理就是那個電報發報員。

我說：「但他並沒有離開位子呀！」

「我聽不清你們倆在小聲說什麼，」他輕笑著，「但他向紐約發報的時候，我可聽清了每一句話。幾年前，我遇到過一樁倒楣事，電報員把我的口信發錯了一行話，從那以後，我就自己學會了電報密碼。我像你剛才一樣用嘴去告訴發報員命令時，我必須弄清楚他到底是不是按我的意思發出去的，要知道他發的東西可是以我的名義發的。言歸正傳，你一定會後悔拋出了安納康達，它會漲到500美元呢。」

「我相信這次不會，奧利。」我說。

他盯著我說：「你倒是很自以為是嘛。」

「不是我自以為是，我是根據行情記錄判斷的。」我說，其實那裡沒有自動收報機，所以沒有行情記錄，但他明白我的意思。

「我聽說有些人，」他說：「眼睛盯著行情記錄卻看不到價格，只像看火車時刻表一樣看到股票的漲跌，但好在他們住在病院的小病房裡，牆

四周都有軟墊，他們傷不著自己。」

　　我沒理他，因為那時發報員送來了一份通知單給我，他們已經以299.75美元的價格替我拋出了5,000股，我知道我們這裡的報價不是很及時，我通知發報員的時候，棕櫚海灘的報價板上的價格還是301美元。我可以確定在紐約股票交易所正在拋出的股票會比實際價格低一些，因而要是那時候有人想以296美元買走我手上的股票，我會感到開心，並且馬上接受。這件事充分證明我交易時從不用限價指令是正確的。假如我將拋出的價格限制在300美元以上，那我就脫不了手了。如果你想平倉，就要動作快，別猶豫。

　　現在，我的股票買進成本價在300美元左右，他們以299.75美元的價格又拋出了500股，當然是整500股，以299.625美元拋出1,000股，接著以299.5美元拋出了100股、299.375美元拋出200股、299.25美元拋出200股，最後一部分是以298.75美元拋出的。拋最後100股的時候，哈丁最聰明能幹的經紀人也是花了15分鐘才脫手的。他們也不想價格落差太大。

　　在我接到最後一部分賣出成交報告的那一刻，我開始著手辦理我上岸來真正想做的事，那就是賣空股票。我只是順勢而為，市場在經過一段時間的回升後，正在等待你賣空。可是人們又開始談論牛市了，然而我沒有動搖，股市的發展軌跡告訴我回升已經結束了，做空是安全的，無須再考慮了。

　　第二天安納康達開盤價低於296美元，奧利夫・布萊克滿心期待著進一步回升，早早地就來觀望。我並不知道他買了多少股票，或者是否為多頭。但他看到開盤價的時候卻再也笑不出來了。時間一點點過去，那檔股票仍繼續下跌，最後我們又得到報告說在交易所已經找不到買家，他更笑不出來了。

當然，那就是讓任何人都能夠明白的賣空訊號了。我帳面上不斷增長的浮動盈利不停地提醒我，我是正確的。自然而然的，我又拋出了更多的股票，各種股票！那時是熊市，幾乎各種股票都在下跌。第二天是星期五，即華盛頓誕辰紀念日2月22日，我沒有心思再待在佛羅里達釣魚了，因為已經建立了巨大的空頭部位。紐約有人需要我，是誰呢？我自己！棕櫚海灘太遠，太偏僻了，每天光電報往返就花費了許多寶貴的時間。

我迅速離開棕櫚海灘來到紐約，星期一我得在聖奧古斯丁（Saint Augustine）逗留三個小時等火車，那裡有一個經紀商的營業廳，等火車的這段時間我特意去看看股市動向。安納康達在我最後拋空那天以後又跌了好幾點。事實上，它已經進入了下跌趨勢，直到那年秋天的大崩潰。

我到了紐約後，大約持續做了四個月的空頭交易。股市像往常一樣偶爾回升再下跌。我也不停地平倉，再拋出，嚴格地說，我並沒有持股不放。別忘了，我曾經把在舊金山地震中賺的約30萬美元全賠進去了，我本來方向沒有錯，但還是差點破產。所以，現在我的操作比較安全，一個人在度過低潮期以後，會享受順境的。對我來說，賺錢的方法就是行動起來，而賺大錢的方法卻是要在機會來臨的時候做出正確的選擇。在這一行業你要理論結合實際，絕不能只做書面研究，而是既要做一個研究者，又要做一個投機者。

現在在我看來，那時候的行動在戰略戰術方面其實還不是很完善，但在當時來說幹得還是相當不錯了。夏天來臨時，股市變得更加蕭條了。看來要想有大行情就得等到秋天了。我認識的所有人不是去休假，就是打算去歐洲。我也覺得這是個不錯的選擇，因此我平倉了。當我乘船去歐洲時，在這波交易中總共賺了75萬美元，這個成績對我來說還過得去。

我在艾克斯溫泉鎮（Aix-les Bains）盡情地玩樂著，我賺的錢足夠讓我

過一個休閒的假期。能待在那樣一個地方，有用不完的錢，許多意氣相投的朋友，而且每個人都打定主意要盡情享樂一番，實在是太棒了，這一切想在艾克斯溫泉鎮實現都不會是什麼難事。這裡離華爾街那麼遠，我根本就想不起它了。我不必再去聽股市報價或談論股市，我不必再去交易。我的錢足夠我維持很長一段時間的悠閒生活。當我回去時，我知道怎樣賺到錢，而且一定比我在歐洲花費掉的多得多。

一天，我在《巴黎先鋒報》上讀到一條紐約快訊，說斯梅爾特冶煉公司（Smelters）已公布額外增發紅利。有人炒熱了這檔股票，而且整個股市都已強勁地回升了。當然，這改變了我在艾克斯溫泉鎮的一切。這條消息顯示多頭陣營正努力拉高出貨，因為他們知道接下來將要發生什麼，他們想藉助這個漲勢，在風暴襲擊到他們之前，出脫手中的股票。當然也有可能他們真的不相信局面像我所預估的那樣嚴重，熊市像我想像的那樣迫近，華爾街的那些大佬們往往就像政客一樣憑空行事，一廂情願。而我卻不能以這樣的思維行事，老實說，對於一個投機者來講，這種傲慢的態度是致命的。

我心裡很清楚，在熊市中，所有向上拉抬的操縱交易都註定是要失敗的，所以我一讀到那條快訊就明確了目前要做的事情，那就是做斯梅爾特的空頭。上帝啊，當那些內線人士在瀕臨資金危機的時候提高股息，他們就等於是跪在地上求我拋出空頭呢。這種行為就像少年時代常用的激將法

即使是未來兩年、3年，甚至5年是大熊市，股市跌得讓你後悔根本不應該買股票，你仍然應該把大部分資產投資到股票上。只要你看看20世紀股市的回報水準，你就會明白為什麼應該如此。整個20世紀期間，幾乎都是熊市，更不用說還有經濟衰退，但結果仍然無可爭議地表明：最終股票都是大贏家。

★ 彼得・林區

一樣刺激人，他們簡直是在激我拋出空頭。

我立刻發電報，發出了一些拋出斯梅爾特的賣單，又建議我在紐約的朋友也做這次空頭交易。當我從經紀人手中拿到成交報告時，我發現他們得到的價格比我在巴黎快訊上讀到的要低6點，這樣一來形勢是如何發展的就很清楚了。

我本來計畫在月底前返回巴黎，大約三個星期後再乘船回紐約。但我一拿到經紀人的報告，就立刻返回了巴黎。當天抵達後，我立即打電話給船務公司，得知第二天有一班快輪去紐約，於是我就訂下了。

就這樣，我回到了紐約，大約比我原定計劃早了一個月，因為紐約是我做空的主戰場。此時，我的保證金有50多萬美元。這些豐厚的回報並不是來自我看空後市，而是來自我的行動服從推斷。

我繼續做空。銀根越緊張，短期利率越高，股價就越低。這一點我早就預見到了。最開始，我的預見曾經使我破產，但現在，我終於成功了。但是，真正的快樂還在於我意識到，作為一個股票交易者，我終於走上了正確的軌道，再也不會跌跌撞撞地前進，再也沒有拿不準的方法了。要注意的是，分析行情走勢是這場遊戲中很重要的一部分。在適當的時機入市，堅持持有自己的資金也同樣重要。但我的偉大發現在於，人必須研究整體形勢，衡量各個方面問題的影響大小，再由此預測市場未來的發展可能性。一句話，我已經學會了我必須經過艱辛的努力，才能獲得豐厚的回報的道理。我已經不再盲目地賭博，也不再想著要掌握遊戲的獨門技巧，我經過艱苦的研究和有條理的思考來贏得成功。我還發現沒人能避免充當受騙者的危險，當然在上當受騙後你必然會付出一筆「受騙費」。

我在營業廳賺了一大筆錢，而我的操作非常成功，於是人們開始談論起我來，當然，誇大了的事實使我成了一個傳奇。他們把我視為許多股票

暴跌行情的始作俑者，甚至是一些我不知道名字的人也跑來祝賀我。他們都認為最了不起的東西，就是我所賺取的巨額財富，但他們對我還在牛市時率先警告熊市即將到來的事隻字不提。對於他們來說，我所預見的資金危機不算什麼，而我經紀人的會計足足用了三分之一的墨水，才在帳簿上寫完我的獲利，是了不起的好成就。

朋友們曾經告訴我，在很多不同的證券公司裡，大家都在傳說哈丁兄弟公司的「投機小子」狙擊了想拉抬股價的多頭陣營，說他宣稱自己要採取一切可能的手段來對付那些多頭。因為事情很清楚了，市場註定要下行，而那些頑固不化的多頭卻試圖繼續推高股價。一直到今天，還有人對我做的一波波賣空交易津津樂道。

從9月下旬起，貨幣市場就在向整個世界發出警告。但人們仍一廂情願地等待奇蹟，不肯拋出手上的投機股。一個經紀人告訴我一個關於10月份的第一個星期的故事，而這個故事幾乎讓我對自己的態度感到羞恥。

你知道，貨幣短期貸款過去是由在交易所大廳裡的資金席位完成的。那些經紀人從銀行收到通知，知道經紀人的交易需要用錢，而這些經紀人也通常知道需要再借多少錢，當然，銀行也知道。而能提供貸款的銀行就會把錢送到交易所，在一般情況下，這種銀行貸款是由幾個經紀人處理的，他們的主要業務就是貸款。每天中午左右會發布當天的新利率，這個新利率通常代表著當時貸款利率的平均值。貸款通常可以透過投標公開執行，這樣大家就都可以知道貨幣交易進展如何。從中午到下午兩點，通常沒有多少貨幣交易，但過了交割時間也就是下午兩點一刻，經紀人就可以知道那一天他們確切的現金金額了。他們還可以去資金席位借盡所需的款目。這也是公開完成的。

結果，在10月上旬的某一天，我跟你提到的這個經紀人來見我，說那

些經紀人都在煩惱呢，就算有了閒錢也不願去資金席位交易。原因是幾個大證券商的成員們在那裡盯著，只要誰拿出錢來，他們就會撲上去。想也知道，誰如果公開拿出錢來，是不可能拒絕把錢借給這些機構的。如果他們有償還能力，或者抵押品倒也好說，但麻煩的是一旦這些機構打電話來借錢，那這錢可就要不回來了。他們輕描淡寫地說一聲還不了錢，債主不管願不願意，為了收回之前的貸款就還得續借，因而要是哪個股票交易所想借錢給熟人，通常會派人私下對朋友說：「要一百嗎？」這是個巧妙的暗示，意思是：「你想借10萬美元嗎？」代表銀行的貨幣經紀人也採取了這種辦法。所以資金席位上一片慘澹景象，你可以想像當時的情景。

天啊，他還說這幾天股票交易所定下規定讓借款人自己定利率，這實在鬧得不像話。你瞧，年利率竟然在100％～150％之間波動不定。我認為讓借款人自己定利率，是因為放款人覺得可以讓自己看起來不太像是一個放高利貸的，但他拿到的錢可絕對一分不少。借款人自然也不會想要高利息，但他們也不敢比別人少付一分錢。因為他需要的是現金，不管多高的利息，能到手就已經不錯了。

就這樣，情況變得越來越糟，最後可怕的一天終於到來了：無論悲觀者還是樂觀者，剛開始都因為害怕損失一點小錢而不願意停損，到了後來局面終於失去控制。儘管他們仍然害怕遭受一點小損失，但可以肯定的是，他們大部分人都會毫無例外地遭受傾家蕩產的痛苦。那一天我永遠也不會忘記，1907年10月24日。

貸款到期時，借債的人就必須還款。但這時資金池裡的錢根本不夠周轉。那一天營業廳裡的人比平常多多了。那天下午的交割時間一到，有上百個經紀人在資金席位裡，每一個都想借錢以解其公司的燃眉之急。如果沒有錢，他們就必須不計代價地拋出股票，市場上能出多少價就得賣什麼

價，因為這時候在股市上的買主與錢一樣是稀缺品，看不到任何資金。

我朋友的合夥人和我一樣是空頭，因而公司也用不著借錢，但我的朋友，就是我跟你說的那個經紀人就陷入了困境中。他一臉憔悴地從資金席位中脫身，立刻到我這裡來了。他知道我做了大量的空頭部位。

他說：「天啊，賴瑞！太可怕了，我不知道會發生什麼，事實上我從沒遇見這種事。不能再繼續了，會出事的，我覺得現在就已經有人破產了。你不能拋出股票了。因為現在根本就沒現金。」

「你什麼意思？」我問。

他回答說：「你聽說過那個殘忍的實驗吧？將老鼠放進玻璃盅裡，然後將盅裡的空氣抽空，在這個過程中你可以看到可憐的老鼠呼吸得越來越快，牠就像工作過度的風箱一樣拚命喘息著，努力想從玻璃盅裡越來越稀薄的空氣中得到足夠的氧氣生存下去。你看著牠窒息，直到牠的眼睛幾乎迸出眼眶。現在，無論在哪都找不到錢，你也交割不了股票，因為沒人肯買，如果你問我，我可以告訴你此時此刻整個華爾街都已經崩潰了。」

這番話使我陷入沉思，我以前見過市場崩潰的情形，但我不得不承認，這是我所聽過和見過的歷史上最嚴重的一次恐慌，如果再繼續下去可能對每個人都很不利。

事情很清楚了，再等錢也是沒用的，因為不會有錢的，然後地獄來臨了。

我後來聽說：股票交易所的總裁，R.H.湯瑪斯（R.H.Thomas）先生知道華爾街的每家經紀商都面臨滅頂之災，於是他跑出去尋求援助。他去拜

> 如果你和市場打交道，你就應該默默無聞，一聲不響。否則，你會招來很多非議還有提防，這對你的投資沒有好處。
>
> ★ 索羅斯

訪國家城市銀行行長詹姆斯・史蒂曼（James Stillman），這位先生是全美最富的銀行家，曾誇口說自己從未以高於6％的利率放款。

史蒂曼聽完了紐約股票交易所總裁的請求後，說道：「湯瑪斯先生，關於這個問題，我們必須去見J.P.摩根①（J.P.Morgan）先生。」

這兩個人，都希望能夠化解這場金融史上最具毀滅性的恐慌，就一起到J.P.摩根的辦公室見了摩根先生。湯瑪斯先生將問題擺在他面前，他剛說完，摩根先生就果斷地說：「回交易所去，告訴他們會有錢的。」

「錢在哪裡？」

「銀行裡！」

在那種危急時刻，摩根先生成了唯一的救命稻草，所有的人都非常信任他，因而湯瑪斯連細節怎麼做也沒問一下，就跑回了交易所的大廳，向他那些如同被判了「死刑」一樣的同伴們宣布了「緩刑」的好消息。

然後，那天下午兩點半以前，范・恩伯里及阿特伯里家族的約翰・阿特伯里代表J.P.摩根來到交易所，大家都知道約翰是一位資深經紀人，而且和J.P.摩根是近親。我的朋友說，這個老經紀人快步走進資金席位，就像復興道會上的告誡者一樣舉起了手。聽到湯瑪斯理事宣布救援即將來臨的人群本來已經差不多平靜了下來，但現在又開始擔心解救計畫流產。於是他們盯著阿特伯里的臉，看著他舉起手來，一下就都僵硬了。

接著，阿特伯里說：「我有權貸給你們1,000萬美元，放心吧，每個人都有足夠的錢。」

然後他就開始了救援行動，他並沒有給每個貸款人借款人的名字。他只是簡單地記下貸款人的名字和需要的金額，他告訴貸款人說：「會有人通知你到哪去拿這筆錢。」他的意思是指稍後貸款人就會拿到貸款的銀行名稱。

我聽說大概一兩天後，摩根先生對那些心驚膽戰的銀行家們說，他們必須提供股票交易所需要的款項，否則一切全完了。

「但我們沒錢啊，我們已經到了放款極限了！」這些銀行家們提出反對意見。

「但你們有儲備金。」J.P.摩根厲聲說。

「但我們的儲備金已經在法定限額以下了。」他們哀求著。

「用掉！儲備金就是做這個用的！」銀行屈從了摩根的意志，他們動用大約2,000萬儲備款。市場暫時穩定下來了，而銀行家的恐慌到下一個星期才出現，當然他們的恐慌並不比股市更大。

了不起的J.P.摩根，沒人比得上他。

這是我股票作手的生涯中最刻骨銘心的一天，就在那一天，我的盈利第一次超出了100萬美元。這標誌著我第一次精心策劃的交易戰略有了一個成功的結局。我預測的一切，都按照我的想像發生了。但比這些更重要的是：我終於圓了我一個狂熱的夢——在這一天裡，我成了股市之王！

當然，我會給出解釋的。我在紐約已經待了幾年，這期間我常絞盡腦汁地想為什麼我15歲那年在波士頓對賭行可以從容地取勝，而在紐約股票交易所卻常常遭遇失敗？我知道總有一天我會找出導致錯誤的準確原因，然後我就可以再也不出錯了。那時我不僅有贏得成功的意志，也有保證自己持續正確的知識，那就意味著強大的力量。

請別誤會我，這並非一個過於傲慢狂妄的夢想，也不是一種源於虛榮的白日夢。這只是一種感覺，我覺得總有一天那個曾在富勒頓營業廳和哈丁兄弟公司挫敗我的股市會對我俯首貼耳。我覺得那一天一定會到來的，而它確實到來了，那就是1907年10月24日。

我這麼說當然是有原因的。那天早上，一個跟我合作過且知道我一直

做空的經紀人，和一位華爾街最有名的銀行合夥人同行，我的朋友告訴那個銀行家說我這些年來交易手筆有多麼大，這次一定會繼續下注。道理很簡單，如果你做的是對的，那麼就應該把勝利果實都摘盡，否則不是白白浪費正確的判斷嗎？

為了使他的話更有分量，大概那個經紀人也有一點誇大其詞，當然也有可能是在我後面跟風操作的人多得超過了我的預料。我猜想銀行家可能比我更清楚情況有多嚴峻，反正我的朋友告訴我：「我告訴他你認為市場再被推動一兩次，真正的拋售行情就會開始，到時候市場的局面可能會變得不可想像。他聽得聚精會神呢。我說完後，他告訴我晚些時候有事要我去辦。」

當證券商們發現以任何代價都找不出一分錢時，我知道是時候了。我把經紀人派到了不同的人群中去探聽情況。天哪，聯合太平洋鐵路竟然沒有一個肯投標的，無論什麼價！想想看吧，而其他股票的處境也不會比它更好。市場上找不到錢來持股，也沒人願意買進股票。

此時，我有數量驚人的帳面利潤，而且我確信我想讓股票進一步暴跌，那麼所需做的仍然是繼續做空頭，比如賣出太平洋聯盟及其他六個股息較好的公司的股票，每家一萬股，那麼接下來的股市絕對好不了。在我看來，這樣下去即將發生的恐慌將會非常猛烈，甚至會使政府考慮關閉交易所，就像1914年8月世界大戰爆發那次一樣。

這意味著我的浮動利潤會劇增，但是在現在的情況下想將利潤兌換成現金也是不可能的。而且還得考慮其他事情。其中一件就是持續的下跌會阻礙剛剛開始的復甦，毫無疑問復甦是會到來的，另外持續下跌的恐慌對國家也有很大損傷。我下定了決心，既然再繼續做空既不明智也不愉快，那我再堅持做也就不合邏輯了，於是我轉過頭來開始買入股票。

我的經紀人剛為我買入不久（順便說一句，買入價格非常低），上面提到的那位銀行家派人叫去了我的朋友。

他對我的朋友說：「我希望你馬上去見你的那位朋友李文斯頓，告訴他，我們希望他今天別再繼續拋售任何股票，因為銀行不能承擔更大的壓力了。要改變一次毀滅性的恐慌是非常困難的，請喚醒你朋友的愛國心吧，在這種危急的情況下，應該為所有人的利益著想，他說什麼請立刻通知我們。」

我的朋友馬上趕過來告訴我，當然他說得非常委婉。我想他可能認為我已計畫要摧毀市場，要求我放棄做空就等於是要求我放棄賺1000萬美元的機會。他也知道我對華爾街的某些人深惡痛絕，因為他們和我一樣清楚會發生什麼，卻還拚命拋股票給公眾，這種行為簡直就是持槍搶劫。

事實上，那些大戶是最大的受害人，而我在低點買入的許多股票其實就是那些大戶拋出的。但我那時並不知道，不過這也無關緊要，實際上我已經差不多將全部空頭都平掉了，而且在我看來有機會便宜地買入股票，同時又幫助市場恢復

J.P.摩根。人們通常把J.P.摩根這頭金融大鯊魚比作華爾街的朱庇特，摩根的舉手投足無不在華爾街引起波瀾。J.P.摩根控制的金融帝國曾一度覆蓋了橫跨全美的鐵路、航運、電氣等多個領域的上百家企業，總資產超過220億美元！無所不能的摩根甚至曾兩次把美國政府從財務危機中解救出來。摩根直到晚年仍保持著睿智的頭腦。曾有人請教股市的未來走勢，摩根的回答說「股市會波動」，意思是股市的漲跌非他個人所能左右得了。

行情也不錯，如果沒其他人打壓股市的話。

因此，我對朋友說：「回去告訴布萊克先生，我答應他們，事實上我早在他找你之前就完全意識到了情況的嚴重性。今天我不但不會再拋出股票，相反還會盡力買入。」我遵守了我的諾言，當天就買入了10萬股，站在了多頭一邊。而在以後的九個月裡，我也沒有再拋任何股票。

這就是我為什麼告訴朋友們我的夢想成真，當了一天股市之王的原因。那一天的那一刻，股市是被握在想打壓它的人手心裡的。這並非是我的狂妄幻覺，當人們不斷指責我攻擊市場致其幾乎崩潰的時候，當人們對我的操作手法越傳越神的時候，你可以想像我會有怎樣的感受。

就這樣，我毫髮無損地出來了，報紙上說，賴瑞·李文斯頓，那個年輕的投機小子賺了幾百萬。天哪，我在那天收市之前大概賺了100多萬美元。但我最大的收穫並不在於錢，而是無形的方面：我做對了，我成功預測未來，做了精密的籌算，我學會為了賺大錢而應掌握的準則。我徹底擺脫了賭博遊戲，最終在很大程度上學會如何理智地交易，對於我來講，這是生命中最有意義的一天。

【注釋】

1. 約翰·皮爾龐特·摩根（J.P.Morgan Sr.，1837年4月17日—1913年3月31日），是美國銀行家，也是一位藝術收藏家。1892年，他撮合了愛迪生通用電力公司與湯姆遜—休士頓電力公司合併成為通用電氣公司。在出資成立了聯邦鋼鐵公司後，他又陸續合併了卡內基鋼鐵公司及幾家鋼鐵公司，並在1901年組成美國鋼鐵公司。J.P.摩根一生做了太多影響巨大的事情。但最輝煌也最能體現其實力的是，在他半退休時，幾乎以個人之力救市，拯救了1907年的美國金融危機。——譯者注

第10章：別讓希望和恐懼傷害你

　　如果我們學會反思自己犯的錯誤，這會比我們分析成功的原因更有益處。但所有的人都會自然而然地選擇遺忘不夠光鮮的歷史。當你有過一次失敗的經歷後，你不會想被同一塊石頭絆倒第二次，所有在股市上犯的錯誤至少會在兩方面帶給你傷害：財產和自尊。但我想告訴你一些奇怪的事：投資人有時會在心裡很清楚的情況下做傻事，犯了錯以後他又會問自己為什麼，痛定思痛之後，他可能會弄清楚自己是在何時、何地、用怎樣的方式進行了愚蠢的交易，但他還是沒有弄懂自己想要的答案——為什麼？他最多罵自己一句然後就置之不理了。

　　當然了，如果一個人既有理智又有好運，他也許不會犯兩次同樣的錯誤，但難保不在其他的地方跌倒。我們要面對的陷阱實在太多了，如果你停下來思考一下，你可能會發覺自己正在做著一份很沒有前途的工作——做傻事。

　　我第一次損失上百萬美元的交易是在1907年10月，那時我有一個令人羨慕的稱謂——百萬富翁。就我的交易來說，100萬元只不過意味著多了點積蓄，金錢不會為生意人帶來更多的舒適感。因為無論貧富，誰都有可能在交易中遭遇失敗，這就如同噩夢一般纏繞在每個參與交易者的心頭。而當我行事正確時，金錢不過是我的工具罷了。虧錢從來沒對我產生困擾，也許一覺醒來我就把它們拋到九霄雲外去了。

但是犯錯而不立即承認，採取補救措施就不僅僅是財產上的損失了，那將對你的靈魂造成打擊。還記得迪克森・G.華茲（Dickson G.Watts）講的一個小故事嗎？

有一個人非常緊張，他朋友問他到底出什麼事了。

「我睡不著覺。」那人說。

「為什麼睡不著？」朋友問。

「我手上的棉花期貨部位太大了，一想起來我就睡不著，弄得我筋疲力盡，我該怎麼辦呢？」

「平倉了吧，或是把部位減小到你能睡個安穩覺為止。」他朋友如是回答。

通常來說，人能夠很快適應環境，以致他會忘了前景。他感覺不到太大的變化，也就是說，他早就忘了自己不是百萬富翁時的感覺了，他只記得當初的美夢現在成真了。每一個正常的人可以長久地記住自己享過的福卻想不起自己曾經吃過的苦。我認為這是金錢帶來了更多的欲望，人們渴望得到更多的錢。當一個人從股市上賺到錢以後，他很快就會忘掉節儉的習慣。但當他沒錢時，想改掉亂花錢的習慣卻需要很長一段時間。

1907年10月當我結束了空頭開始做多之後，我買了一艘遊艇，打算去南部海域享受一段悠閒的時光。我對釣魚非常著迷，總計畫著要去度假，我總是盼著能去，也想隨時出發，但這一天我一直沒有等到，市場並不覺得我該去休假了。

我一直同時買賣股票和商品期貨。當我還未成年時，就開始在對賭行

當有機會獲利時，千萬不要畏縮不前。當你對一筆交易充滿把握時，必須給對方致命的一擊！即做對還不夠，還要盡可能多地獲取利潤。

★ 彼得・林區

做期貨交易了。這麼多年以來，我一直在研究期貨市場，但對股市關注更多一些，事實上，我本人更傾向於做期貨，這與期貨更具正統性無關，儘管期貨的確要正統一些。期貨比股票更具冒險性，用虛構的理由來對抗期貨市場的價格趨勢，成功只會是短暫的。因為最終獲勝的只會是事實。因而，就像做平常的生意一樣，交易商總會在研究、觀察中得到回報。他可以觀察並權衡形勢，他和別人知道的一樣多，他用不著防備內線集團。在棉花期貨市場或是小麥、玉米市場，沒有分配紅利這回事，長期以來，期貨價格並沒有被壟斷，而是由供需法則決定的。所以做期貨的人只需要瞭解供需情況、現況與前景就可以作出準確判斷。他用不著像做股票那樣要對許多事進行猜測，因而期貨總是更吸引我。

當然，所有的投機市場都有相同之處。行情走勢的分析技巧是相同的。對任何樂於思考的人來講，其實是相當明確的。如果他多問自己幾個問題，考慮一下條件，答案自己就出來了。但人們總是懶得問問題，更別說主動去找了，他們只想要現成的答案。在所有遊戲中，唯一真正需要在行動前做好準備的恰恰是準備本身，有些人在用他一半的財產冒險時，用來準備的時間還沒有買一輛平價汽車考慮的時間久。

分析行情，並沒有想像的那麼難。當然交易經驗的累積比只存在於頭腦中的理論更重要。分析行情並不在於得知運氣好壞。行情走勢可不會告訴你下星期四下午1點35分你會賺多少。分析行情的目的在於探知，首先行情會是怎樣，其次是在什麼時候交易，也就是說，分析出在何時是買入還是拋出，這對股票、棉花、小麥、玉米、燕麥同樣奏效。

你觀察著市場，當然是價格走勢，只有一個目的：確定方向，也就是價格趨勢。我們知道，價格會根據遇到的阻力上升或下跌。簡單地解釋一下，我們可以說價格，像其他所有的東西一樣，沿最小阻力線運動。它們

總會選擇向阻力最小的方向發展，因而如果上升的阻力比下跌的阻力小，價格就上漲；反之亦然。

如果股市可以平穩地開市，無論未來的發展方向是牛市還是熊市都無須多慮。對一個頭腦敏捷、見多識廣的人來說，趨勢是顯而易見的。寄希望於用理論去指導事實的交易商是極其愚蠢的。正確的做法是依據市場是牛市還是熊市，進行相應的買入或者拋出的舉措。在市場起行之初，操盤手就應該推測出其未來的方向。

打個比方說，如果市場的上下起伏與往日並無不同，波動範圍沒有超過上下10點，阻力點為130，支撐點為120。市場有可能在跌到支撐位附近時顯示出疲軟狀態；而在上升階段，上漲了8～10點後，可能看起來非常強勢。單憑某種跡象就被吸引去交易是錯誤的，只有行情記錄給出的成熟時機才是可靠的。實際上，人們看到股票價格低就去買，看到股票價格高就出手，經常會造成很大的經濟損失。投機者不是投資者，他所追求的也不是穩定的回報，而是從價格的起落中快速獲利。因而對他來說，最重要的是尋找在交易時阻力最小的位置，他先要等待市場明確自身的支撐和阻力位，好讓這成為自己的交易指南。

閱讀行情走勢還是大有裨益的，它可以讓你看出在130美元時拋出強過買入，因為市場隨後開始調整。那些對行情分析粗略、簡單的人認為價格會一直漲到150美元，所以繼續買入。但當價格回檔時，他們還在繼續觀望，或者認賠又反手做空。價格降至120美元時，如果有較強的支撐，買入還是比拋出明智，等到價格上揚，空頭又只能認賠。股價的起伏漲落讓身處其中的人們備受折磨，他們卻無法吸取教訓，這實在讓人無法理解。

最終總會有一些因素使得上漲或下跌的力量強大起來，進而阻力的最高點也隨著上升或下降。換言之，在股價首次達到130美元的位置買入要好

於賣出，或者說在120美元的位置首次賣出要強過買入，價格會衝破波動區間繼續發生變化，市場上總會有一些人在120美元時做空頭，因為此時的市場顯露出疲軟的態勢；也會有人在130美元時做多頭，因為此時的市場看起來很強勁。當市場逆勢而行時，他們只能認栽，但不管怎樣，正是這些人讓支撐位和阻力位變得更為明確。而那些老謀深算的交易商則在耐心地等待著趨勢成立，他們會受益於對基本條件的分析，當然那些斬倉客對市場發展也發揮了推波助瀾的作用。

斬倉客的買賣指令有能力推動市價沿最小阻力點波動。雖然我所言並非是精準的定理或投機的公理，但我的經驗正源於那些突發事件，或者說源於那些出人預料的事件，無論我對價格的判定是否與我所認為的最小阻力線有關，突發事件總是會助我一臂之力。我曾經講述過發生在薩拉托加的聯合太平洋鐵路的交易，看到最小阻力線正在上升，我毫不猶豫地做了多頭。我應該堅持自己的做法，而不該聽信經紀人所謂的內線消息，從而急於出手。對於董事們心知肚明的事情我卻全然不知，但我可以判斷出行情的走勢正在上漲！果不其然，隨即就是提高紅利，股票也漲了30美元。價格如果漲到了164美元，看起來的確挺高，但我曾經說過，永遠不要因為價格過高而不敢買進，也永遠不要因為價格太低而不願出手，追根溯源，價位高低與確立最小阻力線根本無關。

在實際操作中，收盤後所發布的重大消息與最小阻力線相一致的情況屢屢出現。但在消息未經公布的時候，趨勢已經是定局了。在牛市中，利

從一開始就決定承擔多大的風險，這是艱難的判斷，但不要一下子就承擔太大的風險。不要第一次就入市太深，從小開始，如果進展順利，再加碼。

★ 索羅斯

空消息容易被人們忽略，而利多的消息總是被放大；在熊市中，情況則與此相反。戰爭即將爆發的時候，股市形勢很不樂觀，德國宣布了潛水艇政治。我做了50萬股空頭，這種做法與我所聽到的各種消息無關，而是我一直沿最小阻力線交易的習慣使然。當然我也利用了境況，當天就將空頭平倉了。

聽起來易如反掌，只需觀察行情走勢，確定壓力位，一旦認為最小阻力線出現了就立刻順著它做交易。但在實際操作的過程中，卻有很多事情需要加以注意，而且大部分都是對交易者不利的，也就是說，是在挑戰人性的弱點。實際上，人們在牛市中會忽略利空的因素就是人性的一種表現，但人們並沒有意識到這一點。如果有人只是因為一兩個季節的天氣比較惡劣，就認為小麥期貨會暴漲，最後一定會大失所望的，他們會發現自己不過是幫了空頭的忙而已。

做期貨交易的人一定要學會順勢改變自己的觀念，想法要開放且靈活。無論認為穀物的價格會發生怎樣的變化，都一定要重視行情記錄傳達的資訊。我曾經就因為太過衝動，結果錯失了良機。我對於形勢的發展非常肯定，甚至沒有等到最小阻力線成立，就自以為是地認為自己有能力幫它一把。

我認為棉花的價格會上揚，而當時棉花期貨一直就在0.12美元左右波動，這個波動範圍實際上非常小。我自知應該再耐心等一等，但我又天真地以為如果我稍稍對它加把勁，就可以助其突破阻力位了。

我買了5萬包棉花，價格果然漲上去了。但毫無懸念的，我買進的動作一停止，價格的上漲也就隨之結束，並且一路下跌，直到跌回我開始買入時的價格。我平倉之後，下跌也隨之停止了。我覺得行情的確要啟動了，我需要再次出手助其一臂之力，歷史又一次上演了，開始我抬高了價

位，但我一停下來，下跌的局面就開始了。我如此反覆做了幾次，最後我終於放棄了，這次操作讓我造成了20萬美元的損失。在我徹底放棄的時候，它竟然開始上漲了，一路飆升到讓我恨不得去死的地步，我對自己的操之過急悔恨不已！

這樣的經歷對許多交易商來說都不陌生，我從而總結出以下規則：在窄幅波動的市場上，如果價格的波動範圍很小，想據此預測價格會上漲還是下跌是沒有意義的，耐心觀望才是明智之舉。分析走勢以確定上下阻力及支持位，堅定信念，除非價格向任何方突破界限，否則絕不輕易出手。

交易商的目的是要從市場上賺錢，至於走勢與他的判斷是否一致並無意義。永遠別與行情爭執，追問緣由或尋求解釋也是徒勞的，「馬後炮」帶不來任何的利潤。

前不久，我和一些朋友小聚，大家對小麥的價格走勢各持己見，有人比較看漲，另一些人認為會下跌，最後他們詢問我的看法。我已經對小麥市場研究了一段時間，我知道他們對統計數字和形勢的分析都不感興趣，所以我說：「如果你們想在小麥市場上賺錢，我可以為你們指點一二。」

他們都點頭稱是，於是我說：「如果你們真的想從中賺錢，只要留意觀察就行了，一定要耐心等待！在其價格達到1.2美元的時候立即買進，一定穩賺不賠。」

「為什麼不是現在出手呢？目前的價格是1.14美元啊。」一個朋友問。

「因為我現在還無法判斷價格是不是真的會漲。」

「為什麼定為1.2美元呢？那要比現在高啊。」

「你是想盲目下注大賺一筆呢，還是想理性的投資，賺得穩妥點，雖然後者的利潤無疑會低於前者？」

大家一致贊同後者。所以我說：「照我說的辦，到了1.2美元就買。」

與我的判斷完全一致，我已經觀察好久了，近幾個月來，價格一直就在1.1美元至1.2美元之間波動，從未出過什麼意外的情況。終於，某天它的收盤價漲到了1.19美元。我知道，我行動的時候到了。第二天一開盤果然就是1.205的價格，於是我立即買進，接著又漲到1.21美元、1.22美元、1.23美元……一直漲到1.25美元。

現在我無法說清楚當時發生了什麼，對於它在小範圍內的波動情況我也無從解釋。我也判斷不出它究竟會突破1.2美元，還是會跌破1.1美元，甚至會更低，雖然我覺得上漲才是必然趨勢，因為當時小麥的貨源吃緊。

實際上不難看出，歐洲一直在悄無聲息地買入，而許多交易商在1.19美元左右做空頭。由於歐洲的買進和其他的因素，許多小麥都被運走了，最終大行情毫無疑問地開始了。價格突破了1.2美元，正符合我的判斷，這也恰恰是我所需要的。我知道由於上漲的趨勢最終積蓄了足夠的推動力，價格一碰到1.2美元就會衝破壓力，換言之，只要能夠突破1.2美元這個關鍵位置，小麥價格的最小阻力線就可以建立起來了。

接下來就是另外一個故事了。

那一天是假期，所有的市場都停止了交易，還有一點我有必要先說一下，溫尼伯的小麥每蒲式耳①跳高6美分開盤，市場第二天的開盤價格也跳高了6美分，價格就是沿著最小阻力線上揚的。

以上種種充分證明交易體系的精髓就在於研究行情走勢。我只不過推斷出了價格最有可能出現的運動方式，我會經過多次實驗來檢測我的判斷，一開始交易就觀察價格對我交易指令的反映。

我願意以較高的價格買入股票，但我堅持必須低價拋出，許多有經驗的交易商都對此表示懷疑，我只是笑而不語。如果一個交易商堅持投機之

道，賺錢其實很簡單，也就是說，只需等待最小阻力線的確定，一定等到行情走勢確認了上漲趨勢時再買，行情走勢一有下跌的兆頭立即就拋出。他可以在上漲的過程中累積自己的部位，先買入總量的20％，如果沒有利潤，就不要繼續買進了，因為很明顯之前的做法已經錯了，至少暫時看來是無利可圖的，而錯誤永遠不可能帶來利潤。

我做棉花期貨一直只賺不賠。我有一套行之有效的理論，交易中我以它為準則。如果我決定做4萬到5萬包，那麼，我就會像提示你要做的那樣，先去研究行情走勢，據此來判斷應該買進還是拋出。假如最小阻力線顯示出上升趨勢，我會嘗試著先買入1萬包，如果市場繼續顯示出上升，我會再買進1萬包，依此類推，如果我能得到20點的利潤，或者1包可以賺1美元，我會一次性再買進2萬包，做到滿倉，這就是我的交易手法。反之，如果我買了1萬或2萬包以後出現浮動虧損，那麼就毫不猶豫地平倉，因為我判斷有誤，雖然錯誤可能只是暫時的，但我說過無論什麼樣的錯誤，都是無利可圖的。

我一直堅持自己的交易原則，並且屢試不爽，從未出錯，在建倉的過程中，總會先虧掉5萬或6萬美元去測試市場。看起來這種測試的代價確實不小，但事實並非如此，當真正的行情開始時，這點虧損很快就會賺回來，只有把握住正確的機會才能賺到錢。

我對自己的交易方法已經說得很清楚了，只在穩操勝券的時候才下大注，而犯錯的時候只虧損一點探測性的賭注，這種做法相當英明。如果按我說的方法去交易，就可以始終持有有利潤的部位，回報也總是豐厚。

關注官方的相關言論和報導是十分重要的，但投資者也不能盲從官方的言論，要防止其中有詐。

★ 彼得・林區

交易商總是會從自己的經驗中總結出各式各樣的交易理論，這些理論以他們對投機的態度為基礎。我曾經在棕櫚海灘邂逅了一位老紳士，他的名字我已經忘記了。我知道他在內戰期間回來，在華爾街的時間也不短了，我聽說他是個非常聰明的人，可謂身經百戰，總是說世上不存在他未曾經歷的東西，至少股市上沒有。

老紳士問了我許多問題，當我描述了自己平常的操作情況後，他點頭稱讚：「是的，是的！你做得非常正確，你創造的這種交易方法和思考方式使你的理論體系相當成功。我忽然想起了派特・赫恩（Pat Hearne），他對你來說不陌生吧？他可是個出名的運動員，他在我們那裡開過戶，是個聰明伶俐的年輕人，但是容易衝動，憑藉股票賺了不少錢，因而總有人向他討教。他對此從不理會，如果有人直截了當地向他求教，他會將自己喜歡的運動場上的箴言告訴對方：『你不賭就永遠不知道結果。』他就在我們的營業廳進行交易，他會先買100股某種氣勢正猛的股票，如果股價上漲了1％，他就再買100股，再漲再買。他常說自己玩這種遊戲目的不是為了讓別人賺錢，因此他的停損單總是放在最後一筆買單以下1點處。價格如果繼續上漲他就跟著再買，即使有1％的回檔，他就平倉。他認為虧損1點以上簡直愚蠢至極，無論虧損的是他原來的保證金還是他的浮動利潤。」

「如你所知，職業賭家對長線毫無興趣，只想儘快賺錢，當然如果長線做對了收益將非常好。派特在股市上從不聽信小道消息，也從不指望可以遇到突然暴漲的股票，他只要有利可圖即可。華爾街上的外行人不計其數，只有派特・赫恩把投機看成是和輪盤賭博一樣的機率遊戲，但他下注的方法卻很絕妙。」

「派特過世之後，一個過去常和派特一起做交易的顧客，借鑑他的方法在蘭卡萬公司（Lackawanna）賺了10多萬元，然後轉去做其他股票。因

為已經擁有了較為雄厚的資金，他覺得派特的方法可以棄之不用了。因此當價位回檔時，他不但沒有停損，反而讓損失不斷擴大，最後虧得身無一物，還倒欠了我們幾千美元。」

「他四處閒蕩了幾年，儘管錢都賠光了，他還是那麼狂熱。只要他能自制，我們仍舊歡迎他繼續在公司交易。我記得他經常公開承認，沒有按照派特・赫恩的方式交易簡直是自尋死路。終於，某日他十分激動地跑來找我，哀求我讓他拋些股票。他曾經是個好客戶，為人也不錯，所以我願意以個人名義替他作保100股。」

「他拋了100股雷克・索爾（Lake Shore），那時正是1875年，比爾・崔佛斯（Bill Travers）正在打壓股市，我的朋友羅伯茲在最佳點位開始拋出，股價一路下跌，他也在一直拋出，繼續按照派特・赫恩的系統指示行事，效果非常之好。後來他又放棄了派特的方法，改為讓希望做主導。」

「羅伯茲以金字塔式加碼，成功地連續拋了4天，獲利達1.5萬美元。我善意地提醒他還沒有放停損單。他說暴跌還在後面，不想被一點反彈就擠出去，這時正是8月份。到了9月中旬，他的第4個孩子需要一輛嬰兒車，他竟然向我借10美元。原來，他沒有堅持按照自己已經證實的系統行事，大多數人都存在這樣的問題。」老先生無奈地搖了搖頭。

老先生是對的，我有時覺得投機真是門神奇的職業，因為多數投機者都趨於違背自己的本性。所有的人都有一種致命的弱點，而投機的成功與否就取決於能否戰勝這種弱點，然而這種弱點讓他可以深受同行的歡迎。

投機者真正的敵人往往是自己內心的想法，它與人性的希望和恐懼

當投資機會來臨時，不要畏首畏尾、裹足不前。如果有利可圖，而風險又在可承受的範圍內，就應果斷地採取行動。

★ 索羅斯

融為一體。在交易中，當市場對你不利時，你總是希望這一天早日結束，但你失去的總是比你預想的要多；當市場一旦按你的方向走，你就會心生恐懼，擔心第二天你的利潤就沒有了，於是迅速終結交易。恐懼使你沒有勇氣賺得即將到手的錢，一個成功的交易者必須要戰勝這兩種根深蒂固的本能，打消本能的衝動。別人認為充滿希望的時候警惕謹慎，而別人徘徊猶豫的時候大膽出手。他必須時刻警惕他的虧損會讓自己無力承受，也必須希望他的利潤能迅猛增長。平常人對股票所持有的賭博觀念是十分錯誤的。

我從14歲就開始做交易，這就是我所做的一切，我很清楚自己在說些什麼。30年的交易生涯中，我既做過只賺幾美元的交易，也做過可以賺取幾百萬美元的交易，我從中總結出以下結論：有人也許可以在某個時候擊敗一檔股票，但任何人都不要妄想擊敗整個股市！一個人可能從棉花、穀物的買賣中賺到錢，但誰也無法擊敗棉花期貨市場或穀物期貨市場。就像跑馬比賽一樣，一個人可以贏一場比賽，但他無法贏得跑馬比賽本身。

如果我知道如何使這些結論更有力，取得的效果更顯著，我一定樂於行事。即使有人反對也無所謂，因為我知道我所說的這些結論都是正確的。

【注釋】

1. 蒲式耳（英文BUSHEL，縮寫BU）是一個計量單位。蒲式耳是一種定量容器，1蒲式耳在英國等於36.268升（公制）。在美國，1蒲式耳相當於35.238升（公制）。——譯者注

第11章：交易者無法離開市場

現在我要回到1907年10月了，那時我買了一艘遊艇，做好所有的準備，想要離開紐約去南部海域度假。我實在是太喜歡釣魚了，這次有了遊艇，我想去哪裡就可以去哪裡，隨時隨地就可以出發，所有的工作都準備好了。我已在股票上大賺一筆，可是到了最後關頭，玉米市場把我拉了回來。

我必須解釋一下，在那次我賺到第一個100萬美元的金融恐慌之前，我已經在芝加哥做穀物期貨。我做了1,000萬蒲式耳小麥和1,000萬蒲式耳玉米的空頭。我對穀物市場研究了很長時間，正如股票一樣，我在玉米、小麥上也做空了。

兩種穀物都開始下跌了，而當小麥一直暴跌時，一位芝加哥最大的作手，我叫他斯特雷頓（Stratton），突然想壟斷整個玉米交易，當我將股票全部平倉，準備乘著遊艇去南部時，我發現在小麥交易上我有很大的浮動利潤，但因為斯特雷頓抬高了玉米的價格，我承受著巨大的浮動虧損。

我知道玉米的儲量很大。供需原則和往常一樣奏效。但斯特雷頓是買方市場，因為交通問題玉米運不過來，供給缺乏，因而導致賣方市場根本沒出現。我曾祈禱神的幫助，使農民可以將玉米送進市場，可惜卻沒有這麼好的運氣。

就這樣，我正等著踏上歡樂的釣魚旅程，玉米交易上的損失卻牽制了

我。市場處於這種情況下，我是不能走的。當然，斯特雷頓知道我是大空頭，他知道我被他控制在手心裡，我自己也知道這一點。正如我所說，我寄託希望於天氣可以幫我。但當我發現天氣也好，其他人也好，都幫不了我後，我開始研究如何透過自己的努力渡過難關。

儘管利潤很高，我還是平了小麥的倉。但玉米問題卻無限困難，如果我能以當時的價位將我的1,000萬蒲式耳玉米平倉，我會高興地立即行動，雖然這樣損失會很大。當然了，只要我一開始買入玉米，斯特雷頓就會像個榨汁機一樣用盡全力榨乾我。我不願自己拿刀割開自己的喉嚨。

玉米行情雖然很強，但我釣魚的欲望更強，所以我必須要馬上想個辦法。我必須進行策略性的反擊，我得買回我做空頭的那1,000萬蒲式耳玉米，並且盡可能將我的損失降到最低。

很湊巧的是那時斯特雷頓還做了大量的燕麥，並且將市場嚴密地壟斷。我一直在關注穀物新聞和小道消息，緊跟所有穀物市場的軌跡。我聽說勢力很大的阿墨爾對斯特雷頓不甚友好，我當然清楚斯特雷頓不準備讓我得到玉米，除非我按他的價格買入。但我一聽到有關阿墨爾陣營（Armour Interests）與斯特雷頓作對的傳聞，立刻想到我可以去找他尋求幫助。他們只有一個辦法能幫我，那就是賣給我斯特雷頓不肯賣的玉米，剩下的就好辦了。

首先，我發出訂單，每下降0.125美分，就買入50萬蒲式耳玉米。當這些訂單生效後，我又向4個經紀商每人發出一張賣單，讓他們同時向市場上各拋出5萬蒲式耳燕麥。我瞭解這些交易商的想法，他們一定會馬上認為阿墨爾的矛頭已對準了斯特雷頓。而當他們發現有人在打壓燕麥的價格，馬上就會意識到下一個打壓的對象就是玉米了，所以他們就會拋出玉米。一旦玉米的壟斷被粉碎了，我的利潤可就大了。

我對芝加哥交易商玩的心理戰術的判斷非常正確，當他們發現燕麥出了問題，他們就會盡可能地拋出玉米，我在10分鐘內買入了600萬蒲式耳的玉米。當我發現他們停止拋出玉米時，我已經又在市場上買入了400萬蒲式耳。當然這就使得價格再次上漲。而我這次行動的真正結果在於我以極好的價位將整個1,000萬蒲式耳部位平倉。而我用以引發交易商們拋玉米而拋出的20萬蒲式耳燕麥，只對我帶來了3,000美元的損失。這個誘餌真是便宜極了。而我在小麥上賺的錢又彌補了大部分玉米上的虧損，這樣我在穀物上的交易僅僅損失了2.5萬美元。隨後玉米每蒲式耳漲了0.25美元。這下斯特雷頓就轉而在我的手心了。當然，假如不計價位買入1,000萬蒲式耳玉米，我的代價可就難說了。

　　一個人從事一種職業很多年後不會再像一個初學者一樣，沒有一點專業的思考問題方式，專業人士與業餘人士的差別就在這裡。正是看待事物的方法不同，而使人們在市場上有的賺錢，有的虧損。普通大眾往往對自身的努力持有很外行的看法。往往會自以為是因而不能深入徹底地思考。而專業人士看重的不只是賺錢，而是力求行事正確，因為他們明白只要做好每一件事，自然就會產生利潤。一個投資交易者應當像一個職業大玩家那樣行事，也就是說，他應該高瞻遠矚而不是鼠目寸光，只看重眼前利益。

　　我記得我曾聽說過一個故事，是關於愛迪生·卡馬克（Addison Cammack）的，這是個很好的例證。根據我所聽到的，我認為卡馬克是華爾街最出色的股票交易商之一，他並不像許多人以為的那樣總愛做空頭，

　　一位真正優秀的投資者，不在於他是否永遠是市場中的大贏家，而在於他是否有勇氣從每一次的失敗中站起來，並且變得更加強大。

★ 彼得·林區

儘管他確實喜歡進行空頭交易。人們都說他最大的利潤都是在牛市中取得的，所以很明顯，他做交易不存在偏見，只會注意環境，他是個出類拔萃的交易者。有一次牛市臨近結束的時候，卡馬克已經看空了，還被一個名為J.亞瑟‧喬瑟夫（J.Arthur Joseph）的金融記者——一個愛傳話的人知道了，但是當時市場不但很強勁，而且還在不停地上漲，這完全是因為多頭陣營的刺激和報紙的樂觀報導造成的。喬瑟夫明白，像卡馬克這樣的人，看空的消息具有極大的利用價值。所以有一天他帶著一些消息走進了卡馬克的辦公室。

「卡馬克先生，我有一個好朋友曾經是聖‧保羅營業廳的職員，他剛告訴了我一些事情，我認為你應該知道。」

「是什麼事情？」卡馬克有氣無力地問。

「你已經轉向了，對不對？你現在做空嗎？」喬瑟夫想要確定這一點，如果卡馬克沒有興趣，他就不用浪費寶貴的情報了。

「對啊，你到底有什麼好消息？」

「我今天去了聖‧保羅營業廳，每星期我都要去那採集新聞兩三次，我那個朋友跟我說，有大戶在拋股票，他指的是威廉‧洛克菲勒。『這是真的嗎，吉米？』我問。他回答說：『是的，每隔0.375美元，他就會拋出1,500股股票。這兩天他一直都在交割股票！』我聽後可是一點時間也沒耽誤，立刻跑來告訴你。」

卡馬克可不是容易激動的人，並且，對於各種各樣跑進辦公室為他帶來千奇百怪的新聞、閒言閒語、謠傳、小道消息、謊話的人，他都已經習以為常了，他也變得根本就不相信他們。他只是說：「你確定你沒有聽錯嗎，喬瑟夫先生？」

「我確定！當然確定！你以為我是聾子嗎？」喬瑟夫說。

「你敢保證你的朋友也沒聽錯嗎？」

「沒錯！」喬瑟夫說道，「我們認識很多年了，他從不對我說謊，他不會這麼做的！毫無疑問！我知道他絕對可靠，他跟我說的話我可以以性命作擔保，這個世界上他是我最瞭解的人，可比你認識我這麼多年對我的瞭解深多了。」

「你確定能相信他？」卡馬克又打量了一下喬瑟夫，然後他說，「好了，你應該知道的。」他叫來了自己的經紀人。

喬瑟夫猜測他會下令拋出至少5萬股聖・保羅的股票。威廉・洛克菲勒現在正在拋出在聖・保羅所持的股票，他想利用市場的力量。到底那是投資股還是投機股無關緊要，重要的一個事實是洛克菲勒想退出聖・保羅公司，一個普通人得知這樣具有可靠來源的消息會有什麼反應呢？不用問了。

但是卡馬克，那個年代最好的空頭操作者，那時恰好在看空，對他的經紀人說：「你去股票交易所，每漲0.375美元就買入15,000股聖・保羅股票。」當時股票價格是每股90多美元。

「你是說拋出吧？」喬瑟夫插了一句，他並不是初次來到華爾街，但他還是以新聞工作者，也就是普通大眾的角度看待市場。由於內線人士拋出股票，股票價格當然應該會下跌，沒有比威廉・洛克菲勒更厲害的賣家了。標準石油也在賣出，但卡馬克卻買入！這怎麼可能呢？

「不是，」卡馬克說，「我的意思是買入。」

「你不信任我？」

「不，我相信。」

「你不相信我提供的資訊？」

「我信。」

「你現在正看跌吧？」

「是。」

「那你在做什麼？」

「這就是我要買入的原因，現在聽我說：你去和你那個可靠的朋友保持聯絡，只要洛克菲勒一停止賣出就立刻通知我，快去！明白嗎？」

「是的。」喬瑟夫說完就離開了卡馬克的辦公室。他不確定自己是否已經明白了卡馬克買入的目的，卡馬克正看跌的事實使他的行為難以解釋。但是，喬瑟夫還是去見了他那個朋友，讓他當洛克菲勒一拋完就通知他，喬瑟夫也一天打兩次電話給他那位朋友詢問情況。

有一天他的朋友告訴他：「洛克菲勒那裡沒有再傳來任何賣出的單子。」喬瑟夫對他表示感謝之後，就帶著這條資訊進了卡馬克的辦公室。

卡馬克認真地聽著，並轉向威勒爾，問道：「我們現在持有多少聖・保羅股票？」威勒爾查看了一下，報告說他們積聚了大約6萬股。

卡馬克在開始買入聖・保羅時，就已經拋出了很多種其他股票，所以他現在是整個市場上的大空頭。他立即拋出買入的6萬股聖・保羅股票，他用聖・保羅股票作為打壓整個市場的籌碼。這十分有利於他的操作。

聖・保羅一直跌到了44美元才停下來，卡馬克因此賺了很大一筆錢。他以卓越的技藝出牌，獲得了相當豐厚的利潤。我認為他成功的關鍵在於對交易的習慣性看法。出於本能，他就可以看出比單獨在一檔股票上獲利更為重要的東西。他明白自己非常幸運地得到了一個展開全面空頭操作的

> 我的特別之處就是我沒有特別的投資風格。更加準確地說，我在不斷地改變自己的風格來適應不同的條件。我不是根據現有的規律出牌，而是在遊戲規則中尋求改變。
>
> ★ 索羅斯

機會。聖·保羅的內部消息讓他買入而不是拋出，其原因是他立刻看出這會給他一個累積籌碼的最佳機會。

再回頭來講我的故事。我平倉小麥、玉米部位，乘遊艇去了南部。我在佛羅里達水域遊玩，過得非常開心。釣魚也很順利，一切都那麼美好，我不想追尋什麼，也不用考慮世界上的任何事情。

有一天我去了棕櫚海灘的岸上，碰到了很多華爾街的朋友，他們都在談論一個十分特別的棉花交易投機者。來自紐約的消息說波西·湯瑪斯（Percy Thomas）虧得身無分文。這是棉花市場上的滑鐵盧。

我總是很欽佩他。在謝爾敦和湯瑪斯（Sheldon & Thomas）公司投機失敗的報導上，我第一次知道他的名字。那時，湯瑪斯試圖壟斷整個棉花市場，謝爾敦不如他的合夥人那麼有遠見和勇氣，在接近成功的時候膽怯了。至少，那時整個華爾街都有類似的言論。總之，他們沒賺到大錢，反而遭遇了多年以來最大的失敗。我不記得他們到底損失了幾百萬美元。公司破產了，湯瑪斯與謝爾敦也分開了。湯瑪斯全心地投入棉花交易中，沒過多久就取得了成功。他連本帶利還清了所有債務，其中有些欠債並不是法律規定必須償還的，他還為自己剩下了100萬美元。他在棉花市場東山再起。湯瑪斯的勇氣和頭腦令我對他十分欽佩。

棕櫚海灘的所有人都在談論湯瑪斯在3月棉花期貨上遭遇的失敗。你知道他們是如何越傳越神的。我就曾經領教過一個關於我自己的謠言是如何擴大的，以致在一天之內，當它傳回到製造者的身邊時，他也分辨不出來了，它已被添加了嶄新、生動的細節。

帕西·湯瑪斯最近的噩運讓我改變了主意，我不再繼續釣魚，而是回到了棉花市場。我拿到一堆交易記錄檔，想弄明白情況。回到紐約之後，我投身於市場研究，所有的人都在做空，都在拋7月棉花合約。你知道人們

是怎麼樣的，我認為這是一種傳染病。一個人會因為其周圍每個人都在做某件事而跟著做那件事，也許這就是群體意識的代名詞。無論情況怎樣，很多人都認為賣空7月棉花合約是明智且安全的！交易商們只看到了市場的一面和巨額的潛在利潤，他們當然希望價格崩潰。

我當然也看到了這一切，這使我明白做空頭的人沒有太多的時間進行平倉操作。我越深入地研究形勢，就越清楚地看到這一點，最後我決定買入7月棉花。我全力投入工作，很快就買入了10萬包。這並不是困難的事情，因為賣的人非常多。

那是在5月下旬，我一直在買入，他們一直在拋出，直到所有的拋出合約都被我買入，一共是12萬包棉花。我停止買入之後過了兩天，價格就開始上漲了，市場發展得很好，一天之內上漲了40～50點。

大概是我開始行動10天之後的一個星期六，棉花價格開始慢慢上漲。我不知道是不是還有更多7月合約想賣出，這得靠我自己來查明，所以我一直等到最後的10分鐘，那時，我知道這些人通常都在這個時間賣空，而假如當天在高位收盤，那麼他們就一定被套牢了。因而我向4家經紀公司同時發出4張買入指令，每一家都按照市價買入5,000包，這樣做把行情推高了30點，那些空頭驚慌失措，想盡辦法力求掙扎脫困。當天市場收在最高位。記住我所做的一切，就是再買入最後20,000包棉花。

第二天是星期天，到了星期一的時候，利物浦市場的開市價應當上升20點，才能和紐約的上漲持平。然而它高開了50點，這就意味著利物浦的漲幅超出我們100個百分點。市場的上揚與我毫無關係。這種情況說明我的推論是有道理的，而且我正沿著最小阻力線進行交易。同時，我並沒有失去冷靜的頭腦，我手上有大量的多頭部位需要處置出手。不管市場是暴漲，還是慢慢上升，市場容量終究有個極限。

利物浦傳來的消息使我們的市場狂飆。但是，我卻注意到市場上升得越高，7月份棉花似乎成交得越少。我沒有賣出一包手上存的棉花。總之，這個星期一對於做空頭的投機者來講，可以說是悲傷的一天。然而，我看不出任何賣空的人有什麼驚慌失措的跡象，我手中掌握14萬包棉花，需要為此尋找出路。

　　星期二早晨去上班的時候，我在大樓門口遇到一個朋友。他笑著說：「今天早晨的《世界報》上刊登了一個驚人的消息。」

　　「是什麼消息？」我問道。

　　「什麼消息？那就是說你還沒看過報紙？咳，說的是你呢！說你壟斷了7月份的棉花市場。」

　　「我還沒看報呢。」我回覆了他一句就走了。我不知道他相不相信我說的話。可能他還在想，不跟他講實話實在太不夠意思了。

　　到了辦公室，我要了一份《世界報》。沒錯，就在報紙的頭版上用大字標題寫道：

7月份棉花期貨市場被賴瑞・李文斯頓壟斷。

　　我立即意識到這篇文章會擾亂整個市場。即使我認真地研究如何以最周全的方法和手段拋出我那14萬包棉花，也不可能找到比這更好的機會了。根本就不可能找到這樣的機會。這個時候，全美國正從《世界報》上或其他轉載這篇文章的報紙上談論這則消息。而且，這則消息早已傳到了歐洲，它對利物浦的價格影響是不言自明的，市場簡直失去控制了，有了這則消息，形勢變成這樣，也不足為奇。

　　當然，我也清楚紐約市場會如何變化，以及我應採取怎樣的措施。這裡的市場10點鐘開盤，到10點10分的時候我手上就不再擁有1包棉花了。我讓別人擁有了我那14萬包棉花。我的大部分交易都以當天的最高價成交。

交易商們為我造就了市場。事實上我所做的就是尋找到一個絕好的機會，拋出我持有的棉花。我牢牢抓住了這個機會，不能讓它跑掉，不這樣做，我還有別的辦法可想嗎？

我明白，之前費盡心機想要解決的難題，就因為這樣一個偶然的機會解決了。如果《世界報》不刊登這篇文章，一拋出交易單我就會損失大部分浮動利潤。在賣出14萬包7月棉花的同時而不壓低市價，這是我能力範圍之外的事情。不論如何，《世界報》上的這則消息還是恰到好處地幫了我一個忙。

我不明白《世界報》為什麼會登出這條消息。我也想弄清楚。我猜測發這條消息的記者，是從棉花市場上的幾個朋友那裡得到的消息，他認為自己搶到了一條獨家新聞。我和這個記者並未見過面，也沒有見過《世界報》的任何其他職員。我是那天早晨9點多鐘才知道報上刊登這條消息的。而且，如果沒有那位朋友提醒，我那時還蒙在鼓裡呢。

要是沒有這條消息，就不會有足夠大的市場來接手我的交易單。交易量太大是最令人頭痛的一件事情。當你離場的時候不可能悄悄地退出，不像小額交易那樣穩當。當你希望平倉的時候，或者當你認為應該平倉的時候，並不總能如願以償。錯過了退出的良機就會損失許多錢。絕對不能猶豫不決，如果不能當機立斷，那就一定會輸。你還不能耍花招，例如跟空頭競爭報價拉高價格，因為這樣可能會削弱市場的吸納能力。我還要再強調一遍，把握機會並不是說起來那麼簡單。你一定要時刻保持高度的敏捷，只要機會一出現就要立即把它抓住。

> 在校成績優異的人在股市中卻很容易業績不及格。那些買賣期貨和期權及想預測未來走勢、判斷最佳買賣時機的人，就更虧得一塌糊塗。
>
> ★ 彼得‧林區

當然，並不是所有人都知道我走了好運。在華爾街——在其他地方也同樣——任何人突然發了大財，都會讓人生疑。但偶然導致虧損的這種情況，人們也絕不會認為是出於偶然，而是被視為自私貪婪和自高自大的必然結果。但是一旦有利可圖，人們就會把這種偶然看作非分之物，就會認為世道怎麼這麼無恥，如此雜亂無章。

　　那些因自己粗心大意導致失利而痛苦不堪的空頭們指責我蓄謀作亂，除此之外，其他人也有同感。一兩天之後，世界棉花市場的一個大交易商遇到了我，他說：「李文斯頓，這是你做的最精明的一筆交易。我當時還在猜測當你拋出頭寸時你會損失多少。你知道當時的市場並不夠大，市場容量是不能容納多於6萬包的。你賣出了多於這個數目的部位而又沒有損失自己的浮動利潤，我一直站在你的角度思考怎樣出手這些棉花而不損失一分一毫，想不到你竟有這麼一手，真是不錯。」

　　「這和我沒有關係。」我誠懇地說。可是他只是重複說：「老兄，你可真聰明，太絕了！不要太謙虛！」

　　就在這筆交易做成之後，一些報紙把我封為「棉花之王」，但是，在我眼裡，我真的不配戴這頂桂冠。不必說你也清楚，在美國，人們不可能擁有足夠的資金買下紐約的《世界報》專欄，也沒有哪個人擁有如此大的力量能使報紙刊登一則這樣的消息。可是在當時《世界報》的確給了我一個非分之名。但是，我講這個故事的目的，並不是為那些不配冠以這種榮譽的交易商尋找藉口，也不是為了強調抓住機會的重要性。我講這故事的目的只是要說明那些報紙促成了7月份我在棉花市場上的那筆交易，要是沒有這些報紙的消息，我也絕不可能有機會和大名鼎鼎的波西・湯瑪斯會面。

第12章：獨立思考，不被別人左右

就在我喜出望外地成功完成了7月份的棉花交易之後不久，我就收到一封要求和我會面的信件。來信的人是波西‧湯瑪斯。我當然立即回覆說很樂意見到他，歡迎他來我的辦公室，時間由他決定。第二天他就來了。

我對他的仰慕之情由來已久了，無論何處，只要與種植和買賣棉花有關的場合，他的名字都是家喻戶曉。在歐洲和美國各地，人們都在和我交談時引用過他的觀點。記得在瑞士的一處度假勝地，我和一個開羅的銀行家聊天，他和歐尼斯特‧卡塞爾公爵（Sir Ernest Cassel）合夥在埃及種植棉花。當他聽說我來自紐約的時候，立刻向我打聽波西‧湯瑪斯的近況。他訂閱了湯瑪斯的市場分析報告，而且是一期都沒遺漏過。

我一直覺得，湯瑪斯有著科學的經營之道。他才是一位真正的投機家，是個高瞻遠矚、鬥志昂揚的思想家，更是一個見多識廣、消息靈通的人，在棉花交易中既有深厚的理論基礎，又精於實踐。他樂於傾聽和表達自己的觀念、理論和任何抽象的東西，同時他對棉花的交易實務和棉花商人的心理活動瞭若指掌，因為他做交易已經很多年了，雖然他賺過也賠過很多錢。

在他原來的那家名叫謝爾敦和湯瑪斯的公司倒閉之後，他就開始著手自己經營。在兩年的時間內他奇蹟般地捲土重來。我記得《太陽報》曾報導過他的情況。他東山再起後的第一件事就是還清所有債務；第二件事就

是雇用一個專家來為他研究如何投資100萬美元。這位專家在分析市場形勢和幾家公司的財務報告之後，建議他買入特拉華-哈德森（Delaware & Hudson）鐵路公司的股票。

在損失數百萬美元，又在棉花市場賺回更多的錢之後，湯瑪斯在3月份的棉花交易中輸得精光，他一見到我就直入主題。他建議我們聯手操作。無論他得到什麼資訊他都先告訴我，之後再向公眾發布。我的任務就是負責實際操作，他說我在這方面有過人的天賦，而他卻沒有。

縱然他列出萬般理由，依然對我沒有吸引力。我坦率地告訴他，我是不會和別人合作的，也不願意嘗試這麼做。但他堅持認為我們兩個將是最佳組合，直到我直接表明：「我不想跟任何人合作。」

我對他說：「如果虧損了，我自己承擔著，而且立刻償還，既沒有拖欠很久的債務，也不存在莫名的煩惱。我獨自交易，因為這是最明智和成本最低的交易方式。在和別的交易商進行智力較量的過程中，我感到其樂無窮。這些商人我多半從未見過，也沒有交談過，未曾給過他們如何買賣的建議，也不希望和他們見面、相識。我賺錢的時候，就以此作為觀點，我不出賣我的觀點，也不會利用自己的觀點來賺取金錢。如果我透過其他方式來賺錢，我會認為自己並沒有真正賺到錢，你的建議不能引起我的興趣，因為我只對為了我自己和用自己的方式進行的操作感興趣。」

他對我的這種觀念表示遺憾，並試圖說服我不接受他的計畫是大錯特錯。但是，我依然堅持己見。接下來的談話倒是很開心。我告訴他我知道他會「捲土重來」，並且表示我願意在資金上幫助他。可是他拒絕從我這裡接受任何款項。然而，他向我問起7月份那筆交易，我毫不保留地都告訴了他：如何開始交易，一共買了多少棉花，價格怎樣，以及其他一些細節。我們又閒聊了一會兒之後，他就告辭了。

之前，我就對你說過，一個交易商有許多來自於自身的致命弱點，我對自己曾經犯過的錯誤十分清楚。我已經意識到，一個人可能擁有別具一格的思想和獨立思考習慣，然而卻很容易被一位具有非凡說服力的人征服。我這人容易抵禦常見的因冒險帶來的煩惱。但是，我仍然是一個普通人，我發覺自己也非常容易犯錯。

在這個時期內，我本應該保持高度警惕性，因為就在不久之前，我曾經經歷的遭遇，證明了一個人是多麼容易受到花言巧語的蒙蔽，而做一些背離自己判斷，甚至違背自己意願的事情來。這件事發生在哈丁兄弟的營業廳。那裡有我的一個私人辦公室——我可以獨自享用一個房間。在交易時間內，未經我允許，沒有人可以打擾我。我不希望受到別人的干擾，因為我的交易金額十分巨大，利潤相當可觀，所以他們特別關照我。

有一天，市場剛剛收盤，我就聽見有人向我打招呼：「午安，李文斯頓先生。」

我轉過身去，看到一個素不相識的人，他年紀在30～35歲之間，我不清楚他是如何進來的，但他現在就站在我面前。我斷定他要談些事情。但我卻一言不發，只是盯著他看。很快他開口說：「我來找您是想談談華特‧史考特（Walter Scott）的作品。」

他是個圖書代理商。可是他的舉止和談吐真是不敢恭維，沒有一點技巧可言，他的外表也說不上有吸引力。但是，他確實很有個性。他在那裡滔滔不絕，我卻聽得心不在焉。他說什麼，我其實一句都沒聽進去，也不明白他要表達什麼意思。他口若懸河地說完之後，先是遞給我一支鋼筆，

> 錯過時機，勝於找錯對象。
>
> ★ 索羅斯

然後又遞給我一張空白的表格，我就在表格上簽了名。這是一張花500美元購買一套史考特著作的合約書。

我簽好字的那一刻才猛然醒悟過來，可是他已經把合約收回，放到衣袋裡了。我根本不需要這些書，也沒地方堆放。這些書對我來說沒有任何用處，也沒人可以贈送。然而我竟然同意花500美元買下這套書。

虧錢對我來說早已習以為常，其實就是在操作上出了問題，這就是我犯錯的原因。我需要反省自己的做法，以及是什麼原因導致我那樣做。首先，我要瞭解自己的思考習慣和模式，其次，我不該重複犯同一個錯誤。一個人只有從錯誤中吸取教訓，並在以後得益於此的時候，才可以原諒自己的錯誤。

唉，現在一下子虧了500美元，但似乎還有拿回來的機會，我只好先打量著他，把他穩住。他也注視著我，臉上帶著一絲會心的微笑。他彷彿看穿了我的心思，我意識到用不著再對他解釋什麼了，我沒說一句話，他也知道我想表達什麼。因此我決定不去解釋，並且撇開剛才發生的事情，直接問道：「這500美元訂單，你能從中獲得多少傭金？」

他立刻搖頭回答說：「很抱歉，我不能那麼做！」

「你能得到多少？」我堅持問。

「三分之一，但我不能那麼做！」他回答說。

「500美元的三分之一是166美元66美分，如果你肯把剛才我簽了字的合約還給我，我給你200美元現金。」為了表現我的誠意，我從上衣口袋裡掏出200美元。

「我說過不能這麼做。」他說。

「你接觸的所有顧客都開這個價給你嗎？」我問。

「不是。」他回答。

「那麼，你怎麼知道我就會遵守合約呢？」

「做你們這行的都是這種風格。你是第一流的輸家，因而也成為第一流的商人。我十分感激你，但我不能接受。」

「那請告訴我，你為什麼不想賺到比傭金還多的錢呢？」

「這根本就是與傭金無關的問題，」他說：「我不全是為了傭金。」

「那你為了什麼呢？」

「為了傭金也為了銷售紀錄。」他回答。

「什麼紀錄？」

「我自己的。」

「那你圖什麼呢？」

「金錢是你工作的唯一目的嗎？」他問我。

「是的。」我說。

「不是吧，」他搖了搖頭：「不，你工作不僅僅是為了金錢，否則你不會從中得到足夠的樂趣。你工作的目的一定不只僅僅是為自己的銀行存款帳戶上增加數目。你到華爾街的原因不是因為這裡的錢容易到手。你一定有獲得樂趣的其他方式，其實我也一樣。」

我沒和他爭辯，只是問道：「那你怎麼獲得你的樂趣呢？」

「唉，其實我們都有弱點。」他坦白地說道。

「那你有什麼弱點？」

「虛榮。」他回答。

「對了，你成功地說服了我在合約上簽了名。」我對他說：「現在，我想取消這份合約，我打算為你10分鐘的工作支付200美元，這還不夠補償你的自尊嗎？」

「不，」他回答：「你知道，我們之中有許多人在華爾街忙忙碌碌

了幾個月，到了最後卻分文未得。他們認為問題出在書籍本身和銷售區域上，因此公司派我來是為了證明這是因為推銷方法不對，而不應該怪在書籍和銷售地點上。他們的報酬是大約25％的傭金。我去過克利夫蘭城，兩週的時間內我推銷了82套書。我到這裡來不僅要向那些拒絕從代理商那裡購書的人進行推銷，還要向一些連其他代理商面都見不到面的人進行推銷。這就是他們願意支付給我三分之一傭金的緣故。

「我到現在也不明白你當時是怎麼把那套書推銷給我的。」

「噢，」他安慰我說：「我也向J.P.摩根推銷了一套呢。」

「真的嗎？不可能。」

他並不生氣，只是說：「絕對屬實，我賣給了他一套。」

「把一套華特・史考特的作品推銷給J.P.摩根，他可是個知名的收藏家，而且還可能擁有一些小說的手稿呢！」

「看，這就是他的親筆簽名。」他迅速拿出一張J.P.摩根本人簽名的合約在我面前晃了一下。也許那根本不是摩根先生的筆跡，但我當時卻深信不疑。他口袋裡不同樣也有我簽名的合約嗎？我只是覺得有點不對勁。因此問他：「你怎麼通過警衛這一關的？」

「我並沒見到警衛。我看到的就是老先生本人，他就在辦公室裡。」

「這太誇張了！」我說，誰都知道要想進入摩根先生的私人辦公室比拿著包裹進入白宮還要難上百倍。

對於業餘投資者來說，非常重要的一點是要用一種適當懷疑的眼光來審視專業投資人，至少這樣做可以讓你弄清楚在投資中你所面對的是一些什麼樣的人。由於主要上市公司70％的股票都掌握在機構投資者手中，因此不論你是買入還是賣出股票的時候，你所面對的投資競爭對手是專業投資者的可能性越來越大。

★ 彼得・林區

可是他卻說：「我就做到了。」

「你是如何進他辦公室的？」

「那我又如何進你的辦公室呢？」他反問我。

「我不知道，你告訴我吧。」我說。

「噢，我是以進摩根辦公室的方式進你辦公室的，門口那個警衛的職責就是把我拒之於門外，但我和警衛交談了一下就進來了。我讓摩根簽字的方式也和我讓你簽字的方式一樣。你當時根本不會為那套書而簽訂合約。你只是接過我遞給你的筆，做了我要你做的事。摩根也是這樣，就像你一樣簽了名。」

「那的確是摩根的簽名嗎？」大約3分鐘後，我抱著懷疑態度問他。

「當然是了！他從小就學會了簽自己的名字。」

「那就是真的了？」

「當然，」他回答：「我知道自己在做什麼。這就是奧妙所在。我非常感謝你，再見，李文斯頓先生。」說著，他朝外走去。

「等等，」我說：「我一定要讓你從我這裡賺到200美金。」我遞給他35美元。

他搖了搖頭說道：「不，我不能這麼做。不過，我卻可以這樣做。」然後，他從口袋裡掏出那份合約，撕成兩半然後遞給我。

我數出200美元遞給他，可是他再次搖頭拒絕了我。

「難道你的意思不是這樣嗎？」我問。

「不是。」

「那你為什麼要撕掉合約書呢？」

「因為你沒有對此大發雷霆，而是坦然接受這件事，如果我處在你的位置，遇到同樣的情況，也會自己去承受這件事的。」

「可是我是自願支付你200美元的。」我說。

「我明白，但錢不是萬能。」

他言語裡流露出的某種東西感動了我：「你說得對，錢不能代表一切。但現在我希望為你做些什麼！」

「你太著急了！」他說：「你真的要為我做點事情嗎？」

「是啊，」我告訴他：「我要為你做點事情。但是，到底能不能做，還要看你的意思。」

「把我帶到艾德‧哈丁先生的辦公室去吧，跟他說我要和他談三分鐘。然後，讓我和他單獨談話。」

我無奈地搖了搖頭：「他可是我的好朋友啊！」。

「他已經五十歲了，也是個股票經紀人。」這位書籍代理商說。

他說的倒是事實，於是我只好把他帶到艾德辦公室去。這以後，我就再也沒從這位書籍代理商那裡聽到什麼資訊，也沒有他的情況。不過，在幾個星期之後的一個傍晚，我進城時，卻在第六大道的火車上與他不期而遇。他十分有禮貌地摘下帽子，我也點頭回敬。他走過來問候我說：「李文斯頓先生，你好嗎？哈丁先生好嗎？」

「他很好，你為什麼這麼問？」我覺得他似乎在隱瞞什麼。

「那天你帶我去見他，我也向他推銷了那套價值2,000美元的圖書。」

「他可從來沒跟我說過。」我說。

「是的，他們這種人從來不談這種事。」

「哪種人不談這種事？」

「那種從不犯錯的人，因為犯錯總是不好的事。那種人總是知道自己需要什麼，沒人能動搖他們。就是他們讓我賺到錢付孩子的教育費用，使太太心情愉悅，李文斯頓先生，你幫了我很大的忙。當你迫不及待地要給

我200美元的時候，我就猜到會有好運了。」

「不過，如果哈丁先生不買你的書怎麼辦？」

「我認為他會的，我早就清楚他的為人了，不會出問題的。」

「你說得對，但是，要是他真的一本書都不買呢？」我堅持自己的看法。

「那我就回來找你。再見，李文斯頓先生。我要去和市長見面了。」火車停靠公園站時，他站起身來。

「預祝你賣給他10套。」我說。

「市長閣下可是個官場的老手，我也是個共和黨人。」他一邊說，一邊不慌不忙地向車外走，確信火車會等著他，而火車也確實等了他。

如此詳細地對你講這個故事，是因為它關係到一個非同尋常的人物，這個人使得我在不願意買進的時候驅使我買進了。他是第一個對我產生如此影響的人，絕對不會再有第二個人了。你不要以為這個世界上非同尋常的推銷員只有一個，也不要奢望自己能完全擺脫人為因素的影響。

我委婉而堅定地拒絕了與波西・湯瑪斯聯手進行交易之後，當他離開辦公室時，我斷定我們兩個人今後絕不會再有合作，也再也不會和他見面了。但是就在第二天，他寄給我一封信，對我主動提出幫助表示感謝，並且邀請我過去與他見面。我回信表示答應，他給我寫了一封信再次，於是我就登門拜訪了。

我對他非常瞭解。聽他說話總能給我帶來很多樂趣，他見多識廣，幽默風趣。我認為他是我遇到過最有魅力的人。

波西・湯瑪斯博覽群書，博聞強記，對很多事情都有著非凡的見解，因此我們天南海北地聊了起來。他機智的言語讓人留下了深刻的印象，他的談吐絕對不是油腔滑調的那一套。我曾聽到許多人指責過他的不是，甚

至說到他不夠真誠。可是我有時候猜想，要是他那非凡的談吐不是來自於這一事實——他首先得說服自己，使自己心悅誠服以便獲得巨大的力量去說服別人，那他如何能成就大事呢？

我們自然還是詳細談論了市場情況。我不想做多頭買進棉花，但他卻持相反意見，我看不出做多頭的好處，他卻不同意我的看法。他還列舉了大量事實和資料，看起來應該聽他的，但我還是繼續堅持己見。對這些事實和資料的可靠性我不能否認，但是也不能動搖我對自己理解力的信任。可是他還是堅持自己的看法，直到我因為從商報和其他報紙上得到的資訊開始動搖為止。這表示我不能用自己的眼睛觀察市場了。一個人不可能會心甘情願地反對自己深信不疑的事情，但是他可能被花言巧語所迷惑而變得猶豫不決，如此一來可能會更糟糕，因為這就意味著他做起交易來沒有信心了。

不能說我自己已經完全糊塗，但是，我不能夠泰然處之。更準確地說，我當時已經沒有獨立思考的能力了。我無法詳細說明是如何走入這種境地的，但這種心態確實讓我付出了巨大的代價。我認為這是因為他對數字的準確性和他信心十足的樣子，而不是市場的局勢導致了我的結局。他喋喋不休地強調他在南方有許多可靠的情報資訊。最終，我按照他的方式仔細觀察了當前的形勢，因為我們看的是同一本書的同一頁，他把書舉在我的眼前。他的思路很有邏輯性，只要我接受了這些事實，毋庸置疑，我由此得到的結論就和他的如出一轍了。

在他最初和我談起棉花市場形勢之前，我不僅看跌，而且已做了空頭。慢慢地，我接受了他所說的事實和數字，開始擔心自己當初的看法一直是建立在錯誤資訊上。當然，我自己不會那麼想，也不會平倉原來的部位。一旦湯瑪斯使我認為自己錯了，我就必須轉而做多。我就是這麼個想

法。你知道，我這輩子除了買賣股票和期貨，別的什麼都沒做過。我很自然地想到，如果做空頭是錯誤的，自然做多頭就是正確的。如果做多頭是正確，那就必須趕快買進了，就像我的老朋友老派特所說的那樣：「直到你下了賭注，你才知道輸贏！」我必須證明我對市場的判斷是正確的還是錯誤的，而這一切的證據只有在月底時從經紀人的帳單上才能得到。

我開始著手買進棉花，很快就達到了我平常的持有交易量，大約是6萬包。這是我的交易生涯中最愚蠢的一次舉動。沒有根據自己的觀察和判斷，僅僅是在玩別人的遊戲。如果我自己做決定，肯定不會有那樣的結果。我不僅在自己無意看漲的情況下買進了，而且也沒有按照多年的經驗累積部位。是我的交易方式不對，所以，我虧了。

市場行情並沒有按我希望的方向變化。當對自己的處境瞭若指掌時，我不會害怕，也不會急躁。但是，如果湯瑪斯是正確的，市場走勢就不該那樣。第一步走錯了，之後步步都會走錯，結果自然弄得亂七八糟。我任憑自己被言語所蒙蔽，不接受損失，不去平倉。這樣的交易方式和我的天性格格不入，根本就不符合我進行交易的原則和理論。即使我當年在對賭行裡工作的時候，都比現在做得要好。可是我現在似乎不是自己了，我變成了另外一個人———一個湯瑪斯的化身。

我不但在棉花市場做多，而且還買進大量的小麥。小麥表現得很漂亮，為我帶來了很大的浮動利潤。我愚蠢地力圖支持棉花市場，把部位增加到大約15萬包。說這些並不是為自己找一個掩飾失誤的藉口，只是陳述事實。可以這麼說，就在這時候我覺得有些不對勁。記得後來我前往海灘

在投資過程當中，要時刻對市場保持高度的警覺，因為一旦放鬆了警惕，便有可能錯失一次大好的盈利機會。

★ 索羅斯

度假休息了一陣子。

在那段時間裡，我對一些事進行了一番思索。在我看來，那些投機交易的部位已經過大了。一般來說，我不是一個膽小的人，可是這樣的巨額部位已經使我稍微有點緊張，於是我要減輕自己的負擔，我決定減倉。為了達到這一目的，要嘛拋出棉花，要嘛拋出小麥。

簡直令人難以置信，以我對交易技巧的瞭若指掌，以我12～14年的股票和期貨交易經驗，居然把事情弄得如此糟糕。棉花期貨交易給我帶來了虧損，我保留著，小麥期貨交易為我帶來利潤，我卻賣掉了。真是愚蠢透頂，不過讓我感到些許安慰的是，這並非我的交易方式，而是湯瑪斯的交易方式。在投機者的所有失誤中，幾乎沒有比這種拉均價以求減小損失更糟糕的了。後來的棉花期貨交易完全證明了這一點。一定要拋出已有損失的部位，保留獲利的部位，這再明顯不過了。可是，直到現在，我都不明白為什麼自己會顛倒著做事情。

我就那樣拋出了小麥，賣出盈利的部位後，小麥價格每蒲式耳上升了20點，如果是我當初選擇持有，將從中獲利800萬美金。於是，為了繼續進行原計劃，我竟然又買進了更多的棉花！

直到現在我還清楚地記得，每天是如何買進棉花的，並且買得越來越多。至於買進的目的，只是為了避免價格下跌！

我不斷地投入越來越多的資金——結果最終損失的也越來越多。我的經紀人和好朋友們簡直難以置信，直到今天他們還感到匪夷所思。當然，要是這筆交易不是那樣進行，我就能創造奇蹟了。

人們提醒過我很多次，不要過分依賴波西・湯瑪斯那些高明的分析。但我卻從來沒聽進去過，只是不停地買進棉花以避免棉價下跌。當時，我甚至去利物浦購買棉花。當意識到自己的所作所為時，我已經累計買入了

44萬包。可是一切都已經太遲了。因此，我只能全部出售。

　　我差不多賠掉了自己在股票和期貨交易中所賺的錢。但還不至於到一文不名的境地，可是在遇見這個聰明透頂的朋友——波西・湯瑪斯之前，我擁有的資產過百萬，而如今卻只剩幾十萬了。但這一經歷教會了我想要取得成功應該怎樣觀察和判斷，使我懂得了一個人會毫無緣由地做出蠢事來，然而我卻花了幾百萬美元的代價才知道這一點。商人的另一個最危險的敵人就是，當一個高明的人對他滔滔不絕時，他會因為這個魅力十足的人的鼓動而被打動。然而，我一直覺得如果只花100萬美元就能得到教訓，又何必花費那麼多呢？不過命運之神並不總是讓你自己決定代價。祂讓你享受教育的樂趣，然後把帳單交給你，因為祂知道無論代價多大，你都必須支付。現在終於明白自己愚蠢到什麼地步了，於是我果斷地替自己招致的災禍畫上了句號。波西・湯瑪斯從此也在我的生活圈子中消失了。

　　手上超過90％的本金都化為烏有，正如吉姆・菲斯克經常說的，陷入了山窮水盡的境地。我做了還不到一年時間的百萬富翁，那靠頭腦和幸運相助賺到的百萬資產，因為操作程序的過失而喪失殆盡。我賣掉了自己的兩艘遊艇，決定削減開支，以一種簡樸的方式來生活。

　　然而，時運不濟，禍不單行，我開始走背運。我突然就生病了，需要緊急支付20萬美元的現金。要是幾個月之前，這個數目根本不算什麼。可是，現在卻幾乎是我損失掉的那些財富的全部餘額。我必須拿出這筆錢不可，但問題是：到哪裡去把它弄回來呢？我不想從保存在經紀商帳戶的保證金中支取，因為如果那樣做，就沒多少進行交易的本錢了，而且要想賺回我那幾百萬元，還得靠進行投資呢。我覺得只有一條路可走，那就是從股票市場上賺取。

　　好好想想吧，這真難啊！如果你對交易廳的普通顧客非常瞭解，就

會支持我的下列看法：在華爾街，寄希望於股票市場為你支付帳單，就是眾多輸家虧本的根源之一。如果你堅持這樣的觀念，終究會損失所有的本金。

對了，有一年的冬天，在哈丁的辦公室裡，有幾個趾高氣揚的人在一件大衣上花了3萬～4萬美元——但他們中沒一個人有福氣穿上它。碰巧有個場內的交易商，穿著一件鑲著海獺皮的外套來到交易所。這人十分出名，在那個時候，裘皮價格還不昂貴，那樣一件大衣也就值1萬美元。哈丁辦公室一個名叫鮑勃‧凱奧恩（Bob Keown）的同事，也決定要買一件俄國黑貂皮鑲邊的大衣。

他到城裡打聽好了價格，差不多1萬美元。

「這也太貴了啊，花那麼多錢！」有一位同事反對。

「價格還可以，還算公道！」鮑勃‧凱奧恩溫和地說道，「一個星期就賺回來了——除非這裡有人送給我以示你們的誠意——向公司裡最優秀的人致敬。有誰願意捐獻嗎？沒有嗎？很好。就讓股票市場為我付帳好了！」

「為什麼要買一件黑貂皮衣呢？」艾德‧哈丁問道。

「因為會顯得我特別有氣質，」鮑勃一邊說，一邊在身上比劃。

「你打算如何付款？」吉姆‧墨菲（Jim Murphy）問道，他是辦公室裡最愛打聽消息的人了。

「明智地做做短線，吉姆，我就想這麼做。」鮑勃回答，他知道墨菲只不過是想打探點消息。

> 我們的投資有一個前提，就是擁有自己的投資理念和策略。
>
> ★ 索羅斯

吉姆問道：「你打算買哪檔股票？」

「你又錯了，朋友。現在還不是買進的時機。我打算賣出5,000股美國鋼鐵股票。它應該至少要下降10點。我只要得到兩點半的利潤就可以了。有點保守，是不是？」

「你打聽到美國鋼鐵什麼了？」墨菲急切地問道。他是個瘦高個兒，滿頭黑髮，一副面黃肌瘦的樣子。因為擔心錯過市場上的重要資訊，他從來都不出去吃午飯。

「那件是我曾經動心要買的大衣中最合適的一件。」鮑勃轉向哈丁說：「艾德，按市價賣出5,000美元鋼鐵股票。親愛的，就今天吧！」

鮑勃是個真正的投機客，而且喜歡不斷地開玩笑逗樂。他的行事方式就是這樣，一定要讓世人都知道他是一個堅定沉著的人。他賣空了5,000股美國鋼鐵股票，股票價格立刻開始上漲。鮑勃看起來有點傻乎乎的，但說起話來倒聰明得多，在股價壓回了1.5點的時候，趕緊認賠退出，因而控制住損失，然後向辦公室裡的人透露說，紐約的天氣太暖和了，不適合穿裘皮大衣。皮大衣既不益於健康，又太過招搖。

這話引得同事們一陣嘲笑。

但是，沒過多久，辦公室另一個人，為了這件裘皮大衣買入了聯合太平洋公司的股票，結果虧損了18,000美元，然而他卻說：「黑貂皮大衣穿在女士身上還不錯，但是，穿在一個溫文爾雅的男士身上就不太適合了。」

這只是眾多事例中的一個。在華爾街，成千上萬的人都想從股市中撈到一輛汽車、一條手鐲、一艘遊艇或一幅名畫的錢，但沒有一個是不虧損的。股票市場非常搵鬥，它拒絕為我支付生日禮物的費用，否則我們可以用這些錢來建造一所大醫院。實際上我覺得，在華爾街經歷所有倒楣的事

情當中，想讓股票市場充當仙女送禮給自己的美好幻想可以說是最不切實際，也是最普遍的想法了。

正如其他那些眾所周知的倒楣事情，上述情況自有它存在的道理。當一個人一心想從市場賺到他急需的東西時，他該如何是好呢？他只能期盼變成賭博者，遭遇遠比平常交易時大得多的風險。一開始，他追求的是立竿見影的利潤，他有點迫不及待。即使市場對他有特別的關照，那也得立刻兌現，不能耽誤。他自我安慰說自己想要的並不多，這只不過是輸贏機會均等的一場賭博而已。他以為自己進得快，出得也快——比如說，他希望賺夠兩點獲利收手，下跌兩點就停損罷手，但實際上他已經掉進了陷阱——他抱著這是機會對等的謬論。我已經見過許多人就是這樣損失了成千上萬的美金，尤其是那些在牛市中高位買進，隨後就遇到中等規模回落行情的人。這種方式肯定不是取勝之道。

唉，在我作為股票作手的生涯中，那個愚蠢透頂的失誤對我來說是致命一擊，成為壓垮駱駝的最後一根稻草。它打敗了我，我賠光了棉花期貨交易賺到的那點錢。這對我造成了極大的傷害，我不斷進行交易，卻總是賠錢。我當時執意認為，股票市場終究會為我賺到錢。然而，唯一可見的結局是我的資源全部耗盡。我又債臺高築，不僅對那幾個主要的經紀人欠下債務，而且還欠別家經紀公司的債，當初這些經紀商不需要我提供保證金就和我做生意。而我此時不僅負債累累，並且從此一直處在債務的包圍之中。

第13章：股市人生的重要一課

　　看，我再一次破產了，這可太糟糕了，然而更糟的是我在交易中錯到無可救藥的地步了。我憂心忡忡，精神緊張，心煩意亂，無法冷靜地思考問題。也就是說，我當時所處的精神狀態，以一個股票交易商來說，是一個不該有的狀態。

　　我感到一切都進行得不順利。說實話，我開始胡思亂想起來，以為我冷靜的判斷力已經一去不復返，我所失去的再也賺不回來。由於我習慣大筆買賣，也就是說多於10萬股的交易，因此擔心進行小額交易時，不能表現出良好的判斷力。如果你手上的股票只有100股時，即便做出正確的判斷，似乎也不會產生多大價值。在習慣於進行大筆交易賺取大額利潤之後，讓我再做小額交易，對於何時才會獲利我心裡沒底。簡直無法描述當時我是多麼無能為力啊！

　　再次破產使我一蹶不振、負債累累，又接二連三地判斷失誤！

　　在經歷這麼多年的成功，經歷了為獲得成功所犯下錯誤的錘煉之後，我現在的處境還不如當初在對賭行裡開始創業的時候。雖然對於股票操作已經有些瞭解了，但是我對於人性弱點的表現還知之甚少。這個世界上根本沒有哪個人的頭腦可以像機器一樣，任何時候都保持高效運作，讓人可以持續依賴。我現在意識到自己難免會受到他人或自己的影響。

　　令我憂心忡忡的根本不是金錢的損失。而是遇到其他麻煩。我仔細研

究了一下自己遭遇的災難，當然沒費力氣就知道了自己錯誤的所在。我找到了出錯的正確時間和地點。一個人要想在股票交易中脫穎而出，他就必須徹底瞭解自己。為了弄清楚自己在錯誤面前能做些什麼，而耗費了很大的精力。

有時候我認為，股票交易商為了學會保持清醒頭腦，無論付出多大的代價都不為過。無數精英人士的破產可歸咎於當事人的驕傲自負，這是一種在任何地方任何人都可能染上的一種通病，而對於任何一個華爾街的股票交易商來說，尤其如此。

在紐約我其實並不快樂，至少不像以前想像的那樣。我不想再進行交易了，因為狀態非常不好。我決定離開一段時間，到其他的地方尋求資金。我認為改變環境有助於重新找回自己。於是，被投機遊戲擊敗之後，我再次離開了紐約。我的處境比破產更糟，因為在大大小小的經紀公司中，我欠下10多萬美元的債務。

我來到芝加哥，在那裡募集到一筆資金，雖說數目不算大，但是這意味著只需要多給我一點時間，就能重新把失去的全部都贏回來。我從前配合過的一家事務所對我的交易能力還算有信心，他們願意讓我在他們的事務所裡小規模地進行交易。

我十分小心地開始工作了。我不知道要是我一直留在那裡，結果將會是怎樣。因為在我的交易生涯中，一段非同尋常的經歷，使我很快結束了在芝加哥的短暫逗留。這個經歷真是令人難以置信的神話。

有一天我收到一封來自盧修斯‧塔克爾（Lucius Tucker）發來的電報。我其實早就認識他了。當時他是紐約一家股票交易所的辦公室經理，我曾經和這家公司有過生意上的往來，但後來和他失去了聯絡。他的電報內容是：

速來紐約。

我想他已經從我的朋友們那裡瞭解到我的窘境了，因此，他一定有什麼事要和我商量，然而，我當時沒錢浪費在一次不必要的紐約之行上，於是我沒按他說的去做，只是撥通了他的長途電話。

「電報已經收到了。」我說：「有什麼事嗎？」

「紐約一位大銀行家要見你。」他說。

「哪一位？」我猜不出會是誰。

「你到了紐約，我再告訴你。幾句話也說不清楚。」

「你說他想見我？」

「是的。」

「為什麼事？」

「如果你肯來，他會親自告訴你。」盧修斯說。

「你不能寫信給我嗎？」

「那不行。」

「那就請簡單透露幾句吧。」我請求著說。

「我真不想在電話裡說。」

「那好吧，盧修斯，」我說：「那至少告訴我這一趟會白跑嗎？」

「一定不會白跑，一定會對你有好處。」

「你就不能給我一點暗示嗎？」

「不行，」他回答：「這樣對他來說不公平。而且我也不確定他打算幫你到什麼程度。不過，請接受我的忠告：一定要來，趕快。」

「你確定他要見的人是我嗎？」

「其他人不見，只見你。我告訴你，你最好來。發電報給我，通知我你坐哪趟火車，我到車站去接你。」

「好的。」然後我掛斷了電話。

我並不喜歡把事情弄得神神祕祕。但是我知道盧修斯是善意的，他以那種方式和我通話，一定有恰當的理由。我在芝加哥做得並不好，因此離開此地也不會有難捨難分的感覺。按照我當時的交易速度，不知要過多久才能賺到足夠的錢，以恢復我原來的交易規模。

我又回到紐約，前途未卜。事實上，在旅途中其他的事情我倒並不擔心，卻不止一次地焦慮會浪費來回的車費，並且浪費掉大量時間。我怎麼也不會想到，我這輩子最奇特的經歷就要開始了。

盧修斯來車站接我，一見面就告訴我他是受名聲顯赫的威廉森-布朗（Williamson & Brown）證券公司的丹尼爾·威廉森（Daniel Williamson）之託。威廉森先生讓盧修斯轉告我，他為我制訂了一個商業計畫。他確定我會接受這一計畫，因為這將會為我帶來豐厚的利潤。盧修斯表示，他對此計畫一點都不知情。但這家公司的聲譽可以確保他們不會要求我做出任何不恰當的事情。

丹尼爾·威廉森是這家公司的資深合夥人，這家公司是19世紀70年代由艾伯特·威廉森（Egbert Williamson）創立的。當時公司裡並沒有布朗這個人，他是多年之後才加盟的。公司在丹尼爾的父親所處的時代非常有名氣，後來丹尼爾繼承了數目可觀的財產，就沒有再去做其他生意了。公司擁有一位抵得上100個普通客戶的大客戶。這人就是阿爾文·馬奎德（Alvin Marquand），威廉森的姐夫。此人除了擔任十幾家銀行和信託公司的董事外，還是規模龐大的切薩皮克-大西洋鐵路（Chesapeake and Atlantic Railroad）系統的總裁。在鐵路領域內，他是繼詹姆斯·Ｊ.希爾

（James J.Hill）之後最具個性的人物，同時，他還是一個勢力強大的銀行家小團體的發言人和重要成員，這就是所謂的福特・道森幫（Ford Dawson gang）。據說他本人的資產在5,000萬到5億美元之間，實際是多少還要看如何評估。他去世的時候，人們發現他擁有2.5億美元的身家，這都是從華爾街賺來的。由此可見，這個客戶的確了不起！

盧修斯告訴我他剛剛在威廉森-布朗公司謀到一個職位，這職位彷彿為他量身定做，他應該成為一個交易領域的贏家。這家公司當時在擴展代理業務，盧修斯建議威廉森先生開設兩個分支機構，一個設在城中心一家最大的飯店裡，另一個設在芝加哥。我推測他們很有可能會在芝加哥的分公司裡提供一個位置給我，也許是分公司經理，而這樣的職位我可不能接受。我沒有當即對此提出異議，因為我想最好還是等他們正式提出來之後再拒絕比較妥當。

盧修斯把我帶到威廉森的私人辦公室，把我介紹給他的頂頭上司，然後立刻離開了，好像在他同時熟悉雙方的情況下，不願意出庭作證一樣。我準備先洗耳恭聽，然後拒絕。

威廉森先生儀表堂堂，一派紳士風度，談吐優雅，面帶笑容。看得出他善於交際，朋友很多。他當然會讓人留下好印象。他身體健康，自然心情也很好。他有用不完的錢，因此不會被認為居心不良。所有這一切，加上他受過的良好教育和社會閱歷，使得他容易做到既禮貌又友好，不但友好，而且樂於助人。

我沉默不語，也沒什麼可說的，而且我一向習慣先讓別人說完，然後

兩個人是夥伴，三個人是烏合之眾。在20世紀70年代早期，有數百萬美元曾一窩蜂地盲目追逐那些被高估的股票，結果很快就虧損得血本無歸。

★ 彼得・林區

我才開口。有人曾經告訴我，已故的詹姆士‧史蒂曼，也就是國家城市銀行的總裁——順便說一句，他也是威廉森的密友——有個慣例：任何人向他提出建議，他總是靜靜地聽對方說話，臉上帶著無動於衷的表情。等對方說完後，史蒂曼先生會繼續盯著對方，好像對方還沒講完似的。於是，對方覺得一定還要再說點什麼不可，就接著又說下去。就是用這種盯著別人和傾聽別人說話的方式，他經常能使對方提出更多對他的銀行有利的條件，比他本人打算開口提出的條件要優厚得多。

　　我保持沉默的目的並不是想誘使別人提出更有利於我的條件，而是喜歡瞭解事情的所有方面。讓對方把想說的話說完，你就可以馬上做出決定。這是非常節省時間的事情，既避免了爭論，又杜絕了沒完沒了、毫無建設性的討論。只要有我參與，幾乎每一條向我提出的有關交易方面的建議，我都可以透過回答「是」或「否」來決定。但如果我本人不完全瞭解建議，就不可能立刻作出判斷。

　　丹尼爾‧威廉森說著話，而我只是洗耳恭聽。他對我說他早就聽說過許多我在市場上操作的情況了，對我拋開自己較強的領域而在棉花期貨交易中慘敗感到非常遺憾。當然，也正是因為我的壞運氣，他才有幸與我謀面。他認為股票是我所擅長的，認為我天生就是做這一行的，不該在這一行中消失。

　　「李文斯頓先生，這就是我們希望和你做生意的緣故。」他高興地結束了話題。

　　「怎麼個做法呢？」我問。

　　「你自己當經紀人，」他說：「我的公司願意讓你做股票生意。」

　　「我倒願意為你們做，」我說：「可是不行。」

　　「為什麼？」他問道。

「我沒資本。」我回答。

「這不是問題，」他臉上露出微笑：「我們提供給你。」他拿出一本現金支票來，開了一張2.5萬美元的支票，然後遞給我。

「這是幹什麼？」我問。

「存入你自己的銀行帳戶，你可以自由支取。我希望你在我們的辦公室裡做生意，我不在乎你盈利還是虧本。如果這筆錢花完了，我會再替你簽一張個人支票。因此，你用不著對這張支票過分在意。明白我的意思嗎？」

我知道這家公司財源滾滾，事業興旺發達，完全沒有必要去搶別人的生意，更沒有必要給人錢財去為它擴大影響。可是威廉森先生表現得如此熱情，他給我的不是一張該公司的信用卡，而是實實在在的現金，因此只有他一人知道這筆錢從何而來。唯一的條件就是如果我進行交易，得透過他的公司來做。不僅如此，他還許諾，如果錢花光了，他還會提供更多。不管怎樣，其中必有緣故。

「你這是什麼意思？」我問他。

「其實很簡單，我們交易所需要一個這樣的客戶，一個眾所周知非常活躍的大客戶。大家都知道你慣於空頭大額投資，這就是我對你特別感興趣之處。大家都知道，你是什麼都不在乎的賭客。」

「我還是不明白。」我說。

「李文斯頓先生，我就對你坦誠相見吧。我們有兩三個非常富有的客戶，他們股票的交易額數量巨大。我不希望每當我們賣出一兩萬股任何股票時，華爾街就懷疑這幾位客戶在做空頭。如果華爾街知道你在我們公司做事，他們就猜不透市場上做空頭的究竟是你，還是其他客戶了。」

我立刻明白是怎麼回事了。他想利用我的名聲來掩飾他姐夫的市場

操作！事情是這樣的：碰巧一年半前我做空頭時大有斬獲，當然，從此之後，每當價格下跌時，華爾街那些愛講閒話的人和愚蠢的謠言製造者們就習以為常地怪罪到我的頭上。直到今天，每當市場不景氣時，他們就說是我在搞亂。

不用再考慮，我一眼就看出丹尼爾‧威廉森是在為我提供一個迅速捲土重來的機會。我接過支票，存入銀行，以他公司的名義開了一個帳戶，馬上開始做起交易。市場行情良好又活躍，波動範圍很廣，這樣就用不著局限在一兩檔特別的股票。我告訴過你，原來還擔心自己已失去了一擊即中的技巧，然而還好我沒有。在三個星期的時間內，我憑藉丹尼爾‧威廉森借給我的25,000美元賺取了12,000美元的利潤。

我去找威廉森，並對他說：「我是來還你那25,000美元的。」

「不，不必了！」他一邊說一邊擺擺手，示意讓我離開，就好像我遞給他的是一杯摻著蓖麻油的雞尾酒。

「不必了，年輕人，等到你賺的錢達到一定數目再說吧，不要再想這件事了。這只不過是個開始罷了。」

正是在這裡我曾犯下了大錯，與在華爾街的交易生涯中所犯下的任何過錯相比，我更感到追悔莫及。這個大錯讓我多年來一蹶不振、苦不堪言，我應該堅持把錢還給他。我當時所賺的錢比我失去的還要多，而且速度相當快。有大約三個星期的時間，我每週的平均利潤高達150%。從此之後，我會逐漸加大交易的規模。但是，出於對威廉森的感激，我就依他，沒有堅持讓他收下那2.5萬美元。當然，既然他沒有讓我退還他借給我的那

> 對於一個訓練有素的選股者來說，在一片悲觀氣氛中，反而為尋找賺錢機會很大的股票提供了買入良機。
>
> ★ 彼得‧林區

2.5萬美元，我自然也覺得提取所賺的利潤似乎不太合適。雖然我對他十分感激，但我不想在金錢和人情方面虧欠別人。金錢，我可以用金錢去還，但是人情和善意我就只能以相同的方式來償還了。你不難看出這些道德和良心上的債有時候是不可估價的，甚至根本沒有上限。

這筆錢我一分也沒動，就又重新開始進行交易了，並且進展得很順利。我正在恢復我的狀態，我確信過不了多久，就能夠回到1907年的那種大踏步前進的狀態了。一旦進入那種狀態，我所希望的就是讓市場維持得久一點，那我就可以彌補我的損失。賺錢與否我並不怎麼在意。令我感到高興的是，我已經擺脫了那種以為自己總是出錯、迷失自我的感覺。這種感覺曾使我幾個月來一直處在迷惘之中，不過我已經從中吸取教訓了。

大概就在這個時候，我開始看空，賣出了幾種鐵路股票。其中包括切薩皮克-大西洋公司的股票。我認為我該短線做空這種股票，於是賣出了大約8,000股。

有一天早晨我進城去，在開市之前，丹尼爾‧威廉森把我叫到他的私人辦公室對我說：「賴瑞，不要在切薩皮克-大西洋上做文章了。你做空頭拋出了8,000股，這筆交易可不怎麼樣。今天早晨我在倫敦為你平倉了，而且幫你做了多頭。」

我確信切薩皮克-大西洋股在下跌。行情記錄上說得清清楚楚。而且我對整個市場都看空，雖然其程度還不能說劇烈或瘋狂，但是足以讓我放心地持有中等額度的空頭頭寸了。我對威廉森說：「你為什麼要那樣做？我在股市空頭賣出，所有股價都會下跌的。」

可是，他只是搖頭說：「我之所以那樣做，是因為我剛好瞭解到一些你不知道的有關切薩皮克-大西洋的情況。我建議還是等到我告訴你這麼做不危險了的時候，你再做空頭吧。」

我還有什麼好說的呢？這勸告可是個明智的暗示。這是董事會主席的姐夫提出的勸告。丹尼爾不但是阿爾文・馬奎德的好朋友，而且他對我既友好，又出手大方。他顯示出對我的信心，也顯示出對我說了心裡話，我沒法不對他心存感激。因此，我的情感又一次征服了我的理性，我屈服了。讓我的判斷服從他的意願是在毀滅我，雖然感激是一個體面人不可能沒有的東西，但是它應該被控制在一定的範圍內，不應束縛人。於是，我所有的利潤被一掃而光，而且還欠下該公司1.5萬美元的債務。我感覺糟糕透頂，可是丹尼爾告訴我不用擔心。

　　「我會幫你挺過去的，」他信誓旦旦：「我會的，但是，要你配合我才行。你必須停止冒險，別自己做了。不能我在一旁為你效勞，而你卻為了自己的利益完全毀了我的生意。你就暫且離開股市吧，給我一個為你賺錢的機會。你看這樣行不行，賴瑞？」

　　我明白他的好意，不能做出任何會被認為自己不知感恩的事情，我已經對他產生好感了。他風度翩翩，和藹可親。在我的記憶中，我從他那裡得到都是鼓勵。他一直使我堅定地認為，一切都會好起來的。大概是6個月之後的一天，他來見我，滿面都是笑容，他給了我幾張支票。

　　「我說過我會幫你渡過難關的，」他說：「我現在做到了。」接著我發現他不僅填補了我所有的債務，還另外給了我一小筆餘額。

　　我覺得自己本可以不費吹灰之力就能賺到那筆錢的，因為市場形勢非常良好。可是他卻對我說：「我為你買入了1萬股南大西洋鐵路（Southern Atlantic）的股票。」那是由他姐夫阿爾文・馬奎德控制的另一條鐵路，此人同時掌握著股市的生殺大權。

　　如果有一個人對待你就像丹尼爾・威廉森對待我一樣，除了說「謝謝」二字，你還能說些什麼呢——無論你對市場持有什麼樣的看法。你會

認為自己是正確的，可是正如老派特的口頭禪：「你要下了賭注，才知道輸贏。」丹尼爾・威廉森為我下了賭注——用的是他自己的錢。

　　唉，南大西洋股票下跌了，並維持在低點，我的1萬股部位虧本了。我不記得虧了多少，在丹尼爾・威廉森為我將股票賣光之後，這一切才算結束。我欠他的就更多了。可是，你這輩子都不會碰到像他一樣善良的債主，也找不到比他更難纏的債主。他一聲怨言也沒有，相反地，他總說一些鼓勵的話，勸你不要擔心。最後，他也是以同樣慷慨大方和同樣神祕的方式為我彌補了那筆損失。

　　他沒向我透露任何細節。一切都擺在帳目上面。丹尼爾・威廉森只是對我說：「我們用做其他交易的利潤為你彌補了南大西洋鐵路上的損失。」他還告訴我，如何替我賣掉了7,500股其他股票，而且從中取得了不錯的回報。我實話實說，在我被告知所有債務都一筆勾銷之前，我對掛在自己名下所做的交易事先一無所知。

　　這件事之後，我認真反思過幾次，我必須學會換一個角度來審視我現在的情況。終於我恍然大悟了，很明顯，我一直被丹尼爾・威廉森所利用。一想到這裡，我就感到非常憤怒，但更讓我氣憤的是我明白得太遲了。我把整個經過理清頭緒之後，就立刻去見丹尼爾・威廉森。我告訴他我和公司情分已盡，然後離開了威廉森-布朗公司。我和威廉森及他那些合夥人，一句話也沒說。就算說點什麼，對我又有什麼好處呢？但是，我必須承認，我對自己的憤怒程度也和對待威廉森-布朗公司的程度不相上下。

　　我並不為虧了錢而煩惱，每當我在股市賠了錢，我總是認為會從中學到點什麼，在虧損的同時我獲得了經驗，因此這些錢就當作為此支付的學費。一個人要獲得經驗，就必須為此付出代價。但是，在丹尼爾・威廉森公司獲得的這段經歷中，有某種東西深深地傷害了我，那就是錯過了一

次絕好的市場機會。一個人損失了金錢沒什麼大不了的，可以再把它賺回來。然而，機會一旦錯過，像我當時擁有的那樣，絕不會每天都會出現。

你知道，當時的市場非常適合交易。我的意思是，我當時是正確的，我對市場走勢看得很準，那是一個可以賺取幾百萬美元的機會。但是，我任憑感恩之情干擾了自己的計畫，自己束手束腳。我不得不做丹尼爾‧威廉森心懷好意地要求我所做的事情，總而言之，與親戚一起做生意也沒有這麼令人滿意，這簡直是糟糕的生意。

甚至，這還不是最糟糕的！最糟糕的是，從此以後，我實際上再也沒有賺大錢的機會了。市場進入了平淡期，而且形勢越來越糟糕。我的遭遇更是雪上加霜，不但損失了所擁有的資金，而且又債臺高築——債務比以前更重了。

那是最艱難的年月：1911年、1912年、1913年和1914年。我根本賺不到錢，市場總是沒有機會，因此我的日子比以往任何時候都要艱難。

虧損也就罷了，然而，如果事前已經看準了市場走勢，這樣的虧損才真正讓人痛徹心扉。正是這一點一直讓我耿耿於懷，揮之不去，當然，這攪得我內心更加不安。我知道一個股票交易商易於暴露的弱點是數不勝數的。對於我來說，在為人處世的道理上，我在丹尼爾‧威廉森公司那樣運作是合乎情理的，但是作為一個股票交易商，任憑人情世故的考慮壓倒自己的獨立判斷，既不恰當也不明智。有恩必報誠然是高貴的品格——但這不該用在股市上，因為股市並沒有義氣可言，而且也不褒獎為人忠誠。我

> 很多人在房地產市場上賺錢而在股票市場上賠錢，這一點也不奇怪。他們選擇房子時往往要用幾個月的時間，而選擇股票只用幾分鐘。事實上，他們在買微波爐時花的時間也比選擇股票時多。
>
> ★ 彼得‧林區

也意識到，即使當時我心裡清楚，也不可能換一種做法。人的本性難移，我不會僅僅因為希望能在股市上交易就下得了這份狠心。但是，生意畢竟是生意，我的生意就是作為一名股票交易商，我應該總是依靠我自己的判斷。

這是一段十分奇特的經歷，下面我就告訴你其中的緣故。當丹尼爾・威廉森第一次和我見面的時候，他對我說的全部是真話。每當他的公司在任何一個股票上買入或賣出了幾千股時，華爾街就會武斷地得出推測：阿爾文・馬奎德又在買進或賣出了。確實，他是這家公司的大主顧，而且他所有的生意都只交給這家公司做。此外，他是華爾街歷史上最優秀最具有實力的交易商之一。沒錯，我被當煙幕彈使用了，特別用於為馬奎德的空頭做掩護。

我入市之後不久，阿爾文・馬奎德就生病了，他早就被診斷為不治之症，當然，丹尼爾・廉森在馬奎德本人知情之前很早就已經知道此事了。這就是丹尼爾為什麼要買進我所有切薩皮克-大西洋股的原因。他開始將他姐夫擁有的一些切薩皮克-大西洋股和其他股票清倉。

自然，在馬奎德過世之後，遺產處置者不得不把他的股票投資變為現金。到那個時候，市場已經進入了熊市行情。丹尼爾用束縛我的方式，為遺產處置者幫了一個大忙。當我說自己是個經驗豐富的交易者，對股市的看法絕對正確時，我並不是誇大其詞。我知道威廉森記得我在1907年的股市上做空頭的成功操作，要是我能夠按照自己的意願行事，他不會主動冒這個風險。為什麼呢？如果任憑我特立獨行，我將能夠賺到許多利潤，等到他想把阿爾文・馬奎德的個人資產變為現金時，我已經可以進行數十萬股的交易了。作為一個活躍的空頭大戶，我可能會對馬奎德的遺產繼承人造成巨大的損失，因為阿爾文留下的資產不過2億多美元。

對他們來說，先讓我負債，然後又替我還債，這樣做所付出的代價比讓我到其他某家公司活躍地進行空頭交易要小得多。本來我是想要這麼做的，如果不是我認為有礙於丹尼爾‧威廉森的情面，我肯定會做出正確的決策，絕不可能受制於他。

我一直認為這段經歷，是我股票交易生涯中所遇到最耐人尋味，同時也是最倒楣的一段往事。這是人生的一課，它讓我付出了不該付出的高昂代價，使我東山再起的時間推遲了好幾年。幸好我還足夠年輕，有足夠的耐心等著失去的資本再重新回到我手中。但是，五年時間對於一個窮光蛋來說可是相當難熬的漫長歲月了。年輕也好，年老也罷，誰都不喜歡貧窮。沒有遊艇的生活還可以忍受，但沒有市場交易，就沒有了捲土重來的機會，那種滋味才是最難忍受的。我丟失的錢包就在我的腳下，我卻不能伸手去撿它，就這樣，當一生中最好的機遇擺在我的前面時，我卻將它錯過了。

丹尼爾‧威廉森真是個厲害的人物，人們把他造就得如此老練、老奸巨猾，足智多謀，肆無忌憚。他是個思想家，很有想像力，能夠看穿任何人身上的薄弱環節，然後毫不留情地算計它、利用它。他看出了我身上的弱點，然後迅速預測出該採取些什麼措施對付我，使我在股市上完全喪失威懾力。實際上，他這樣對付我並不是真想使我虧本。相反地，單從外表上看，他的行為是非常善良的，他愛他的姐姐——馬奎德夫人。但當他覺得責無旁貸時，就盡到了應盡的責任。

第14章：改變戰略適應市場變化

離開威廉森-布朗事務所之後，我一直難以釋懷：股票交易市場最美好的時光已然成為歷史，迎接我的是一段賺錢異常艱難的漫長歲月，在完全沒有收成的4個年頭裡，我甚至連一個便士都賺不到。正如比爾・亨利奎茲（Billy Henriquez）曾經說過的那樣：那是個連臭鼬放屁都沒有味道的市場——暗淡到了極點。

我覺得自己好像運氣糟糕到了無以復加的程度。這可能是天意，上帝在刻意地磨煉我。但實話實說，我的內心還從未像這樣充滿過失敗的感覺。在我過去的交易生涯中，我沒有犯下任何必須對債務人予以補償的罪過。

我不是容易上當受騙的人。我所做的一切，即使是沒有做的那些事情也都是應該受到讚揚而不是責難。在華爾街，這種情況顯得非常荒謬，同時也要這樣做的人為此付出代價。到目前為止，關於華爾街最糟的事情就是這個市場使得人們失去人情味。

我在離開了威廉森事務所之後，又到其他經紀人事務所做起了交易。但在任何一個地方，我都沒有賺到錢。這並不是我的錯，因為我老是想強迫市場給我它沒必要給我的東西，也就是我渴望賺錢的機會。想得到信用保證金倒不難，因為認識我的人都無一例外地信任我。如果我告訴你，我停止用信用保證金交易的時候，自己已經欠下了100多萬美元的債務，你就

能夠瞭解他們對我是多麼信任啊！

　　問題的關鍵不是我做事沒有把握，而是因為在那倒楣的4年裡自己根本找不到賺錢的機會。我一如既往地拚命工作，想狠狠地賺它一筆，結果卻只是徒增了自己的債務。因為不想再欠朋友更多的錢，我被迫自動停止操作。從此以後，我只能靠幫助別人管理帳戶維持生計，因為這些委託人知道我對市場很在行，即使市場蕭條我也有應付的辦法。如果有利潤，他們就按利潤給我分紅。這就是我生活的方式。唉，也就是說，我就是這樣維繫自己生活的。

李佛摩坐在破產仲裁人的前面。李佛摩在恢復能力後總是支付給破產債權人全部欠款，即使在法律責任上他並不需要這樣做。李佛摩1917年東山再起，還清了由於破產欠下的所有債務。這件事為李佛摩贏得了崇高的信譽，1934年，李佛摩再次陷入困境，人們依舊支持他，助他再次崛起，因為人們相信李佛摩的信譽。

　　當然了，我也不是一直虧錢的，只不過是沒有賺到足夠的錢來緩解債務的危機。後來，情況每況愈下，以致我生平第一次洩氣了，因為所有的事情都不順利。從身家數百萬美元，可以在豪華遊艇裡奢侈享樂淪落到負債累累，只能簡樸度日，我都沒有感到沮喪，但那一刻我真的洩氣了。

我並不安於自己的處境，也不能總是自怨自艾，更不能無休止地等待。因此，我開始正視自己的困境。很明顯，脫離困境的唯一辦法就是快速賺錢，而我只需做交易賺錢。我有過成功的先例，現在我必須再次成功。我曾不止一次憑小本資金賺到巨額利潤，我深信市場遲早會給我個機會的。

　　我覺得千錯萬錯都是自己的錯，對市場卻無須責怪。現在會遇到什麼問題呢？我用自己習慣於研究種種麻煩的方式向自己提出了這個問題。在冷靜地思考分析之後我終於得出了結論，問題的癥結在於擔心欠別人的債，這一點始終困擾著我。需要說明的是，這不僅僅是負債心理。任何生意人在做生意的過程中都要負債，我也不例外，我的債務中大多數也都是因生意而起，或者說緣於對我不利的市場形勢。

　　當然，隨著時間的逝去，我對自己身負的債務又有點沉不住氣了。我得解釋一下，我欠了100多萬美元的外債——記住，這都是我在股市上損失的。大多數債權人都沒有為難我，對此我很感激。但不可避免的還是有兩個人糾纏著我，希望我儘快還錢，我走到哪兒他們就跟到哪兒。每當我賺錢了，他們就等候在我的旁邊，想知道我賺錢的數目，以便讓我立刻還債。其中的一個人，我不過欠了他800美元，他竟然威脅我說要向法庭控告我，或者要我用傢俱償還。他認為我很可能把財產藏起來了，這簡直令人難以置信。

　　在我分析研究了自己做交易的癥結之後，我懂得了自己需要做的不是去研讀股市的行情走勢，而是先要讀懂自己。一番深刻的自我剖析之後，我終於得出結論，如果我不擺脫自己的憂心忡忡，就無法做出任何有意義的事情，但顯而易見的，只要我欠著別人的債我就會擔憂。換句話說，只要我的債權人向我催債，或者堅持在我投下資金之前必須優先償還他們的

債務，那我就註定了要走向破產。我要怎樣來排解內心的煩惱呢？

這事聽起來很簡單，但做起來卻並非易事，不是嗎？或者說排解憂愁不僅僅是讓別人不快那麼簡單的事情。我不願意這樣做，也就是說我不願意把自己置於被人誤解或曲解的境地。我個人不是很看重金錢，也不願為了金錢而捨命奔波，但我知道這樣的價值觀並不適用於每個人。當然我也清楚，如果我的經濟狀況有所好轉，就應該儘快還清每個債權人的債，因為契約就擺在那裡，我不能無視它們的存在。但是，我如果不繼續用過去的方法進行交易，我就絕不可能還清那100萬美元。

我鼓足了勇氣去見那些債權人，對我來說這是一件難於登天的事情，因為他們中大多數人是我的老朋友。我開誠佈公地向他們描述了自己目前所面臨的形勢：「我暫時無法還你們的債，不是因為不想還，而是基於對我們雙方都更有益的考慮，我必須先考慮賺錢。我用了兩年多的時間來思考解決這個問題的方法，但我沒有勇氣站出來面對你們，更不敢坦誠地將這一想法說出來。如果我還可以用過去的老辦法賺錢，這對我們雙方絕對都有好處。我的意思是，因為被這些債務所折磨，我會心煩意亂，以致無法恢復到自己的最佳狀態。現在我終於決定要做自己一年前就該做的事情了。除了上述原因外，我沒有其他的藉口了。」

第一個站出來講話的人雖然是代表自己公司的立場，但事實上他表達了所有債權人的心聲：「李文斯頓先生，我們明白你的意思，也完全能夠體諒你現在的處境。那我就告訴你我們的意見：對你的決定我們投贊成票。請你的律師把準備好的文件寄給我們，我們在上面簽名。」

所有的大債權人對此也都持認可的態度。可以說，這是華爾街的另一面。即不僅僅是看淡金錢的一種美好天性或運動員公平競爭的風格，也是最英明睿智的決定，因為這明擺著是筆好交易。我欣賞這種美德，也喜歡

這種精明的交易手段。

對於我高達100多萬美元的債務，多數債權人都能夠網開一面，不予追究。但正如預料中的那樣，還是有兩個小債權人不肯簽字。其中一個是我前面已經提到過我欠他800美元的那個人；另外一家經紀公司我也有6萬美元的欠帳，這家公司已經破產了，接管人對我的情況知之甚少，只知道從早到晚地跟在我後面追債。即使有大債權人給他們做榜樣，我想法庭也無法讓他們簽字。雖然我說過自己的外債高達100多萬美元，但我的破產帳目清單上的累計債務大約只有10萬美元。

報紙上關於自己負面的報導，很讓人不快。我一向是欠債還錢從不拖欠的，這次的事嚴重地傷害了我的自尊心。我告誡自己只要活著就必須還清每個債權人的債，但並不是看了報導的每個人都能夠瞭解這一點。因此在上了報紙之後，每次出門自己都覺得很尷尬。不過，這一頁終於還是翻過去了。我甚至無法用筆來表達，當知道自己不會再被糾纏時，內心的那種輕鬆愉快，真可謂如釋重負啊！這些人無法理解一個人是多麼渴望將自己的全部身心都投入自己的事業中，如果這個人希望股票投資成功的話。

當我終於擺脫了債務的糾纏後，我又重新開始憧憬起成功的美好前景了，我接下來要做的就是先累積一筆資金。股票交易從1914年的7月31日到11月一直是停止的，華爾街也是前所未有的蕭條，相當長的一段時間很多公司都是歇業的狀態。這種狀況下，我還欠著所有朋友的債，而他們一直對我友好寬容又講義氣，我沒有辦法再開口請求他們的幫助，我也瞭解在

> 在投資時，要學會轉換，在逆境中，要學會進退自如。如果發現自己狀態不佳，表現不盡如人意，就要採取行動，以退為進，而不要鋌而走險，當你重新開始時，不妨先從小處做起。
>
> ★ 索羅斯

那種情況下，還想讓別人向自己伸出援手是多麼的不合情理。

要籌集一筆股金，真是難於上青天，因為股票交易市場關閉，我也沒有理由要求任何經紀人為我做什麼。我嘗試去了一兩個地方，結果當然是徒勞的。

別無選擇的情況下，我只好去見丹尼爾‧威廉森。我至今仍然清楚地記得雙方會面的時間是1915年2月。我告訴他我終於擺脫了夢魘般的債務，可以不必再受其困擾了，希望依舊可以像從前那樣進行投資。你應該依然會記得當他需要我時，他不等我開口就主動讓我自由支配那2.5萬美元。

現在輪到我需要他了，他說：「等你覺得市場的情形對你有利，而你想買500股的時候，再來找我吧。」我是帶著深深的感激離開的。他曾經一直阻礙我，可是他的公司卻因為我而狠狠地賺了一筆大錢。我承認對於威廉森─湯姆事務所沒有給我一筆像樣的本金一事，始終無法完全釋懷。我想，初入市時必須要保守行事。如果能夠以多於500股的錢進行投資，對於恢復我的資產才是更快捷有利的。但是，無論如何，我意識到機會就在不遠處等著我了，雖然不是什麼絕佳的好機會。

在離開丹尼爾‧威廉森的事務所後，我粗略地研究了一下股票市場的形勢，並刻意分析了自己存在的問題。當時的市場是牛市，我和數以千計的投資者都看清楚了這種形勢。可是我的資金實力只允許自己購買500股的股票。這對我顯然是一種限制，但我沒有別的選擇。我已經承受不起，哪怕是小小的挫折，必須用第一筆投資成功地籌措起資金，換言之這500股股票必須要能夠帶來利潤，要賺到實實在在的錢。我清楚，必須有足夠的資本做保障，否則我就不可能做出有效的判斷。沒有豐厚的利潤，就很難以完全公正的、不帶偏見的態度去面對這一行業，而這種冷靜的態度需要以那種能承受一定損失的能力為基礎，這種損失是我在全力入市之前，在試

水階段時常常遭受的損失。

　　此時，我已渾然不覺地走到了自己股票交易商生涯中最關鍵的時候。如果我失敗了，即使只是假設，我將再也不可能從任何地方得到另一筆資金來東山再起了。很明顯，我必須耐心地等待最佳時機。

　　我不敢靠近威廉森-布朗公司。我的意思是說，在股價穩定的六週內我沒有勇氣到他們那裡去。我擔心如果一旦踏入交易大廳，知道自己可以買500股，我會禁不住誘惑，以致在不恰當的時刻，做出錯誤的決定，購買了無法獲利的股票。身為一個投資者，不僅要研究股市的基本情況，牢記市場先例，而且要對外界公眾的心理和自己經紀人的局限性了然於胸，同時要清楚和牢記自己的弱點。既然是人，就不要動怒。要明白讀懂自己和讀懂股價行情是不分伯仲的事情。我用心研究和分析了自己對所承受的壓力和活躍市場難以抵擋的誘惑力的反應，那種情形與我思考農作物行情和分析收益報告時如出一轍。

　　就這樣，日復一日，我焦急地等待著重新入市。我坐在另一個經紀公司的行情牌前，在那裡我沒有買賣股票的權利，除了分析市場和行情之外我什麼都做不了，但我依然沒有錯過股價行情記錄的任何一筆交易，密切關注著每一次上漲鈴響的關鍵時刻。

　　由於眾所周知的原因，在1915年早期那些至關重要的日子裡，我最看好的是伯利恆鋼鐵（Bethlehem Steel）公司的股票。我甚至堅信它會上漲，但是為了確保能首戰告捷——因為我必須這樣——我必須耐著性子等到它有明顯的上漲趨勢時才能入市。

　　前文我已經說過了，我的經驗是：無論何時，當一檔股票首次越過100、200或300點時，它無一例外地會繼續上漲30～50點。而一旦越過300點後，它上漲的速度要比越過100或200點時更快。讓我成功獲利過的股票

之一是安納康達股票，我是在它越過200點時買進的，僅僅一天之後它就漲到了260點，此時我毫不猶豫地把它拋出。我這種在其剛剛越過票面價值就買下股票的做法是有機可乘的，其歷史可以追溯到我早年在對賭行的時候，我稱其為古老的投資原則。你完全能夠想像我是多麼渴望再次以曾經的規模進行買賣啊！我已經急不可耐地想要入市了，其他事情想都沒想，但是，我還是把持住自己。和我的預料完全吻合，伯利恆的股票每天都在持續上漲，一路飆升。然而，我還是極力地控制著自己，告誡自己不要衝動地去威廉森-布朗公司買入500股股票。我清楚必須讓第一筆投資能最大限度地獲益。

那檔股票每上漲1點就意味著我又少賺了500美元。第一次上漲的10點就是在提醒我該連續地投入了。如果我照做的話，現在手裡就不僅僅是500股了，而是擁有了每漲一點就能夠賺得1,000美元的1,000股股票了。但事實上我並沒有出手，我不能被內心強烈的渴望和喧鬧的信念所干擾，要聽信於來自經驗的平穩聲音和常識的忠告。如果可以籌到夠多的資金，我一定不會錯失這些機會。但現實是我缺少資金，我極度地想抓住機會，哪怕是微小的機會，但一切都是我無力把握的奢望。但是，最終還是理性獲勝，自己的常識和經驗戰勝了貪婪和希望，我終於熬過了艱難的6週。

就在我依然猶豫不決的時候，那檔股票已經漲到90點。想一想我因為沒有果斷買進而損失的錢吧，當時的行情可是一路飆漲啊！唉，眼見它漲到98點的時候，我預見它終究要漲過100點，到那個時候屋頂都要被掀翻了！這在行情記錄裡是有記載的。事實上，這些記錄我們都曾拜讀過。我必須提醒各位，在股票行情記錄器上顯示98點的時候，我已經看到了100點的記錄。我瞭解這不是我臆想出來的聲音，也不是我希望看到的風景，僅僅是我對行情記錄的本能反應。於是我告訴自己：不能等到漲過了100點才

入市，該是出手的時候了。無論利潤大小，只要超過票面價值就是有利可圖的。

我狂奔到威廉森-布朗公司，一股腦買了伯利恆鋼鐵公司的500股股票。此時它的股市是98點。也就是說我在98點到99點時出手買進了500股。此後它上漲的氣勢依舊不可阻擋，截至晚上收盤的時候，該股票已經瘋漲到114點或115點，於是我繼續買進500股。

第二天伯利恆鋼鐵公司的股票已經漲到145點，我迅速套現了。為了等待最佳時機的出現而煎熬的6個星期，是我有史以來經歷過的最緊張和疲勞的6個星期。但是，付出終有回報，我終於如願地擁有了足夠的資本去進行有規模的投資了。如果只能以500股的規模進行交易，我永遠無法成功。

第一步最為艱難，但頭一步走穩了，後面的路就容易多了，在投資伯利恆之後，我的自我感覺相當良好——真的，我做得太漂亮了，還是同一個我在進行投資，但結果卻大相逕庭。實則，我已經變成了另一個人，過去我曾經時時被債務困擾，但現在那些問題都迎刃而解了。債權人不再追著我討債，我的思路和想法不必再因為資金的缺乏而受到影響，有了充足的資金做後盾，我可以全心傾聽來自內心深處的可信的經驗之聲，此後我財源滾滾。

一切都那麼突兀，就在我快要恢復元氣的時候，盧西塔尼亞號（RMS Lusitania）事件①發生了，股市行情大幅下跌。每隔幾分鐘，就有人的頭部仿佛被猛烈地敲擊了一樣。在市場上沒有亙古不變的正確，人人都可能

在投資上，重要的是不在於你對或錯，而是在於當你正確時，你賺了多少錢；當你錯誤時，你賠了多少錢。如果你在正確時賺的錢卻不多，這種正確也沒什麼可得意的。

★ 索羅斯

遭受損失。我曾經聽說，任何職業交易商的買入都會受到盧西塔尼亞號消息的影響，甚至有人說已經聽到華爾街出現下跌的消息了。我又失策了，沒有憑藉這提前聽到的消息而挽回損失。我唯一能提醒各位的就是：由於盧西塔尼亞破產對我造成的損失和因為我沒能判斷好市場的走向讓我再次失敗，到1915年年底，我驚覺自己在經紀人處的保證金只有14萬美元左右了。雖然在將近一年的時間裡，我對市場走向的判斷多數是正確的，但我確實只賺了這麼多錢。

接下來的一年裡，我做得頗為出色，而且鴻運當頭。在難以駕馭的牛市上，所有的投資活動都收益頗豐。事情的進展異常順利，無須做更多的事情，唯一的事情就是賺錢。這使我回憶起標準石油公司②（Standard Oil）的H.H.羅傑斯（H.H.Rogers）曾經說過的話。大概意思是，總有這種時候存在——某人頂著暴風雨出門卻沒有帶雨傘，他寧願去賺錢而不顧自己被風吹雨淋。目前的股市是最好的多頭市場，人人都明白，美國已經成為世界上最繁榮的國家。我們擁有別人無法擁有的一切，我們用最快的速度聚集著世界各個國家的金錢。我的意思是全世界的金錢如潮水般注入這個國家，並且勢不可擋。通貨膨脹是誰也無法阻止的，當然，這就意味著所有的東西都要漲價。

一切從最初就已經表明了跡象，上漲行情根本無須太多推動。這就解釋了為什麼本輪牛市的準備工作相比其他牛市行情要少得多的原因。戰時繁榮比其他原因促發的繁榮更自然，而且能夠為公眾提供最大化的利益。換言之，1915年的股市獲利遠遠超過了華爾街歷史上其他任何時期。幾乎沒有人能把他們所得到的帳面利潤套現，或者說沒能長期保住他們的勝利果實。歷史在華爾街不斷地重演著，其頻率是其他任何地方都望塵莫及的。當你翻閱記載那一歷史時期的興旺和衰敗的文字時，你一定會受到極

大的震撼，不為別的，只為現在的股市和投機者與過去的一切相比簡直毫無差別。這種遊戲的規則沒有變過，人的本性也沒有變過。

我親歷了1916年的大牛市。我和所有人一樣保持著樂觀的心態，同時依然心懷警惕。人所共知，我也明白任何事情都有個尺度，天下沒有不散的筵席，因而對一切預兆我都不敢放過。我所感興趣的並非消息的來源，因此我的目光所及之處極為廣泛。我並不會——我也從未覺得自己會——對市場的單一表現過分執著。牛市讓我的銀行存款與日俱增，但熊市也曾讓我獲利豐厚，因此在收到應該收手的警示資訊之後，我沒有理由死盯著多頭或空頭不放。一個交易者不應執著於多方還是空方，恆久的忠實毫無益處，而是應該基於對實際情況的分析去定奪。

還有一件事我必須要說，就是股市永遠無法光輝耀眼地宣告達到頂點，當然也不會毫無徵兆地以其相反的形式宣告終結，股市可能或經常會在價格普遍出現跌勢之前的一段時間內就進入熊市。當我觀察到這一現象時，我所企盼的那些警告一個接一個地如約而至，那些股市中的龍頭股紛紛從最高點下跌，雖然有的只是跌了幾點，但這是長久以來的第一次下跌，而且再也沒有上升。事實已經表明，這些股票的上漲之路已經到了盡頭，而我迫切需要調整自己的戰略戰術。

戰略戰術的調整簡直易如反掌。在多頭市場上，價格的趨勢自然是百分之百地上升。因此，一旦哪種股票違背了普遍的規律，你就應該對這種特別的股票予以額外的關注。這種預兆足以提醒那些老練的投機者，讓他們可以有備無患。他甚至無須從行情記錄上去尋找蛛絲馬跡，他的任務就是等著聽行情記錄宣布「退出」，而不是等待行情記錄向你呈報一份法律文件予以認可。

如前文所述，我注意到曾經始終遙遙領先的那些股票已經沒有昔日猛

烈的漲勢，更有甚者已經下跌了6～7點，或者原地不動。與此同時，股市的其他股票卻在不斷上漲。鑑於這些上市公司自身都沒有問題，其原因只能從其他方面去尋找了，這些股票順勢連漲了幾個月。當它們終於停止上漲的時候，雖然多頭的聲勢依舊猛烈，但同時也意味著對那些特定的股票來說，牛市已經結束了。而這些並不能阻止股市上其他股票的穩步上升。

作為投資者不要因此就茫然不知所措，或者止步不動了。此時我並沒有賣空，因為行情記錄沒有給我這樣的提示。雖然多頭市場的終結已經近在眼前，但是它畢竟還沒有真正到來，此時還是有錢可賺的。既然情況如此，我只能將停止上漲的股票拋出去，同時對其他隱含著上漲潛力的股票，我既買又賣。

而對於那些全然失去了領先地位的龍頭股我則大力拋空，對其中的每一檔我都拋空了5,000股。接下來要做的就是買入剛剛處於領先地位的股票。我手頭做空的股票沒什麼動作，但我做多的股票卻持續上漲。當最終它們停止上漲的時候，我毫不吝惜地全部拋出，進行短線賣空——每檔股票各拋5,000股。此時，我賣空比買入多，因為我清楚地知道自己要在市場下跌時大賺一筆。當我預感到熊市會在牛市實際結束之前就來到時，我明白可以大賺一筆的賣空機會還需等待。過度地保守而遲遲不予行動是不行的，但又不能操之過急。行情記錄預示著熊市的蕭條已經指日可待了，現在是最好的準備階段。

我不停地交易，既買進又拋出，幾個月後我累計做空了6萬股——12檔股票，每檔放空5,000股。這些股票在年初的時候還是公眾的搶手貨，因為它們當時始終是市場上漲幅領先的股票。賣空的部位不算太大，但是，請記住股市現在並非是確定無疑地看空。

不知道從哪天開始，整個股市的行情開始呈現出下滑的態勢，所有股

票價格開始下跌。當我從曾經拋出的那12檔股票中的每一種獲利至少4點時，我慶幸自己的決定是正確無誤的。行情記錄告訴我此刻做空是最安全的，我即刻進行拋出，瞬間帳戶上就獲得了成倍的利潤。

我有自己的算盤。所以在目前這種明顯的空頭市場，我是站在空頭一方的。我不必匆忙行事，而要從容以待，我相信股市的走向一定會與我的預測一致，有了這種信念，我完全可以耐心地等待。在獲利大增之後，很長的時間內我都只是觀望並不交易。時間大約過了7個星期，婦孺皆知的「洩密事件」引起了股票的暴跌。

據說，有人事先從華盛頓獲悉了這一消息，也就是威爾遜總統馬上要發布的消息，這消息將在短時間內為歐洲帶來和平。我們知道，世界大戰促發並維持了戰時經濟繁榮，而和平帶來的將是不可避免的熊市。當經紀人席上一位精明睿智的投機者，被指控利用這事先聽得的消息獲利時，他平靜地說，自己拋出股票不是依據任何的消息，而是因為他判斷分析出市場漲勢已經到了盡頭。我自己也是從7個星期前就開始增加了空頭部位。

得到股市暴跌的消息，我自然要聞風而動，這是唯一可能採取的行動。如果制訂計畫後發生了什麼對你有利的意外事件，那麼就不要遲疑，好好利用命運之神為你提供的機遇。首先，暴跌的股市本身就是一個大的市場，果斷地進入這個市場，這是將自己的帳面利潤轉化為實實在在的現金的最佳時機。即使在空頭市場，也沒有人可以買進12萬股股票而讓股票的價位維持不變。所以他必須等待市場提供機會，以便可以買進上述數目的股票，同時不讓自己因價格的上漲而造成帳面利潤的虧損。

我想說的是，我並非想以此特殊的理由做藉口指望著股市在這個特殊的時刻暴跌。相反的，如我前文所說，從事職業交易商多年的經驗告訴我，哪個方向的阻力最小，事情就容易朝哪個方向發展，這也是我的市場

觀點。另外各位需牢記於心的是：絕對不要寄希望於自己可以在股票最高價時拋出，這是最不明智的想法。如果沒有什麼可靠的消息顯示股價將止跌並強勁反彈，在市場疲軟後開始回升時拋出是最明智的選擇。

1916年，我僅利用牛市持續做多和熊市開始就做空為自己賺得了300多萬美元。我曾經說過，如果不是死亡來襲，一個人不必死守著股市的牛市或熊市去做交易。

那年冬天，我如平時一樣南下棕櫚海灘度假休閒，因為在那裡的海灘進行垂釣對於我是一大樂事。我在股票和小麥期貨交易中做空，這兩種交易都讓我收益頗豐。沒有煩事擾心，我玩得不亦樂乎。當然，如果我不選擇暫時離開居住地去歐洲，就無法真正擺脫對股票或期貨市場的心心念念。比如，我在阿迪朗達克司（Adirondacks）的個人住所和我的經紀人事務所之間就有條直撥電話線。

在棕櫚海灘，我定期去我的經紀人事務所在當地的營業廳。我經過細心的觀察發現棉花市場開始出現強勢特徵，價格在持續上漲。大概就是從1917年開始，我聽到了許多關於威爾遜總統為了和平做出種種努力的消息。這些資訊都來自於華盛頓，有些是以新聞快訊的形式被正式報導的，而有些則是棕櫚海灘的朋友們私底下傳出來的。正因為如此，某一日我忽然心生如下看法：各種市場的運行都依賴著威爾遜先生為和平付出的努力。如果和平近在眼前，股票和小麥期貨交易勢必會下跌，而棉花期貨交易的上漲則不可阻擋。無論股票和小麥期貨行情如何，我已經做好準備，然而對於棉花期貨交易，我卻有很長一段時間沒接觸過了。

截至那天下午2：20，我甚至還沒有買進一包棉花；但是到了2：25，我聞到了和平的氣息，於是一出手就買了15,000包。我打算繼續按我過去的那個模式進行投資，就是我前文提到過的方法。

還是在那日的午後，股市剛剛宣布收盤，宣戰的通告③就正式發出了。一切都已無力回天，只有等到第二天股市開盤再說了。我還記得當天晚上在格瑞德里事務所（Gridley's），美國的一個工業巨頭打算以低於該日收盤價5點的價格，拋售其手上的美國鋼鐵公司股票。當時在場的不乏匹茲堡的百萬富翁，可是沒有人願意接手。他們認為買進就意味著虧損。

　　一切都在人們的預料之外，正如你能夠想像的那樣，第二天早晨股市和期貨市場已經是混亂不堪了。有些股票開盤價就低於前一天晚上收盤價8點。但在我眼裡這是上帝賜予我平掉所有空頭的大好機會。我曾經提到過，當熊市來臨的時候，如果股市發展混亂不已，買進不失為明智的選擇。只要尺度把握得當，就可以將大筆浮動利潤轉化為實實在在的現金。打個比方說，我做空了5萬股美國鋼鐵公司股票。當然，我手上還有其他股票的空頭，當我注意到行情允許買入平倉的時候，我立刻毫不遲疑地買進回補。我因此獲利約150萬美元，這可是個不容錯過的機會。

　　我在前一日下午收盤前半小時所買進的15,000包棉花，在一開盤就損失5倍。真是出乎意料！下跌意味著我一夜之間就損失了37.5萬美元。如果參照股票和小麥期貨交易中的做法，最明智的舉動就是在下跌時把空頭平倉，但對於在棉花期貨上該採取什麼行動，說實話我心裡還不確定。我的顧慮很多，而且當我就要彌補損失時，我又否定自己，因為我不想冒失地挽回損失。我開始反省自己，只顧著享樂而去南方逍遙自在地釣魚，卻沒有把心思花在研究棉花期貨市場的操作過程上。我在小麥期貨和股票交易中大賺了一把，在棉花交易中的損失也是我該承受的。這種損失讓我明白自己將獲得的利潤是100萬美元多一點而不是150多萬美元了。這其實是會計帳目問題，因為當你搬出許許多多的問題需要思考的時候，它可以給你的建議只是模糊的數字。

如果前一日收盤之前沒有買下棉花，我的帳上還會多出40萬美元的資金。這個事實可以讓你明白一旦投資不當，巨大的損失只是瞬間發生的事情。我的整體觀點是肯定無誤的，而且我也從那個完全違背自己考慮的偶發事件中成功獲益過，這種偶發事件引導我在股市和小麥期貨市場持有頭寸。切記，前文提到的最小阻力位的觀點價值仍然存在。儘管德國照會是完全出乎我們預料的事情，它也確實是影響市場的一個不小的因素，但股市價格的走向還在我的預料之中。要是事實與我的預料完全一致，我的那3筆投資就可以穩操勝券了——因為一旦和平到來，股票和小麥價格就會下跌，而棉花價格的暴漲將勢如破竹，我這3筆投資就會穩賺不賠。如果拋開和平和戰爭的因素，我對股市和小麥期貨的看法就是正確無誤的，這就是為何預料之外的事情總會產生推波助瀾的作用。在棉花期貨交易上，我將拋開自己的操作而藉助於場外的因素——也就是說，我將獲勝的賭注壓在了威爾遜總統進行的和平談判上。因此，我只能說是德國的軍界領袖讓我輸掉了壓在棉花上的賭注。

　　1917年年初我重新返回紐約，我還清了共計100多萬美元的債務，無債一身輕的感覺真是好極了。我應該提前幾個月做這件事情的，但因為一個簡單的理由我改變了主意。我的交易活動非常踴躍，成效也良好，這些資本對我來說意義重大。我必須用我自己和那些債權人的資本把握住1915年和1916年市場上的有利時機，因為這種市場的興旺可遇而不可求。我明白賺錢的機會來了，自己也沒有後顧之憂，因為我已經通知他們再等幾個月我才還錢，其中許多人也從未希望我會準時還款。我希望自己能多還一些欠款，或者說可以一次還清所有的債務。因此，只要市場對我多多關照，我將全力以赴，以自己全部的財力和資本去做好交易。

　　我希望能連本帶息一併償還，可是所有簽了協議合約的債權人都拒絕

了。那個我欠了他800美元的傢伙的錢我是最後才還的。他曾經讓我備受壓力，使我神情沮喪，甚至提不起精神去賺錢。我要耗著他，直到他聽說我已經還清了其他人的錢，我才支付那筆欠款給他。我希望他可以學會體諒別人的難處，尤其在別人僅僅欠他幾百元的時候。

以上就是我東山再起的全部過程。在徹底還清了所有債務之後，我支取了一筆數額不小的錢作為年金④，我要與那種身無分文、憂心忡忡、投資失利的處境揮手告別了。理所當然的，在我結婚後，我就為妻子信託了一筆錢。兒子出生之後，我又為他信託了一筆錢。

我之所以這樣做並不只是擔心市場會把錢從我這裡再次拿走，而是因為我知道，一個人很可能把自己輕易得到的任何東西都花個精光。做了上述安排後，家人的生活就有了保障，不會受到我市場交易活動的干擾。

我認識的許多朋友也都是這樣做的，可是這樣做也並不是絕對保險。當他們急需用錢的時候，又會甜言蜜語地哄騙夫人簽字拿出那筆錢，而自己卻又拿去虧在股市裡。於是我選擇了另外一種方式來安排這件事情，無論我想要做什麼或妻子想要拿出錢為我做什麼，簽署過的託管合約都會限制我們的行為，不允許我們動用一分一釐，這筆錢絕對安全，無論是我還是我的妻子都無法挪用，不會受到市場需求的影響，也不會因為妻子對我的摯愛而損失殆盡。

【注釋】

1. 盧西塔尼亞號在1907年，是當時世界最快的郵船。該船長239.8公尺，寬26.9公尺，載客2165人，隸屬於英國卡納德輪船公司。1915年5月1日，駐美德國大使館在報紙上發表聲明稱，任何乘坐懸掛英國旗幟商船的美國旅客，其生命安全都得不到保障。但是盧西塔尼亞號的乘客並不把這消息放在心上。5月1日滿載著1959名乘客（大部分是美國人）和船員，盧西塔尼亞號從英國出發

了。5月7日，航行到了愛爾蘭外海遭遇大霧，威廉・特納船長命令把速度減慢到18節。11點30分，大霧逐漸消散。正在附近遊弋的U20號潛艇發現了盧西塔尼亞號。下午2：12，第一枚魚雷擊中艦橋下面的船身，緊接著，彌漫的煤炭粉塵引起了猛烈的爆炸。船上的旅客在驚慌失措中湧上了救生艇甲板。當時秩序極為混亂，因為船身急速傾斜，只有右舷的救生艇可以使用。18分鐘後，盧西塔尼亞號帶著1195名乘客和船員沉入大海。——譯者注

2. 1870年1月10日，洛克菲勒在俄亥俄州創立了股份制的標準石油公司，公司名稱意為他們出產的石油是顧客可以信賴的「符合標準的產品」。標準石油公司的出現，為漫無節制的賓夕法尼亞石油狂熱產生的混亂帶來秩序。到1879年年底，標準公司成立剛滿9年，就已控制了全美90%的煉油業。自美國有史以來，還從來沒有一個企業能如此完全徹底地獨霸市場。標準石油公司用了20年的時間，終於成為美國最大的原油生產商，壟斷了美國95%的煉油能力、90%的輸油能力和25%的原油產量，對美國石油工業的壟斷持續到1911年。洛克菲勒也因其在石油領域讓人無法企及的地位被譽為「世界石油大王」。——譯者注

3. 此處指的是1917年2月1日。當天德國恢復無限制的潛艇戰，各國都接到了德國海上封鎖通牒，人們都預見到，美國將要宣戰。——譯者注

4. 年金（annuity）源自於自由市場經濟比較發達的國家，是指定期或不定期的時間內，一筆現金的流入或流出。參與年金計畫是一種很好的投資安排，而提供年金合約的金融機構一般為保險公司和國庫券等，比如購買養老保險，其實就是參與年金合約。年金終值包括各年存入的本金相加及各年存入的本金所產生的利息，但是，由於這些本金存入的時間不同，所產生的利息也不相同。——譯者注

第15章：商戰是眼光和眼光的較量

　　從出生到進入墳墓的生命過程，本身就是一種賭博、一段人生閱歷。但在我的整個投資者生涯中，有些時候我雖然判斷精準且行事公正，卻還是會敗給那些心懷叵測的對手，他們總會用險惡的手段騙去我的錢財。

　　只有給那些無賴、膽小鬼和烏合之眾的不端行為以反掌一擊，我才能自我保護，這種反擊需要當事人思考敏捷、眼光遠大。除了在過去的一兩家對賭行之外，我從未以見不得人的手段去阻止價格下跌，因為即使在對賭行那種環境裡，誠實也是為人之本，賺錢也要取之有道，而不是採取欺詐手段。我從來不覺得無論何時何地都得盯緊對方、否則就會受騙的交易可以稱為好交易。但是，面對那種軟弱求饒的賴帳者，自己也毫無辦法。公平交易就是公平交易。我可以告訴你很多這樣的事例，在這些事例中我無一例外地成了自己信念的犧牲品。我信奉那些神聖且信誓旦旦的誓言，或者對那些不可侵犯的君子協定信以為真。但我不會再上當了，因為再正直善良的人也會記得這些教訓。

　　許多人願意把股票交易所比喻為劫掠者的戰場，把華爾街上每天進行著的交易看作一場場的戰役。這些比喻很有戲劇性，也讓人們因而誤入歧途。我並不認為自己的投資活動是什麼戰爭。我未曾向任何的個人和投資小集團宣戰過。我們不過是各持己見罷了，我對基本情況有自己的看法。劇作家們所謂的商戰並不是人類之間的戰爭，那只是基於商業觀念的一種

描述。我堅信事實，而且也只相信事實，也完全依照事實控制自己的行動，這也是貝拉德・M.巴拉克（Bernard M.Baruch）成為富翁的訣竅。

有時候我對客觀事實——包括所有事實——沒有徹底看清楚或看清楚得比較晚，也許是因為我思路不夠清晰。一旦有這種情況發生，就會對我造成損失，而我每次的錯誤都必須以金錢為代價。

任何有理智的人都甘願為自己的錯誤付出代價。任何人也必須得為自己的錯誤付出代價，這是天經地義的。而做得正確就不該虧錢，當然交易所規則突然改變而導致的虧錢除外。對一些投資活動中的偶發事件我從來不曾遺忘，它們時刻在提醒投資者，任何利潤都要等到真正存入自己的銀行帳戶後才是真金白銀。

歐洲爆發第一次世界大戰之後，那些急需的商品價格開始急速上揚。任何人都猜測到了這種形勢和戰爭勢必會引起通貨膨脹。正如人們預料的那樣，整體上漲趨勢隨著戰爭的持續從來不曾有過間斷。你也許依然記得，1915年我一直都在為「東山再起」四處奔波著。股市的暴漲近在眼前，利用它是我義不容辭的責任。我在股市上進行了最穩妥、最易得手和最快捷的大手筆交易，和你猜想的完全一樣，我否極泰來。

截至1917年7月，我不但償還了所有的債務，而且還有一些剩餘，這就意味著現在我終於有時間、資金和機會去考慮同時進行期貨和股票交易。多年來對所有市場情況進行研究已經成了我的習慣。商品（期貨）交易市場上的商品價格與戰前相比上漲了1～4倍，但咖啡卻是個例外。

下次如果聽到有人告訴你，日本將要破產，或是一顆流星將要擊中紐約證交所，那麼你一定千萬要記住我所說的投資教訓——千萬不要為之過度憂慮，否則就會錯失一次很好的投資機會。

★ 彼得・林區

當然，這不是沒有原因的。戰爭的爆發意味著歐洲市場的關閉，大批的貨物只能轉銷國內，國內成了唯一的剩餘市場。這終於導致國內咖啡原料供大於求，這種情形帶來的必定將是咖啡價格的下跌。當我剛開始思索是否要投資咖啡的時候，咖啡的售價已經低於戰前價格。如果這種反常的原因是顯而易見的，那麼下面的情形就更是無須多言了：德國和奧地利潛水艇持續地對盟國船隻進行攻擊，這就意味著可用於商業途徑的船隻數量越來越少了。這種局勢終將導致咖啡進口貿易的徹底衰落。隨著咖啡進口數量的減少和消費需求的穩定，所剩不多的咖啡存貨一定會被吸收。因此，一旦發生這種情況，咖啡的價格勢必會像任何其他商品一樣猛烈且快速地上漲，這種情況有過先例。

無須請出夏洛克‧福爾摩斯我也可以分析出這一局勢。至於為何無人購買咖啡，我不知道。在我下定決心出手時，我不認為這是一種投機，我將其僅僅看成是一項投資。我明白發財需要過程，但是，我也懂得這一投資必定會有利潤相隨而至。這一點使得該項投資成了保守的投資活動，這其實更像是銀行家做的事情，而不是投機客的舉措。

1917年冬天的時候我開始進行收購，我買進了大量咖啡。然而，市場上波瀾不興，持續著以往的不景氣，價格也完全沒有按照我想像的那樣升上去，結果在長達9個月的時間內，我唯一能夠做的就是懷揣著自己毫無結果的投資。9個月之後我的合約到期，只能出清所有期權倉位。為此我又損失了一大筆錢，但我還是堅持自己的看法。但顯而易見的，我並沒有把握住最好的時機，但我還是堅信咖啡的價格一定會和其他商品一樣上漲。

於是，我一平倉後就立刻又開始買進。這次我買進的咖啡比上次多了兩倍。當然，我買的是可在最長的期限內擁有的期權合約。

我這次的決定是正確的。我剛一買進價格立刻開始上漲。其他各地的

人都似乎突然意識到咖啡市場註定會發生什麼情況。形勢開始明確，我的投資很快就會給我帶來巨額的回報。

　　賣方多半是焙烤商，其中大多數是德國人或德裔，他們從巴西買進咖啡，信心滿滿地希望運到美國來。但是，找不到運輸的船隻，他們很快就明白了自己所處的難堪境地，巴西的咖啡價格一路狂跌，而美國這邊則完全是處在供小於求的狀態。

　　還記得我最初看好咖啡的時候價格還處在戰前水準，而我買入後持有將近一年的時間，這也對我帶來了不小的損失。對犯錯誤最好的懲戒方法就是虧損，褒獎正確的最好方法就是盈利。由於行情十分明顯，而且是進行長線投資，我有理由期待著大賺一筆。收穫豐厚的利潤並不需要市場上漲多少，因為我擁有幾十萬袋咖啡的存貨。我不喜歡談到實際成交的數目，因為有時候聽起來不太可信，會有自吹自擂的嫌疑。實際上我在按照自己的方式投資，而且從來不會把自己逼到絕境上。在留有餘地的情況下我是十分保守的。我大量地買下期權的理由是覺得自己穩賺不賠，所有的情況都對我有利。我已經被迫等待一年了，我現在要連本帶利地拿回來，既是對我等待的補償，也是對我投資正確的回報。我終於看到了利潤滾滾而來，且來勢凶猛。不是因為我盲目，而是我深諳此道。

　　那幾百萬利潤以迅雷不及掩耳的速度來了！可是並沒有到我手裡，也到不了我手裡。並非形勢突變改變了什麼，而是國內市場未能經受住這種超乎尋常的方向逆轉形勢考驗，以致咖啡沒有進入美國。到底發生了什麼事？出乎預料的事情真的發生了！所有人都未曾有過類似的經歷，因此我也無法對之加以警惕。在眾多的投資活動突發性事件中還有一件我必須永遠牢記的事件，這裡我有必要說一下，情況就是這樣：將咖啡賣給我的空頭戶們清楚自己將面臨的處境，因此就使盡渾身解數去擺脫那種境地，

自作主張地拋出，這也算作是一種新的賴帳方式。他們都蜂擁到華盛頓求援，想得到幫助。

你應該還記得，政府曾經制定過多種方案，企圖阻止從急需物資中獲取暴利，但大多數都是徒勞的。那些良心尚存的咖啡空頭們跑到戰時價格委員會去——我覺得其中不乏官方的暗示——向該機構提出了一項愛國請求，要保護美國人吃早餐的權利。該委員會對外宣稱職業投機家賴瑞·李文斯頓已經壟斷或即將壟斷咖啡。如果他的投資方案可以成功得到執行，他將有機會利用戰爭為他創造的一切條件賺錢，美國人將不得不為此付出昂貴的價格去購買每天餐桌上必備的咖啡。對於那些將幾船咖啡賣給我卻又找不到運輸船的愛國者們來說，他們無論如何也沒有想到，1億左右的美國人將會向那些良知泯滅的投機者進貢了。他們代表著咖啡交易，而不是咖啡賭徒，他們希望用有效手段幫助政府，約束已經發生的和可能出現的牟取暴利行為。

現在，我對哀鳴者深惡痛絕。我的意思並非影射價格委員會沒有實施有效措施去控制牟取暴利和浪費的行為。我是想表達，有必要表明該委員會不必過於關注和介入這一特殊的咖啡市場。它抬高了咖啡原料的價格，也為終止所有現存合約確定了一個最後期限。當然，這個期限意味著咖啡交易即將終結，咖啡交易所必須停止營業。

我賣掉了所有合約，曾經認定即將到手的那幾百萬利潤完全成為泡影。我過去是，現在也是，不贊成從生活必需品中牟取暴利，但是，在價格委員會制訂咖啡章程的時候，別的商品已經以高出戰前250％～400％的

沒有什麼樣的內線消息，能比公司的職員正在購買本公司的股票，更能證明一檔股票的價值。

★ 彼得·林區

價格出售了，而咖啡價格實際上還低於戰前幾年裡的平均價格。在我看來任何人擁有咖啡都一樣，價格必定會上漲。其原因不是那些良知泯滅的投機者在操作，而是因為日漸減少的咖啡存量導致了咖啡進口量的縮減，而後者又深受德國潛水艇駭人聽聞地擊沉船隻事件的影響。價格委員會在咖啡價格還沒有開始漲價的時候就踩下了剎車。

作為一種政策和權宜之計，強迫停止咖啡交易是錯誤的決定。如果該委員會允許咖啡交易順其自然地進行，那麼基於我曾經闡述過與任何所謂的壟斷都無關的理由，價格勢必會上漲。但是這種高價——無須太高——將會產生刺激作用，將咖啡吸引到市場上來。我曾聽貝拉德‧M.巴拉克先生說過，戰時工業委員會曾經希望以固定價格確保市場供給。正因為如此，針對某些商品高價限制的怨聲載道就不公平了。當咖啡後來恢復交易時，我以23美分將其出售了。因為供應量小，價格定得太低，以致無力支付高價運費以保證持續不斷的進口數量，所以美國人得到的供應量很有限。

我一直覺得在我所進行的各種期貨交易中，咖啡交易是最合理合法的。我將其看作投資而不是投機。我投資咖啡為期共計一年有餘。如果其中包含了任何賭博行為，那也是那些具有德國血統和自稱愛國者的咖啡焙烤者造成的。他們從巴西買進咖啡，又到紐約轉手給我。定價委員會制訂了唯一的沒有上漲的官方價格，該委員會在沒有開始牟取暴利的時候，做到了讓公眾的利益不受影響，但對於接下來不可避免的高價影響則是無力

投資的竅門不是要學會相信自己內心的感覺，而是要約束自己不去理會內心的感覺。只要公司的基本面沒有什麼根本的變化，就一直持有你手中的股票。

★ 彼得‧林區

回天的。不但如此,而且當生咖啡豆每磅的價格只有9美分時,烘乾了的咖啡卻和其他商品價格一起上漲,最終獲利的只是那些焙烤商。如果生咖啡豆每磅上漲20～30美分,那麼我將有可能賺上幾百萬美元,而且大眾也不必為了後來咖啡價格的上漲付出如此巨大的代價。

投機活動中馬後炮只會浪費時間,使你一事無成。但是這種特別的交易很有教育意義。它和我進行過的其他交易一樣誘人,上漲行情清晰明確,一切都在情理之中,以致我都忍不住想要賺幾百萬美元。但我沒成功。

在其他兩個交易中,委員會制訂的條款讓我吃盡了苦頭,這些條款在沒有任何提醒的情況下改變了交易規則。但是,在這些情況下,從技巧角度上分析我的觀點還是正確的,其商業道德標準卻低於我在咖啡交易中的所作所為。在投機交易中不能過於固執己見,我向你們講述的經歷恰恰是在給自己的一連串偶發事件中加入了新的元素。

咖啡事件之後,我在其他商品的期貨交易和股市交易中都大獲全勝,於是無聊的流言蜚語紛紛襲來。華爾街的職業炒家們和那些新聞記者們每次聽聞商品價格大幅變動,就將責任歸咎於我,這似乎已經成為習慣,他們污蔑我總是採取所謂的突然行動。甚至誇張地說我的拋售不是愛國行為,我理解他們如此定調我的投資活動的原因,就是為了滿足公眾貪得無厭的要求,或者說為每次價格變動找出原因,好向公眾交代。

我一直秉持這樣的觀點,沒有什麼操縱手段可以把股票壓低或使之保持低價,其中並無祕密可言。任何人如果肯騰出半分鐘時間加以思考,都能想明白其中的道理。若一個人對某種股票突然採取行動,換言之,將價格壓得遠低於實際價值水準,那結果會如何呢?我敢肯定,這個人會立刻抓住時機買進。那些懂得股票價值所在的人,也會在這種股票廉價出售時

大量買進，如果他們停止購買，就意味著整體行情與他們可支配的財力不相稱了，這顯然不是賣空的行情。人們認為這種故意造成股票價格猛跌的行為是不正當的，更有甚者稱其為犯罪。可是以一種遠遠低於本身價值的價格出售股票就是危險的行徑。切記，無力回升的因人為原因控制而下跌的股票是不能買進的；一旦有人為控制股票猛跌的行為出現，即不正當地賣空，正常情況下就容易引起內部人買進，只要這種情形出現，價格就無法繼續保持低價。我必須提及的一點是，在幾乎所有的情況下，所謂的故意造成股票價格猛跌確實又是合法的下跌，這種下跌可能只是下跌行情的一次加速，而與某個職業投資者的動作無關，無論他能進行多久的長線投資。

把大多數價格突然下跌或猛烈的暴漲，說成是一些孤注一擲的投機家們的投機行為所致，這種理論多半是被人編造出來的，以此向一些投機者解釋市場價格變動的原因——這些投機者只是昔日的盲目賭徒而已，他們樂於聽信謠言，卻不願自己動腦思考。運氣不佳的投機者經常從經紀人和造謠者那裡聽到股價猛跌造成自己虧損的原因是一些炒家炒作行為的結果，而實際上這並不可信，很可能是一種反面的內線消息。其中的區別在於：來自熊市的內線消息是簡單明瞭的，明確建議交易者賣空；但是反面的內線消息則不同，它們對下跌行情不做合理的解釋，目的就是要阻止你明智地去賣空。股票價格下跌時自然的選擇就是拋售，也許你無法明確原因，但是下跌本身就是一個絕佳的理由。因此，你一定也會急於脫手。可是，當下跌是激進炒家行為所致時，脫手就失策了，因為只要這個炒家停止動作，價格勢必會迅速反彈，這就是反面的內線消息啊！

第16章：不要依靠內線消息交易

內線消息！這四個字充滿了誘惑力！人們不但渴望得到，而且樂於向別人提供。其中既包含了貪婪，又帶有虛榮的成分。有時候看見那些頭腦聰慧的人勞神費力地打探這些內部消息，真讓人感慨。透露消息的人無法保證消息的真假，因為尋求消息的人並不只是追求好消息，而是對任何消息都來之不拒。

如果因消息而獲利，那是最好不過了！如果沒有，就寄希望於下一個消息會帶來好運。我聯想到了那些交易廳裡的顧客，他們對內部消息深信不疑。對於承銷商和市場操縱者來說，接踵而至的內線消息成為理想的宣傳手段，堪稱世界上最好的推銷興奮劑。因為，既然探尋者和需要的人都是傳遞者，那麼內線消息的傳播就成了一種循環鏈式的宣傳模式。探尋內線消息者被幻覺指引著四處奔波，這種幻覺就是他們自認為合宜的傳遞方式，內線消息的誘惑力所向披靡，可以想像，這些內線集團對於如何巧妙地傳遞消息進行過精心的策劃和準備工作。

每天我都會從各種各樣的人處得到若干條內線消息。我不妨將婆羅洲[①]錫業股票（Borneo Tin）的故事說給你們聽聽。對於這檔股票的上市時間你們還有印象吧？那是在股市上漲的高峰期。這檔股票的承銷商聽從了一位銀行家的建議，馬上付諸行動在市場上公開籌資成立一家新公司，而拒絕讓樂意負擔費用的辛迪加[②]趁機介入。這個建議真的不錯，他們唯一的

過失就是經驗不足。他們對於在瘋狂的暴漲期內，在股市上該如何行動一無所知，與此同時他們又過於謹慎和不自信。為了更好地賣出股票他們一致同意必須提高發行價格，可是發行價格定得有點過高了，這讓交易者和有氣魄的投機活躍分子在買進後不由得疑慮重重。

按照常理，這些承銷商應該堅持這一價格，但面對瘋狂的牛市，他們的貪婪卻被保守戰勝了。公眾正在按照自己聽到的內部消息買進股票，人們想的不是投資，而是輕鬆地掙錢，要贏得那種真正帶有賭博性質的利潤。因為急需大量的軍需物資，黃金向美國奔湧而來。我也得知，這些承銷商在制訂婆羅洲錫業股票上市計畫時，在官方尚未來得及記錄下第一筆交易的時候，曾三次提高過股票的發行價格。

有人曾經希望我能夠加入他們，深思熟慮之後，我還是拒絕了他們的邀請，如果有什麼市場運作機會的話，我喜歡獨自行事，以自己的方式投資。婆羅洲錫業上市時，我已經掌握了其承銷商的財力、投資計畫和公眾可以達到的作用，於是就在開盤第一日的第一個小時內出手買進了1萬股。至少在某種程度上，該股票的首次發行是可圈可點的。事實上，這些承銷商看到人們踴躍購買這檔股票，就後悔出手股票的速度太快了。他們在發覺我買下1萬股股票的同時，突然意識到如果將股價標高25個或30個百分點，他們一樣可以賣光所有股票。他們於是推斷出，我持有的1萬股股票的利潤會占去他們那幾百萬美元中相當大一部分。後悔不已之餘，他們居然想把我趕出市場，可是我沒有讓他們得逞。因此他們認為無望而放棄，接

當員工瘋狂地購買本公司的股票時，你至少可以肯定這家公司在未來的半年內不會破產。當員工是自己公司股票的買者時，我敢打賭歷史上不會有超過3家這樣的公司在短期內就破產了。

★ 彼得・林區

下來他們開始抬高價格，結果我並未因此而蒙受任何損失。

他們看到別的股票創新高，就開始幻想賺進幾十億美元的利潤。當婆羅洲錫業股票漲到120點時，我迅速出手把我那一萬股全拋給他們。

當時，我正攜妻子一起在棕櫚海灘度假。某日，我在格里德利事務所賺了些小錢，回家後我把其中一張500美元的鈔票交給妻子。無巧不成書，當天晚上吃晚餐時，我妻子恰巧碰見了婆羅洲錫業公司的總裁威森斯坦先生，他是那批股票發行人的領導人。此後很久我才知道這位威森斯坦先生是費盡心思才在晚餐時恰巧坐在我夫人旁邊的。他殷勤地奉承我的妻子，最後神祕兮兮地對她說：「李文斯頓夫人，我計畫做一件以前從未做過的事。我對這件事很感興趣，你也明白這其中的意義。」他閉口不再言語了，轉而焦急地望著她，心裡猜測對方應該是既聰慧又機警的。我妻子察言觀色之後也明白了這個意思，因為已經全部寫在他臉上了。不過，她還是回答：「是呀。」

「好的，李文斯頓夫人，能遇見您和您的先生，真是三生有幸。我想證明一下本人是真心誠意說這一番話的，因為我希望和二位能夠成為親密的朋友，我接下來要表達的意思算得上是高度機密了。」然後他悄聲說，「如果你們買一些婆羅洲錫業的股票，將會為你們帶來意想不到的收穫。」

「真的嗎？」我妻子發出質疑。

「就在我從旅館出發來這裡的路上，」他接著說：「我收到幾封電報，電報的內容暫時還不能公布，要對公眾至少保密幾天。我已經計畫盡可能多地買進這種股票。如果明天開盤時，你們也有購買需求，我們可以一起按照同樣的價格買進。我發誓婆羅洲錫業肯定會上漲。我僅僅向你們二位透露此消息，對他人絕對保密！」

她向他表示了由衷的謝意，然後告訴他自己對股市毫不瞭解。可是他要她放心，知道這個內幕就夠了，其他事情都不重要。為了確保她聽懂了自己的意思，他又向她重複了自己知道的內部消息。

　　「你們要做的事就是根據自己的資金實力，儘可能地購買婆羅洲錫業的股票。我可以向你保證，按照我說的做，穩賺不賠。在我一生中，還從未讓任何女人或男人去買進什麼股票呢。但我深信這支股票不會停止在200點，所以我想讓你們也可以從中獲利。你知道，我自己無力買進所有股票，而且如果除我之外有別人也可以因此獲利的話，我希望是你們。這是我唯一的願望！我私下向你透露吧，因為知道你不會四處傳播的。李文斯頓夫人，相信我的話，買婆羅洲錫業股票你一定不會後悔的！」

　　他的態度非常誠懇，因此成功地博取了我妻子的信任。她開始想到我那天下午給她的那500美元，它們終於可以上場了。這筆錢數額不大，而且她有權力自由支配。換言之，即使她運氣不好，也只是將輕易到手的錢又賠進去而已。而且，那人說過她一定會贏，她有興趣去冒險嘗試也值得鼓勵。她後來才告訴我這件事。

　　精彩的還在後面。就在第二天早晨開盤之前，她一走進哈丁事務所就對經理

李佛摩和第三任妻子哈里特（左上角），在擁有10間套房的紐約市派克大街豪宅中，與80多個朋友狂歡後的合影。

說：「哈丁先生，我想買些股票，但我不想記在我的常用帳戶上，因為我希望在賺到錢之後再告訴我的丈夫。你能幫助我操作一下嗎？」

經理哈利說：「哦，沒問題。我們可以單獨開戶，你只需要告訴我打算買哪檔股票，想買多少就可以了。」

她隨手將那500美元遞給他，然後對他說：「聽清楚了，我不想把老本蝕光，如果這次失敗了，我不想再欠你們什麼。要記住，我不想讓李文斯頓先生知道此事。用這筆錢在開盤時幫我盡可能多地買進婆羅洲錫業的股票。」

哈利拿過這筆錢，告訴她一定會替她保守祕密的，然後在開盤時為她買進100股。如果我的推測無誤，她是在108點時買進的。那天這支股票異常活躍，收盤時又上漲了3點。我妻子為此興奮不已，我卻全然不知情。

事有湊巧，我一直不看好當時的行情，認為整個市場都處於疲軟狀態。婆羅洲錫業的異常舉動沒能夠逃出我的眼睛。我判定當時還不是股票上漲的時候。我打算賣空，而且是大手筆的動作，一出手就拋出1萬股婆羅洲錫業股票。如果我的行動是錯誤的，那麼我認為這支股票應該上漲5～6點而不是3點。

我在第二天開盤時又拋出2,000股，在快要收盤之前持續拋出2,000股，此時的股價已經下跌到102點。

第二天早晨，擔任哈丁兄弟事務所棕櫚海灘分部經理的哈利在恭候我妻子的光臨。如果我在交易廳操作，她通常都是在11點鐘左右才溜進去看行情的。

哈利把她拉到一邊說：「李文斯頓夫人，如果你想繼續持有那100股婆羅洲錫業股票，那麼你必須要投入更多的保證金才行。」

「我的全部資金都給你了啊。」她說。

「我完全可以把它轉到你的常用帳戶上。」他提醒道。

「不可能。」她反對：「我說過不會讓我先生知道此事的。」

「可是，你應該知道你新開的帳戶已經虧本了。」他無奈地說。

「我明確地提醒過你，我可以承受的損失上限是500美元，我甚至不想虧掉那500美元。」

「我知道，李文斯頓夫人，是否拋出我必須徵得你的同意，現在除非你授權我不拋出，不然的話我只能將股票拋出去。」

「但那天買進的時候行情很看好啊。」她說：「我不相信這麼快行情就變了，你怎麼看呢？」

「我和你的看法完全一致。」哈利回答。他們不得不在經紀人辦公室裡密謀起來。

「哈利先生，這檔股票到底怎麼了？」

哈利心知肚明，可是他一說實話就會出賣我，而且客戶的生意是神聖不可侵犯的。因此，他只好說：「我和你一樣茫然。但事實就是如此！它的價格還在跌，達到這波行情的新低！」

我妻子看了一眼下跌的股票，叫嚷道：「唉，哈利先生！我不想讓這500美元化為烏有，給我點建議！」

「李文斯頓夫人，如果我是你，我會去問李文斯頓先生。」

「噢，不行！他反對我獨自投資股市。他早就告誡過我，如果我這時候跑去問他，他就會猜到我在買賣股票，我從來沒有背著他做股票交易，我沒有勇氣告訴他。」

「好了。」哈利安慰她：「他是個非常出色的投機家，他一定有辦法的。」見她還是搖頭，他不甘心地繼續慫恿著：「不然的話，你就只能再拿出1,000美元或2,000美元來支撐你這些婆羅洲錫業股票。」

哈利先生的最後一句話產生了作用，她開始在事務所周圍遊蕩，當跌勢越來越明顯時，她來到我觀察報價板的位置旁邊，表示有話要和我說。我們走進私人的休息室，她向我描述了整個事情的經過。我只好安慰她說：「別傻了，趕快收手吧。」

她答應我就此收手，我又拿出500美元給她，她開心地走了。此時，婆羅洲錫業的股票價值處於票面價以下。

我知道事情的原委。威森斯坦老謀深算，他認為我夫人會把他告訴她的話轉述給我聽，我會因此而考慮購買這支股票。他瞭解我的性格特點，知道我很在意這種事，大家都知道我慣於進行獲利可觀的投資。我猜想他一定在等著我出手買進1萬或2萬股。

以上就是我所經歷過的計畫得最巧妙、最有懲惡效果的內線消息之一。遺憾的是它以失敗告終。它註定不會成功，首先，我妻子恰恰是在得到那筆500美元的意外之財那天得到這一消息的，因此，她所表現出的冒險情緒和平時判若兩人。她希望靠自己的能力賺一筆錢，而且女人的目光短淺把這一誘惑美化得令人神往以致勢不可擋。她知道我不看好外行人炒股，因此不敢對我提起此事。威森斯坦對她還是不夠瞭解。

威森斯坦對於我作為投機者的判斷也是完全錯誤的。我對內線消息從不感興趣，在整個股市上我是賣空的。他以為可以成功地引誘我去買進婆羅洲錫業股票的計謀，或者說他向我夫人透露內線消息的舉動和股價上漲3點，恰恰是我決定依靠拋出獲取利潤時，選擇從婆羅洲錫業股票開始的依據。

聽了妻子的一席話，更堅定了我拋出婆羅洲錫業股票的想法。每天早晨開盤和每天下午收盤之前我都習慣性地拋出一些股票，除非我確信可以帶來可觀利潤，否則我絕不買進。

在我看來，以內線消息作為投資依據是極其愚蠢的行徑。我想我不是以探聽內線消息而出名的。在我眼裡，那些探聽內部消息的人就像喝酒上癮的酒鬼。有些人對別人的懇求毫無抵抗之力，總是希望達到那種在他們自己看來是得到幸福必不可少的醉態。伸長耳朵探聽消息並非難事，目的就是為了滿足自己內心強烈的欲望。這種行為與其說是由於被貪婪蒙住雙眼，還不如說是被不愛動腦思考而束縛住了。

讓人無法理解的是，並非只有圈外人才有這種根深蒂固的打探消息的念頭。在紐約的股票交易所裡某些專業投機者也是如此。我十分清醒地意識到其中很多人都很在意我的判斷，可能是因為我不願向任何人透露消息。如果我對別人說：「快將你手上的5,000股鋼鐵股票拋出去！」很多人會立刻照辦。可是，如果我告訴他我是在做空頭且有充足的理由，通常人就都聽不進去了，更有甚者會在聽了我的忠告之後，給我白眼，因為他覺得我的這番話浪費他的時間，耽誤他賺錢，並沒有直接給他特別的暗示，我這種做法與那種有慈悲胸懷的人迥然不同。那種人在華爾街比比皆是，他們樂於把幾百萬美元義務地放進朋友、熟人和素不相識者的腰包。

我認識一個紐約股票交易所的職員，他就認為我是那種自私冷漠、不講人情之人，因為我從不透露消息給別人，即使是朋友。但很多年前的一天，他正在和一位記者進行交流，這位記者偶然提到他得到可靠消息說G.O.H股票要上漲。我的這位經紀人朋友毫不猶豫地買進1,000股，結果在停損之前虧了3,500美元。幾天之後，他和這位記者朋友再次碰面了，這時他仍然怒火難耐，餘怒未消。

「你透露給我的內部消息也太不準確了！」他抱怨說。

「什麼消息？」記者疑惑地問，他早就將自己的無心之言忘得一乾二淨了。

「就是關於G.O.H的，你還信誓旦旦地說消息來源可靠。」

「沒錯，是該公司的一位理事告訴我的，他是財政委員。」

「哪個委員？」這位經紀人追問道。

「你真想知道我也可以告訴你。」記者說：「他就是你的岳父大人，威士萊克（Westlake）先生。」

「咳，真見鬼。你為何不早說呢！」這位經紀人大聲嚷道，「你讓我損失了3,500美元！」

真是奇怪的想法，家人提供的消息沒有說服力，消息來源越遠，給人的感覺就越可靠。

威士萊克是一位事業成功的銀行家和股票承銷商。有一天他和約翰·W.蓋茲不期而遇。蓋茲向他打探消息。威士萊克粗魯地回答：「如果你按我給你提供的消息操作，我就給你建議。否則的話，不要浪費大家的時間。」

「您怎麼說我就怎麼辦。」蓋茲樂滋滋地保證。

「賣出雷丁股！必定有25點的利潤在裡面，或許不止這些。但是，絕對有25點。」威士萊克信心滿滿地說。

「非常感謝。」以樂於打賭而聞名的蓋茲和威士萊克熱情握手後，就朝著自己經紀人事務所方向走去。

威士萊克是專門研究雷丁股的。他對該公司情況非常瞭解，而且和內線人士的關係也非比尋常，因此對他來說股市毫無祕密可言，人人都知道他這一手。此刻，他建議這位西部投機者賣空。

然而雷丁股價格持續地上漲。短短幾個星期內就漲了差不多100點。某日威士萊克又在街上偶遇約翰·蓋茲，他想當然的覺得對方沒有看見他，就繼續前行了。誰料約翰·蓋茲快步追上他，滿臉堆笑地把手伸過

去，威士萊克不知所措地也把手伸了出來。

「對於你透露給我的關於雷丁股的消息真是萬分感激。」蓋茲說。

「我什麼都沒有說過。」威士萊克皺著眉頭。

「你忘記了吧，那條資訊讓我足足賺了6萬美元。」

「賺了6萬美元？」

「沒錯！看來您是真的忘記了！你要我賣出雷丁股，於是我就買進！威士萊克，我總是把你提供的消息反過來聽。」約翰・蓋茲高興地說：「一直都是的！」

威士萊克盯著這位坦率的西部人，不無羨慕地說：「蓋茲，如果我能夠和你一樣聰明，我會多麼富有啊！」

某日，我偶遇了著名的漫畫家W.A.羅傑斯（W.A.Rogers）先生，在華爾街上的經紀人都對他很有好感。他多年來登在紐約《先驅報》（New York Herald）上的漫畫為成千上萬的讀者帶來了快樂。他曾經對我講過一個故事，時間大約是在美國與西班牙開戰③之前。那是一個傍晚，他正和一位經紀人朋友沐浴著落日餘暉。分手時這位經紀人將自己的圓頂禮帽從衣架上取下來——至少他認為是自己的禮帽，因為這頂禮貌外表看來與自己那頂一模一樣，而且大小也很合適。

彼時，華爾街上到處都在思考和談論美國與西班牙的戰爭，大家都關注這場戰爭是否真的會打起來。因為如果一旦開戰，股價就會下跌；下跌與其說是我們自己拋出股票造成的結果，還不如說是來自於持有我們證券的歐洲人施予我們的壓力。反之，如果不會開戰，買進股票則是最明智的舉動，因為市場上目前的股票下跌都源於報紙的鼓動和渲染。羅傑斯先生告訴我接下來發生的事：

「我的這位經紀人朋友，前一天晚上我還在他家裡做客。第二天他站

在交易所裡急不可耐地盤算著是做空頭還是多頭，在分析了做多頭還是做空頭的種種利弊之後，對各種消息的真假還是無從判別，他也無處尋求幫助了。他一會兒認為戰爭一觸即發，一會兒又確信戰爭不可能真的來到。他的困惑和焦慮一定讓他覺得渾身發熱，因為他不停地取下禮帽去擦拭額頭上的汗珠。他無法做出買還是賣的最終決定。」

「他偶然地朝帽子裡看了一眼，帽子裡用金色字母寫著WAR④。這種感覺來得正是時候，彷彿是帽子在幫助上帝向他傳遞某種消息。因此，他當機立斷地拋出了大量股票，戰爭消息正式公布了，他在狂跌的股市中挽回了損失，還狠賺了一大筆。W.A.羅傑斯用簡短的話語為故事做了總結：『我一直沒有要回我的那頂帽子！』」

在我所知道的關於靠內線消息盈利的故事中，有一個是關於J.T.胡德（J.T.Hood）的，他是紐約證券交易所裡聲望最高的人之一。某日，另一位場內經紀人波特·沃克（Bert Walker）向他透露，自己和南大西洋公司的一位董事做了一筆利潤可觀的證券交易。作為回報，這位心懷感激的內線人士提醒他盡可能多地購買南大西洋股票，因為該公司的董事們正透過種種努力以期讓股票上漲至少25點。所有的董事們私下都沒有做這筆交易，但多數人都會按照約定投上贊成的一票。

波特·沃克據此推斷這些董事們要提高分紅利率。他把這消息透露給了朋友胡德，隨後二人分別買了幾千股南大西洋股票。這檔股票在他們買進前後都很弱，可是胡德說這一定是為了讓對沃克心懷感激的朋友公司內部的人收集更多地籌碼。

下一個星期四，收盤後，南大西洋公司的董事們見面了，他們宣布了紅利。於是在短短的6分鐘內，這檔股票就下降了6個百分點。

波特·沃克氣憤不已，他去拜訪了那位自稱對他感激涕零的董事，

後者也對此感到痛心疾首。他解釋說，他忘記了自己曾經把這個消息透露給沃克。他也因此沒有及時通知沃克，董事會裡有主導作用的小集團已經決定改變原來的計畫。這位懊悔的董事希望盡一切可能彌補自己的過失，因此，又提供了一條消息給波特。他態度和藹地解釋說，與他當初的判斷截然不同，他的幾位同事想要買進便宜的股票，但他對他們的表決無可奈何。可是現在他們買得過多，股價必定會上漲了。此時購買南大西洋公司股票是順理成章的事了。

波特不但大度地原諒了他，而且還和這位地位顯赫的金融家握手言和。理所當然地，他又在最短的時間內將消息告訴了自己這位朋友和難兄難弟。胡德把自己的幸福與朋友一起分享，他們準備要大發橫財了。這檔股票在透露消息後上漲了，他們急忙買進，然而，到現在這檔股票又跌了15點，這是情理之中的事，因此，他們在合夥帳戶中一共買進5,000股。

買進的動作剛剛結束，這檔股票就由於明顯的內線人士的拋出而暴跌。這兩位專家的猜想得到了證實。胡德將他們手上的5,000股出售了。當他拋空後，波特‧沃克對他說：「如果那個缺德的傢伙前天沒去佛羅里達，我一定要狠狠地修理他。哼，我不會放過他的，我們走。」

「到哪兒去？」胡德問。

「到電報局去。我要發一封電報給那傢伙，要讓他一輩子都記得這件事情，走吧。」

胡德尾隨其後，波特帶著他到電報局。那5,000股使他們損失慘重。被氣憤弄昏了頭腦，波特用電文大罵對方的不仁不義。他讀給胡德聽，讀完後說：「這封電報就會讓他明白自己目前在我眼中的惡劣形象了。」

他正要把電報扔給那個等待為其服務的營業員，胡德卻說：「還是不要吧，波特！」

「為什麼？」

「我覺得這樣做不太合適。」胡德誠懇地勸說。

「憑什麼不發，哪裡不合適了？」波特厲聲說。

「這會使他暴跳如雷的。」

「這不正是我們想要的結果嗎？」波特難以置信地盯著胡德。

可是胡德還是搖頭反對，十分嚴肅地說道：「如果這電報發出去，我們就再也不可能從他那裡獲得任何消息了！」

一個職業投機家居然說出這話，那麼對那些談論尋求內線消息的笨蛋還能責備什麼呢？人們之所以願意打探內線消息，並不是因為他們愚蠢，只不過是因為他們太一廂情願地想要獲利了。

巴諾恩‧羅斯柴爾德（Rothschild）關於致富的訣竅對投資來說最合適不過了。有人向他諮詢在證券交易所想賺錢是否很難，他回答說恰恰相反，他認為再容易不過了。

「那是因為你有雄厚的資金。」問話人提出異議。

「不是這樣的。我一旦發現了捷徑，就會堅持到底。對於賺錢的念頭我簡直無法自制。如果你願意，我就把祕訣傳授給你。歸根結底一句話：我從不在低谷時買進。」

【注釋】

1. 婆羅洲是印尼的一個島嶼，也稱為加里曼丹島。——譯者注

2. 辛迪加（法文：le syndicat）是在19世紀末20世紀初產生的壟斷組織形式之一，是少數資本主義大企業，透過簽訂統一銷售商品和採購原料的協定以獲取壟斷利潤而建立的壟斷組織。辛迪加的參加者雖然在生產上和法律上還保持著獨立性，但在商業上則已完全受制於總辦事處，不能獨立行動。在各參加者不能與市場發生直接聯繫的情況下，他們要想隨意脫離辛迪加，事實上也很困難。如

果某一成員想要退出，必須花一筆資本去重新建立購銷機構並重新安排與市場的聯繫，而且多會受到辛迪加的阻撓和排擠。——譯者注

3. 1898年，美國為奪取西班牙屬地古巴、波多黎各和菲律賓而發動的戰爭，是列強重新瓜分殖民地的第一次帝國主義戰爭。——譯者注

4. WAR，單詞，戰爭的意思。在此處，WAR是漫畫家W.A.羅傑斯（W.A.Rogers）三個首字母的縮寫。——譯者注

第17章：投機者要接受必要的訓練

　　我的一位好朋友總喜歡說我身上具有一種他認為是預感的東西，他覺得我的這種預感就是不需要研究和分析，就能做出下一步決策的能力。他宣稱我只需在神祕的驅動力指使下行事，就可以在最佳時刻從股市中全身而退。他喜歡講述一則關於貓的神祕事件，他說這隻貓曾經在早餐桌上提醒我拋出所持的大量股票。收到這隻貓咪的提示資訊後，我心情沮喪，坐立難安，直到賣掉手中所有股票內心才重獲安定，那一次我居然在股票價位最高點時脫手。這樣一來，我這位固執的朋友對關於我的所謂預感理論更加堅信無疑了。

　　我曾經到過華盛頓，希望可以成功說服幾個國會議員，使其明白向我們過度徵稅是不明智的。當時我並沒有太在意股市的行情，我是突然想要賣出自己股票的，這件事也在某種程度上證實了朋友的奇談。

　　我承認有時面對股市我的確會產生迫不及待的莫名衝動。這種情況與我做多頭還是空頭無關，總之必須要出手，否則我就寢食難安。我自己心知肚明，這一切不過是因為我可以預見許多警示訊號。也或許，並非總是可以找到某一個十分清晰或強有力的訊號來為我的衝動做注解，讓我能夠清楚地解釋自己的所作所為。也可能真的存在人們所說的「股票行情感覺」，投機方面的前輩說詹姆斯・基恩就用傳奇的經歷證實過這一點。我承認，通常這種警示不但是一種明確的聲音而且是轉瞬即逝的。但是也有

一些沒有預感的特例存在。那隻黑貓與此無關。朋友四處傳播說那天早晨我起床後脾氣不好，我想即便那天我的脾氣真的不好，其原因也不過是我心情不好，因為和我談話的國會議員對我的話不以為然，這位國會議員竟然對華爾街收稅的難題視而不見，坐視不理。我不想阻止和逃避對股票交易收稅，但作為一個有經驗的作手，我只希望得到既公平又聰明的稅收方式，僅此而已，我要讓山姆大叔①不要急於殺雞取卵，否則得不償失！也許是因為進言的不成功，我不僅焦躁，而且為受到不公正課稅感到不滿，並對未來悲觀迷茫。接下來，我就讓你們明白所謂「股票行情感覺」實際上是怎麼回事。

在牛市開始的時候，我分析了鋼鐵和銅的市場，覺得二者前景樂觀，因此我覺得這兩種都該做多頭。於是我迅速行動，積聚籌碼。開始時買了5000股猶他州銅礦（Utah Copper）的股份，隨後又因行情不對而停止了。換言之，這檔股票的行情使得我的買進之舉顯得不太明智，而這本身就是很詭異的。我的心理預期價格在114美元左右。我也以幾乎同樣的價格買美國鋼鐵公司的股份，因為它的行情一路看好，第一天我就買進2萬股。我依舊按照自己過去的經驗和方法進行操作。

鋼鐵股行情繼續看好，我就持續積聚籌碼，直到我手中所持的股票達到了7.2萬股為止。但是我擁有的猶他銅礦股仍然只是我最初買進的那些。此後我的交易量再沒有超過5,000股。這檔股票的表現讓我放棄了繼續買進

> 絕大多數的投資者內心的一個祕密角落裡，都會隱藏著一種自信，覺得自己擁有一種預測股票價格、黃金價格或者利率的神奇能力，儘管事實上這種虛妄的自信早已經一次又一次地被客觀現實擊得粉碎。讓人感到不可思議的是，每當大多數的投資者強烈地預感到股價將會上漲或者經濟將要好轉時，卻往往是正好相反的情況出現了。
>
> ★ 彼得・林區

的想法。

　　大家都知道形勢。這是一個多頭市場，價格的上漲清晰可見，整體的走勢還是不錯的。即使是在股票普遍上漲和票面利潤還算樂觀的時候，行情紙帶依然在吹噓著：還沒有漲到高點！還沒有漲到高點！我抵達華盛頓的時候，股價行情記錄依然是那樣鼓吹著。當然，那日即使我還可做多頭，我也不想增加自己的部位了，與此同時，市場走向與我的判斷如出一轍，整天坐在報價牌前已經是多餘之舉了。我只是在等待最佳的脫手時刻，撤退的響亮號角即將吹起。當然，其中不包括人力所無法控制的自然災難，否則股市一定會遲疑不前，或者為我準備一個反向的投機時機。正是基於以上的種種考慮，我才會貿然地去找國會議員們進行討論。

　　與此同時，價格還在不斷上漲，我彷彿已經看到了多頭市場末日的來臨。我無法斷定末日來臨的具體日期，這種判斷是我能力之外的事情。但我心裡清楚，我在時刻關注著那種暗示。一直到現在我還是這樣，這已經成為我骨子裡的一種習慣。

　　我解釋不清它的來由，但我總感覺自己出手的前一天還是得到了某種暗示，當時，一看見這種高價就使我想到我手中擁有的票面利潤和股份的數量，隨後我又想到自己力圖勸導立法者們公正明智地對待華爾街的交易，但是終告失敗。也許就是在那個時候悲觀的種子埋入了我的心裡。這種下意識的感覺使我整個晚上無法安寧。晨起的時候，我猛然想到市場，並開始想像這一天市場將怎樣運行。到達交易廳的時候，我看見的不是價格，展現在我眼前的是一個吸收能力很大的大市場，我知道這將為我贏得可觀的利潤，我可以在這市場上賣掉任何數量的股票，只要我願意。當然，當一個人持有股票的時候，他一定要時刻留意機會，以便看準時機將帳面利潤轉化為實實在在的現金。在交易中要採取各種措施讓利潤的損失

最小化。經驗證明，一個人總會有機會使自己的紙上富貴成為現金，而且這個機會多半是在操作行將結束時才會到來。這個結論不是來自對股價走勢的研讀，也並非源於預感。

當然，那天上午我發現可以毫不費力地賣掉所有股票時，我毫不遲疑就出手了。拋出50股和5,000股是一樣聰明和果敢的行為。但是在最蕭條的市場賣出50股對股市毫無影響，但賣出任何一種股票5,000股就是另外一種情形了。

我手上持有美國鋼鐵公司的7.2萬股。這些股份談不上特別，但是一下子出手這麼多股，而又不損失十分可觀的帳面利潤顯然是不現實的，這種利潤和真正平平穩穩地存在銀行裡的現金不同。

我可以獲得150萬美元左右的利潤，在行情對我有利時這些數字就擺在這裡。但我並非因此就覺得自己的出手是明智的。我的做法明智與否需要市場來給予評判，而市場給出的肯定答案對我來說是一種精神上的滿足。

事情是這樣的：我成功地將手上共計7.2萬股美國鋼鐵公司的股票出售了，拋出的價格剛好低於當天最高價和市場行情價的1個百分點。事實證明我出手的時機正是時候，而且就在我拋出5,000股猶他銅業股票之後的一個小時內，該股價下跌了5個百分點。你應該還記得，我是同時買進這兩種股票的。

我英明地決定將美國鋼鐵公司的股份從2萬股增加到7.2萬股。同時我也慶幸自己維持猶他州銅業的5,000股不變。我沒有將猶他銅業股票拋出是因為這檔股票我是做多頭，市場是多頭市場，我即使無法因之獲利，至少也不會損失什麼。

證券交易者所做的訓練與接受醫學教育是可以相提並論的。醫生必須

要花費大量的時間和精力去學習解剖學、生理學、藥物學和其他十幾種旁系科目。必須先掌握相關的理論，之後才有資格付諸實踐。他觀察各種疾病的臨床表現，並將此分類，由此就學會了診斷。如果診斷正確——這得依靠他觀察的正確與否——下一步就是要預測病情的發展演變。切記，人性自身的弱點和無法預料的客觀因素將妨礙他診斷的準確率。隨著他逐步累積的診斷經驗，他就可以做到診斷的快速無誤，以致別人會覺得他是個醫學天才，他就是為從醫而生的。但這一切的確與他的天生行為無關，這是他多年來對各種病例觀察、分析和總結的結果。能夠確切地診斷出病情並非易事，在診斷出病情後，還要憑藉經驗實施正確的處理手段和治療方法，也就是俗話所說的對症下藥。人們可以傳播知識，只需要收集一些卡片、索引與證據即可，但卻無法傳播經驗。即使知道該做什麼、如何做，但是如果他速度慢、效率低，還是無法獲得利潤的。

觀察、經驗、記憶和數學，這些是成功的交易商需要具備的幾大要素。觀察的時候要準確無誤，對觀察到的東西還要過目不忘，否則就前功盡棄了。他不能在毫無根據或出乎意料的事情上下賭注。無論自己對這類事情多麼信心十足，也無論你是否已經推斷出這種出乎意料的東西將以怎樣的頻率出現。可能性才是下注之前最應該在意的事情，也就是說，要預料這些可能性，可能性越大勝算的機率才越大。在這種投資活動中，多年的實踐經驗，進行過的持續不斷的鑽研，對過去的種種經歷都能夠牢牢銘記，有了這些因素做保障，當出人預料的事情出現和消失時，當事者才能以最快捷的速度對此做出反應。

一個人可以有很強的數學天賦和非比尋常的觀察事物的能力，然而如果經驗不足或記吃不記打，也很難獲得成功。而且，睿智的交易商要和醫生一樣，與科學的發展保持同步，不能停止對事情鑽研的腳步。需要及時

掌握各種對市場進程的發展會產生影響的因素，從事這個行業久了之後要養成熟悉一切的習慣，所有的動作幾乎要達到下意識的程度。寶貴的專業態度是制勝的法寶，這可以幫助你在這個行業中快速獲勝，不斷獲勝！職業交易商、業餘交易商和偶爾交易的人之間必然會存在一定的差別，這點無須刻意渲染。打個比方說，我發現數學和記憶力都曾在交易中助我一臂之力，在華爾街想要賺錢，數學是基礎。我想表達的是，作為交易商，你需要透過處理客觀情況和數字去贏得利潤。

我之所以說一個交易商必須對各種情況了然於胸，必須以一種專業的態度面對所有市場行情和市場進展時，我其實是想強調所謂的預感，或者說神祕的第六感與成功並沒有什麼關係。當然，經驗豐富的交易商反應異常迅速這種情況並不罕見。實際上，做交易之前根本沒有閒暇的時間去想那些所謂的理由，更不可能讓這些理由顯得既充分又合宜，因為這些理由都源於事實，這些事實都得來不易，是他多年來從職業角度利用一切機會工作、思考和觀察的結果。

對期貨市場的走勢瞭若指掌，這是我多年的習慣。像你所瞭解的那樣，從政府的種種宣傳報導可以看出今年冬麥的產量和去年持平，而今年的春麥產量則超過了1921年，形勢好得多了，今年可能更早地迎來一個大豐收。初步掌握了大概的形勢並看到用數學計算出的產量時，我馬上就聯想到了煤礦和鐵路工人的罷工。我不由自主地想到這些問題，因為我從來未曾停止過考慮關乎市場發展的各種情況。於是我意識到罷工已經影響到各地貨物運輸，這種情況勢必會對小麥價格產生不利影響。我的想法是這樣的：罷工會引起交通運輸業的癱瘓，這就意味著將小麥運到市場的時間將被推遲，即使一段時間之後小麥的運輸狀況會得到緩解或改善，春麥又準備好了要啟運。簡單地說，當鐵路有能力大量運輸小麥時，冬麥和早春

麥這兩季因貨運影響而延時發貨的小麥就會被同時運來，就等於有大量的小麥要在短時間內迅速地湧進市場。這種情況一旦發生，如我一樣明察秋毫的交易商們一定也不願意在近期內買進小麥。只有一種情況能夠改變他們的想法，即小麥的價格下跌到某個價位以下，也就是說讓購買小麥成為很有潛力的一種投資。市場上缺乏購買力，價格下跌就是一種最自然的現象。思考一下自己的投資方式，就不難判斷出自己行為的對錯。派特‧里奇有一句流傳甚廣的至理名言「不下注就無法判斷對錯」。碰上市場疲軟的時候就需要果斷地將期貨合約出手，不必浪費時間等待和觀望。

經驗讓我明白了一個道理，即一個交易者最好的嚮導就是市場的走向。這就如同醫生為病人量體溫、摸脈搏、觀察眼球顏色和舌苔厚薄，以此作為判斷病情的依據。

對於一個投資者來說，應該能夠接受在0.25美分的價格範圍內買賣100萬蒲式耳小麥，這確實是相當平常的事。某一日，我賣出25萬蒲式耳小麥以便適時地對市場進行驗證，恰逢價格剛好跌了0.25美分。但這種反應沒有清楚無誤地告訴我所想知道的一切，我別無選擇地再次拋出另外25萬蒲式耳小麥。拋出之後我就密切關注市場的動向，發現每次我拋出的貨都被人慢慢地買進了。換言之，不是一下子被買進，而是分次分批地以1萬或1.5萬蒲式耳的規模買進的，但如果是在過去，只需兩三筆交易就可以將這批貨買進了。除了這種零零散散的購買外，我每出手拋貨一次，價格就下跌1.25美分。此刻，我必須馬上做出這樣的判斷，即市場吸收小麥和不相稱的下跌方式顯示了市場購買力的疲軟。事實就是這樣，我該如何應對呢？當然，應該再多拋一點。如果單純地聽從經驗的支配，這時候你就可能會淪為被愚弄的對象，但是如若違背經驗的支配，又可能會成為傻瓜。因此，我拋出了200萬蒲式耳小麥，價格下跌得更厲害了。幾天之後，市場

的走向讓我不得不再次出售200萬蒲式耳的小麥，結果造成了小麥價格的繼續下降。此後幾天，小麥價格終於開始暴跌，1蒲式耳跌了6美分，而且這種下跌並未停止，短時間的回穩之後，小麥價格更是一瀉千里。

這時，我對預感置之不理，也沒有人向我透露內線消息。我終究還是憑藉專業眼光和對市場習慣的判斷為自己帶來了利潤，這種觀點來自於我多年的交易經驗。我刻苦鑽研，因為投資就是我的全部事業。當股市行情對我的思路予以肯定的時候，我的工作就是要增加投資。我照做了，事情就是這樣。

我慢慢體會到，在這種交易中經驗能為你帶來穩定的利潤，而觀察向來都是最好的市場訊息提供者，你必須瞭解和掌握某一種股票的行情。你時時留意它，經驗告訴你，對大家都習以為常的情況稍作變通，即可從中獲取利潤。打個比方說，我們知道不是所有的股票都是整齊地朝一個方向流動的，但是任何股票在多頭市場上都會上漲，在空頭市場上都會下跌。對於操作者而言這是習以為常的現象。實際上，這是市場給自己最常見的「忠告」，證券交易所對此最為瞭解，於是將其傳遞給那些未曾在上面花費任何心思的客戶。我指的是，關於是否交易那些股票的建議，這些股票在同一種類中滯後於其他股票。所以說，假如美國鋼鐵公司股票會上漲，從邏輯上推斷，熔爐斯伯公司（Crucible）、共和鋼鐵（Republic）和伯利恆鋼鐵股票就會跟風上漲，這種上漲只是時間的早晚而已。從理論上講，

購買股票之前首先要做好公司分析研究的功課，這和你以前發誓不再理會股票市場短期波動同等重要。可能有些人根本不做我所說的這些前期分析研究功課也在股票市場上賺到了錢，但是為什麼要冒根本不必要的風險呢？不做研究就投資如同不看牌就玩梭哈撲克遊戲一樣危險。

★ 彼得・林區

交易條件和前景將隨著這一組中的所有股票的整體走勢而被看好，是所有股票共同努力才促成了市場的繁榮。

　　這點已經被無數的事實證明了，在市場上每檔股票都有可能被看好，公眾計畫購買甲鋼鐵公司的股票，但沒有看到其上漲的趨勢，反而是乙鋼鐵公司和丙鋼鐵公司的股票上漲了，那麼甲鋼鐵公司的股票也遲早會上漲的。

　　即使在多頭市場，如果某檔股票的走向與整體的市場行情相違背，我都不會出手買進。有時候，我在那種毋庸置疑的多頭市場期間買進了一檔股票，一旦發現同類股中的其他股票呈現下跌態勢，我就會毫不猶豫地將其拋出。你問我判斷的依據是什麼？很簡單——經驗。經驗讓我明白與那種相關連的股票群體走向相違背是不明智的。我當然不會奢望能在確定無疑的條件下交易，但必須推測各種可能性的存在，能夠預見各種可能性則更為重要。有一個經紀老手曾告誡我：「如果我正沿著一條鐵軌前行，並且對面的列車正以極快的速度向我駛來，我還能夠繼續沿著鐵路前進嗎？最明智的選擇當然是橫跨一步避開列車。這點聰明謹慎並不足以令我為此而沾沾自喜。」

　　過去的一年裡，雖然整個多頭市場運行正常，但我還是注意到有一檔股票與同類的其他股票不協調，雖然這並不影響此檔股票與上市的其他種類股票共同上漲。我做多頭買進了巨額數量的布萊克伍德汽車（Blackwood Motors）股票。眾所周知這家公司生意正好，每天漲幅都在1～3點之間，該股票的行情變得緊俏起來，公眾買進越來越多。這檔股票自然會吸引我的眼光，各種各樣的汽車公司股票跟風似的開始上漲。然而，其中有一檔股票的行情卻是背道而馳的，那就是查斯特汽車（Chester）公司的股票。它滯後於其他股票，因此很快就引起人們的注意和議論。人們將查斯特的

低價及其疲軟，與布萊克伍德汽車和其他汽車公司的上升趨勢和活躍相提並論，因此他們自然而然受到了那些打探和提供內部消息的人，以及自以為是者胡亂猜測的影響，急於出手買進查斯特股票，他們認為該股票與其他同類股票一樣，不久的將來就會開始回穩上漲。

大眾的買進並沒能夠促進查斯特股票價格的上漲，事實上它下跌了。在牛市行情中，按理說推高它的股價應該是易如反掌的事情，特別是考慮到這類股票中的布萊克伍德汽車是上漲的龍頭股之一，我們耳朵裡灌滿了對汽車的需求增加、汽車產量在創紀錄等傳聞。

事情是顯而易見的，查斯特內線集團在上漲期間並沒有按照通常的行事方式來操作這檔股票，連這樣輕而易舉就可以做到的事都沒有做，其可能有兩個理由。其一或許是內線人士希望在上漲之前積聚更多的籌碼而沒有採取行動。但是假如你分析一下查斯特股票的交易量和特點，就會否定這個看似正確的理由。第二個理由是他們擔心如果抬高了股票的價格，他們就必須接下股票。

當那些本來應當買進的人都不想買進時，我有什麼理由去買進呢？我估計無論其他汽車公司多麼興旺，賣空查斯特的股票都是情理之中的事情。經驗告訴我，出手購買那種拒絕跟隨同類一起上漲的股票時，一定要謹慎行事。

不費吹灰之力就可以證實這樣的事情，對於查斯特股票，內部人士不但沒有買進，反而還在賣出。此外，還可以看到其他不買查斯特股票的徵兆。誠然，我希望可以證明這是不連貫的市場行為，但行情記錄給了我當頭棒喝，所以最終我選擇了賣空查斯特股票。

僅僅是幾天之後，這檔股票就出現了暴跌的趨勢。後來官方向大眾發布消息，正是因為清楚地瞭解公司不景氣的經營現狀，所以內部人員始

終在賣出股票。與其他任何時候一樣，股價下跌後其原因就真相大白了。可是那警示在股票開始下跌之前就已經顯現出來了。我對下跌並不十分關注，卻額外留意警示，我並不知道查斯特有什麼麻煩，我也沒有被預感牽著鼻子走。我只是覺得這個公司一定出了什麼問題。

就在那之前的一天，報紙上開始報導說圭亞那金礦（Guiana Gold）發生了驚天動地的變化。這檔股票在場外交易中以50美元或接近50美元賣出後，後來開始在股票交易所掛牌上市。上市後，最初交易價格大約是35美元，隨後是持續不斷的下跌，直至跌破20美元。

而我絕不會把這種下跌稱為驚天動地，因為我早已預料到這一幕遲早會發生，如果還是不明白其中的原因，可以瞭解一下該公司的歷史，許多人對此都不陌生。人們是這樣向我進行描述的：這個辛迪加是由聲名顯赫的六個資本家和一家名揚業界的銀行組成的。其中一個成員是貝爾島勘探公司（Belle Isle Exploration Company）的老闆，這個公司曾經借給圭亞那黃金公司1,000多萬美元現金。圭亞那公司送給其一些契約和圭亞那金礦公司100萬總股份中的25萬股作為報答。這檔股票以分紅為口號贏得了上市的機會，而且為此做了很多的宣傳工作。貝爾島勘探公司的人想把自己擁有的股票兌現，於是將銀行家集中起來討論他們的25萬股，銀行家們就著手操作打算賣出這些股票，同時把他們自己的持股一併出售。他們認為把這一市場操作委託給一位內行去執行更為穩妥，如果這25萬股股份能夠以高於36美元賣出，那麼他們將把所獲利潤的三分之一，拿出來作為酬金送給執行者。

我知道，這個協定已經起草完畢，只等著簽字了，但是在這最緊要的關頭銀行家們還是決定親自上陣操作以節省這筆酬金，他們為此成立了一個內部團體。銀行家們希望貝爾島勘探公司的25萬股股份能夠以36美元成

交，但上市價格卻定為41美元。也就是說，內部團體在向自己的銀行同事支付了5點利潤之後開始操作。我不知道他們對此是否知情。

但顯而易見的是，對於銀行家來說進行這種操作根本就是小菜一碟。市場當時正處於牛市，圭亞那黃金公司所屬這類股票中的股票均排在股市的前幾名。圭亞那黃金公司正從經營中獲得巨額利潤，而且正常發放紅利。這種情況及股票發行人的大肆渲染，都對大眾造成了誤導，他們認為圭亞那金礦是值得投資的一檔股票。隨後我觀察到有40萬股左右的股份一路上漲到47點然後賣出去了。

圭亞那金礦股票價格漲上去了，但這種漲勢並沒有持續多長時間，股價就開始下跌了，它下跌了10點。如果此時該股的承銷商依然沒有停止發售股票，這種情況就是正常的。沒過多久，華爾街上就傳得沸沸揚揚了，說有些情況並不令人滿意，該股票的資產收益其實不足以支撐股票的高額收益預期。當然，後來股價下挫的原因天下大白了，可是在人們還被蒙在鼓裡的時候，我就已經看到了市場的警示訊號。我開始考察圭亞那黃金公司的市場反應。這檔股票的表現情況幾乎和查斯特汽車公司股票如出一轍。於是我毫不遲疑地做空圭亞那公司股票。價格出現下跌的時候，我繼續把更多股票快速出手，價格也始終在狂跌。歷史被重演了，一如查斯特和我記得的十多檔不良股票曾經發生過的那樣。行情記錄明白地提醒我股市的異常，問題就是內部人員都停止了買進，內部人員對於自己為什麼不在牛市買進自己的股票心知肚明。與此相反，不知緣由的大眾正在買進，因為他們認為以45美元或再高一些拋出還是有錢可賺的，以35美元或更低價買進是有利可圖的，而且這檔股票還不曾停止過支付股息，表面看來這檔股票真是超值。

消息隨後就傳來了，如同往常的重要市場消息一樣，在大眾都恍然大

悟之前，我早有耳聞了。但是，關於這家公司開出貧瘠岩石而不是富有金礦的消息經官方報導得到了證實，我已經先於此就知道了內部人員過早拋售該股的理由。我並不是根據這則消息來拋售股票的，在此之前我就這樣做了，我所依據的僅僅是根據股票的運行情況。我對股票運行情況的關注並不追根究底。我就是一個純粹的交易商，只是在等著發掘內部收購的跡象，但這種跡象並沒有出現。為何在下跌時內部人員不考慮去買這種股票對我來說並不重要，只需知道他們的市場計畫裡沒有促使股價上漲的操作已然足夠，憑此就足以使我選擇做空該股。大眾買下了將近50萬股股份，股票所有權因此而發生的唯一變化大概就是，期待停損的無知大眾，希望將股票拋給那些懷著發財夢也有能力買進股票，卻同樣無知的人。

我說這些無意對你們進行炫耀或說教，雖說公眾買進圭亞那黃金公司股票虧本了，而我做空獲利。我只是希望你們明白，瞭解並研究一檔股票的運行情況是至關重要的，而從中可能獲得的收益又是怎樣地被那些毫無實戰經驗的大大小小的交易商所忽略。行情記錄不僅可以在股票市場上向你發出警告，在期貨市場上它也同樣有用。

我有一段棉花期貨交易經歷就頗有意思。當時我在做空頭，建立了中等規模的部位。與此同時，我也出手做空5萬包棉花。這筆股票交易讓我賺了一筆錢，隨後就把棉花期貨的交易拋在腦後。結果，我為此付出了相應的代價，5萬包棉花讓我損失了將近20萬美元。我說過，期貨交易十分有趣，而且我之前一向是彈無虛發的，因此我不甘心就此罷手。只要一想到棉花，我就這樣告誡自己：稍安毋躁，耐心地等待一個反彈的機會，到時再平倉。在我計畫著減低損失的時候，棉花價格開始出現反彈，其上漲幅度甚至超過了之前的行情。因此，我決定再觀望一下，繼續關注我的股票交易，把精力全部放在股票上。最後，我拋出股票獲得了一筆可觀的利

潤，作為自我獎勵，我給自己放假到溫泉城去休息和享樂了。

可以說，這是我第一次真正地解放出來，全心地投入處理棉花期貨交易虧損一事。在這筆交易中，有很多時候都只差一些就可以獲利了，行情卻一直與我作對。我注意到只要有人重倉拋出，市場就會給予回應，也就是價格下跌，但隨後價格會停止下跌，甚至出現上漲的情形。

我在溫泉城逗留了幾天之後，虧損了差不多100萬美元，而且在價格上漲趨勢中還在繼續虧損。我反思了自己的所作所為，最後得出結論：我肯定做錯了什麼！明白自己的錯誤後，我馬上做出了退出的決定。平倉後我損失了100萬美元左右。

第二天我專心致志地打高爾夫球，將別的事情都拋之腦後，我在棉花期貨上失策了，並且已經為自己的錯誤決定付出代價，收據還在口袋裡呢，此刻，我對棉花期貨已經沒有興趣了。在我用午餐的時候，我在經紀人事務所停下，匆忙地掃了一眼行情記錄，我看到棉花下跌了50點。這沒有任何的實際意義，但讓我感興趣的是價格不像幾周來那樣，只要重倉拋出壓低價格的壓力一緩，價格就開始出現反彈，這種反彈已經停止了。這意味著市場正沿著最小阻力的方向前進，對這種現象的忽視已經使我損失了將近100萬美元。

然而，當初使我做巨額虧損平倉的理由已經顯得不夠充分了，因為市場已經不存在平常的那種止跌反彈了。因此，我賣出了1萬包棉花，然後坐等時機的到來。價格很快就下跌了50點。我又觀望了一段時間，依然看不到回穩的跡象，這時我已經飢腸轆轆了，因此我走進餐廳，點了一份午餐。在等待服務生上菜的時間裡，我突然跳了起來，跑到經紀人事務所，看到價格依舊平穩，因此我又拋出了1萬包。沒過多久，我興奮地看到價格又跌了40多點。這證明了我操作的正確無誤，我安心地返回餐廳用餐，用

餐結束後，又回到經紀人辦公室。那天棉花價格沒有回升。

　　打高爾夫球能夠讓人心情愉悅，可是我在賣出和平倉棉花部位時都犯了錯，因此，我不得不繼續自己的工作，回到我可以方便交易的地方。市場吸收我第一次拋出的1萬包棉花的方式，引誘我第二次拋出1萬包，而且市場吸收我第二次拋出的方式，讓我看到了即將到手的利潤，這就是市場行情逆轉帶來的差額。

　　我來到華盛頓，去了我經紀人的事務所，我的老朋友塔克爾是那裡的負責人。我在那裡停留的時間裡，價格又開始下跌，我現在更加堅信自己所做的正確性了。因此義無反顧地拋出了4萬包，市價又跌了75點。顯然市場已經失去了支撐的力量。那天晚上收盤時價格仍然走低。原來的買進力量都不知所終了，我無法判斷市場將在哪個價位上再上漲，但是我對自己很有信心，覺得自己的交易也很合理。第二天早晨我乘坐汽車從華盛頓趕到紐約，無須為此再擔憂什麼了。

　　我們到達費城的時候，我開車去一個經紀人事務所。在那裡我聽聞棉花市場已經毫無支撐能力了。棉花價格繼續暴跌，引起了小小的恐慌。我等不及回到紐約了，我打長途電話給經紀人要他趕快平倉。從經紀人那裡得知我這次的盈利，實際上已經彌補了以前的損失，我就繼續開車到紐約，一路上都沒有再去關注任何行情報告。

　　和我在溫泉城度假休閒的朋友都在紛紛談論，那天我從午餐桌前一下子跳起來，去第二次拋出1萬包棉花時的情形。我自己知道這樣的舉動並非是因為預感的指使，而是一種自信的推動力，無論我以前犯過什麼樣的錯誤，我都深信拋出棉花的時機終於到來了。我絕對不能錯失這個機會，這是屬於我的機會。潛意識活動可能一直都存在，直到為我找到結果。在華盛頓的拋出舉動正是源於我的細緻觀察。多年來的經驗提示我，最小阻力

的走向已經由上漲變成下跌了。

　　在棉花期貨市場中將近100萬美元的損失我看得很淡，我不會因為自己犯了大錯而自我譴責，也不因後來在費城成功地將損失彌補回來而喜不自勝。我更在意的是交易中遇到的問題，我想我有理由斷言，正是因為憑藉過往的經驗，我才能夠成功地彌補當初的損失。

【注釋】

　　1. 山姆大叔（Uncle Sam）是美國的綽號和擬人化形象，通常被用來代指「美國」或「美國政府」，主要在美國、英國，尤其是在新聞界中使用較多。山姆大叔一般被描繪成身穿星條旗紋樣的禮服，頭戴星條旗紋樣的高禮帽，身材高瘦，留著山羊鬍子，鷹鉤鼻，精神矍鑠的老人形象。這個漫畫形象是由著名畫家詹姆斯・蒙哥馬利・弗拉格（James Montgomery Flagg）依自己長相為公共資訊委員會而畫。一般認為「山姆大叔」一名是源於1812年美英戰爭時期，一位名叫塞繆爾・威爾遜（Samuel Wilson，1766—1854年），暱稱山姆大叔（Uncle Sam）的美國人，他在戰爭中向美軍供應牛肉，桶上的牌子寫的是「EA-US」。EA為公司名，US為生產地美國，而山姆大叔（Uncle Sam）的縮寫恰好也是US，於是在一次玩笑中，山姆大叔的說法很快傳開，其後成了美國的綽號。美國人把「山姆大叔」誠實可靠、吃苦耐勞及愛國主義精神，視為自己民族的驕傲和共有的品德。1961年，美國國會在決議中以「國家象徵」稱呼「山姆大叔」。——譯者注

第18章：歷史總在不斷重演

在華爾街上，歷史總是不停地重演。

你或許還記得我曾經講述過的一個故事，那個故事是關於在斯特拉頓（Stratton）操縱玉米市場時，我如何買入軋平空頭部位的事，我曾經在股票市場上用過與其相近的手法。熱帶貿易公司（Tropical Trading）的股票曾讓我獲利頗豐，無論是做多還是賣空，這檔股票都讓我賺過錢。這檔股票的交易總是很活躍，深受愛冒險的交易者們喜愛。報紙一再指責該股票的內線集團，說他們只關注股票價格的波動，卻不鼓勵長期投資這檔股票。

某日，我認識的一位非常優秀的經紀商說，無論是丹尼爾·德魯[①]（Daniel Drew）對待伊利湖（Erie）公司的股票所採取的辦法，還是哈邁耶夫在美國糖業公司股票操作上的策略，都無法與熱帶貿易公司總裁馬利根（Mulligan）和他那群朋友操縱股票的技法相提並論，他們的做法堪稱完美絕倫，因而可以從熱帶貿易公司股票的市場中，成功榨取如此多的利潤。他們經常鼓勵空頭賣空熱帶貿易，隨後又快速而徹底地把空頭軋得死去活來。對於空頭來說，這種軋空過程的感覺，要比被液壓機壓下來時的感覺更加恐怖。

當然也有一些人說，在熱帶貿易股的交易歷史中，一些聲名狼藉的事件時常發生。但我認為，這些批評者一定都曾經被軋空虧本的感覺折磨

過。這些交易者既然如此頻繁地碰到內線人士的作弊手法，為什麼不停止玩這種遊戲？只有一個原因可以解釋，那就是他們享受活躍交易的過程。在熱帶貿易股上，這種活躍狀況確實存在，幾乎沒有價格長期不動的問題。無須追究或說明理由，也不需要浪費更多的時間，更不必緊繃著神經，只需耐心等待報價板上的價格波動開始。除非空頭頭寸大到使可交易的股票數量變得很稀少，否則一定會有相當數量的股票在周轉。什麼時候都有甘於上當受騙的人。

這件事情已經過去一段時間了，當時我像平常一樣，在佛羅里達州避寒。我忙著垂釣，過著清閒的日子，除了隔幾天收到一包報紙之外，完全不想關於市場的事情。有一天早晨，一週來兩次的郵件被準時送到了，我翻看了股票報價，發現熱帶貿易的價格是155美元。我回憶起上次我看到這檔股票的報價時，是140美元左右。之前我覺得即將進入熊市，於是我等待時機，準備賣空股票。但時間尚早，我無須太過緊張，所以我來垂釣，暫時不去關注盤勢的走向。我知道，真正的賣空時機來臨時，我一定會重返市場，而現在，無論我有何種舉措，對整個市場的進程都毫無影響。

從我那天早上收到的報紙來看，熱帶貿易的表現已經背離了市場的整體趨勢。這件事情使我不再過多關注大勢的變化，因為我想到在大盤走勢跌跌撞撞的時候，內線人士去拉抬熱帶貿易的股價實在不是明智之舉。有的時候，榨取利潤的過程必須暫停下來。在交易者的估算中，非正常的因素多半是不受歡迎的，在我看來，拉抬這檔股票大錯特錯。無論是誰犯下了這麼重大的錯誤，都一定會遭到懲罰，在股票市場中也絕無例外。

放下報紙，我繼續去釣魚，但是我仍然在思考熱帶貿易的內線集團到底想幹什麼。我預測到他們的失敗，這種失敗是必然的，就像一個人沒有攜帶降落傘從20層樓的屋頂跳下來一樣，他們非粉身碎骨不可。因為滿腦

子都是這件事，最後我放棄了釣魚，跑去拍了一封電報給我的經紀人，要他以市價賣出2,000股熱帶貿易。這些股票按照我的吩咐出手之後，我才能夠靜下心來繼續去釣魚，在魚池邊我的收穫可是不小啊。

那天下午，我從特別快遞員手上收到經紀人回覆我的電報。他回報說，已經用153美元的價格，成功出手了2,000股熱帶貿易。截至目前，一切都很順利。我在下跌的市場中賣空，這是情理之中的事情。但我必須停止自己的垂釣了，因為我已經因此而遠離報價板。我之所以會發現這一點，是因為我開始考慮所有的理由，以便解釋熱帶貿易的下跌走勢為什麼應該和大盤是一致的，而不應因為內線炒作繼續上漲。於是我離開釣魚營地，重新回到棕櫚海灘，因為那裡有直通電話可以連接紐約。

一踏上棕櫚海灘，我就看到犯了錯的內線集團仍然在繼續不肯罷手，於是我再次賣空，讓他們交易了第二筆2,000股熱帶貿易，成交報告來了之後，我第三次賣空2,000股，市場的表現讓我非常滿意，也就是說，在我的賣壓下，熱帶貿易股價下跌了。一切都在按照我預測的方向發展著，我走出門去慶祝。但是每每想到自己沒有賣空更多的股票，我的心裡就會生出一些失落。所以我又回到證券商那裡，第四次賣出2,000股。

我只有在賣出這檔股票時，心情才是暢快的。沒過多久，我就賣空了1萬股，該是時候回到紐約了，我現在有更緊急的事情，垂釣之事只能等我空閒的時候再說了。

很多投資者熱衷於投資高增長行業，這裡總是人聲鼎沸，但我卻並非如此。我反而熱衷於投資低速增長行業，例如塑膠刀叉行業，我喜歡的是比低增長行業增長率更低的零增長行業，往往在這種零增長行業中可以尋找到最賺錢的股票。

★ 彼得・林區

剛到紐約，我就四處打聽這家公司的業務狀況，包括實際的情形和未來展望。我瞭解的情況堅定了我的信念，確定內線集團的做法已經不是用魯莽可以形容的了，事實上更加糟糕，他們居然在大盤走勢或公司盈餘不能支撐的時候還在拉抬股價。

這種漲勢不合理，而且也不合時宜，卻在一般投資大眾中，形成了跟風式的買進，這點無疑是在鼓勵內線集團，讓他們繼續採取那種自以為是的戰術。因此我賣空更多股票，內線集團也停止了愚蠢的做法，所以我根據自己的交易方法，進行了反覆的測試，我共計賣空3萬股熱帶貿易，此時股票價格變為133美元。

有人警告過我，說熱帶貿易內線集團對每一張股票在華爾街的下落都瞭若指掌，甚至精確地知道賣空部位的大小和賣空的操作者，也瞭解其他具有重要意義的細節，他們很能幹，而且相當的精明。總而言之，與這樣的集團交手是很危險的。但是事實誰也無法改變，而且大勢下交易者就是最有力的盟友。

當然，從153美元一直跌到133美元時，空頭的數額增加了，也有很多人則在回檔時進行買進，並宣稱：這檔股票在153美元以上時，就被稱為很有潛力的買進標的，現在下跌了20點，再次證明它的確是最佳的買進標的。同樣的股票，同樣的股利率，同樣的經營階層，同樣的業務，真是奇貨可居！

大眾的買盤使得流通在外的籌碼減少，內線人士知道很多場內經紀商都在賣空這檔股票，他們一直在等待的軋空時機終於來到了，於是設計把價格拉抬到150美元。我確信有很多空頭都在買入平倉，但是我按兵不動，我何必急躁呢？內線人士可能知道還有一筆3萬股沒有回補，即便如此我就有必要緊張嗎？促使我在153美元開始賣空，而且一路賣空到133美元的原

因，現在依然存在著，而且變得更加明顯了。內線人士想盡各種辦法強迫我平倉，但是他們給出的理由總是不太具有說服力。

投機客必須對自己和自己的判斷有信心。紐約棉花交易所前任主席、知名著作《投機的藝術》（Speculation as a Fine Art）的作者、已故的狄克森・華茲（Dickson G.Watts）曾經說過：「投機客的勇氣正是源於有信心根據自己的決定採取行動。」對我自己而言，我從來不懼怕犯錯，因為除非事實證明了我是錯的，否則我都堅信自己所作所為的正確性。事實上，除非可以讓自己的經驗充分地發揮出來賺錢，否則我就寢食難安。在某一段時間裡，市場未必會明確指出我的錯誤，只有漲勢或跌勢的特性能夠替我判斷我的買賣正確與否。知識是我獲勝的唯一法寶，如果我失敗了，一定是我自身的原因造成的。

從133美元漲到150美元的過程中，沒有任何特性能夠讓我懼怕，我還是一樣的堅定。不久，這檔股票就如我所預料的一樣，再度下跌。跌破140美元後，內線集團做出了撐盤的舉動。他們四處散播與這檔股票有關的利多謠言，以便配合他們的買盤。比如，我們聽說這家公司業績看漲，獲得的利潤足以使公司提高定期分紅，而且據說空頭的數額相當龐大，一場空前的「世紀軋空」，很快就會給空頭迎頭一擊，而某位賣空過頭的作手會遭到更嚴重的打擊。在他們把股價拉抬10點時，我無法用語言向你描述我所聽到多如牛毛的謠言。

對我來說，這番炒作並不具有特別的危險性，但是在股價達到149美元時，我知道華爾街上的人已經徹底被謠言擊敗了，聽到鋪天蓋地的謠言，我的心情並不輕鬆。當然，此刻無論是我還是別人都是無奈的，因為我們都無法讓任何驚慌失措的空頭相信，也無法讓經紀行裡靠著所謂的內線消息進行買賣的顧客相信，他們是那麼的容易上當。只有行情紙帶才能

給出最有效的反擊，而且只有行情紙帶能夠這樣敘述。行情紙帶是人們唯一信賴的東西，此外沒有人會去理會活人的聲明，更不會相信一位賣空3萬股的空頭的話語。斯特拉頓軋空玉米時，我所採用的方法再次被派上了用場，當時我賣出燕麥，使交易者看空玉米，這還是經驗和記憶的功勞。

內線集團拉抬熱帶貿易的股價，想要讓空頭懼怕的時候，我沒有採用賣出這檔股票去阻止漲勢的方法。我已經賣空了3萬股，這個數量對於流通在外的股票數額來說，比例已經相當可觀，再賣空下去就顯得有點過頭了。他們精心地設好圈套，等待著我的自投羅網。股市第二次反彈的時候，我已經嗅到了邀請的氣息，我不打算飛蛾撲火。熱帶貿易股價觸及149美元時，我的對策是賣空了1萬股左右赤道商業公司（Equatorial Commercial Corporation）的股票。而這家公司是熱帶貿易公司的大股東。

赤道商業公司的股性沒有熱帶貿易那麼活躍，果然不出所料，在我的賣壓下開始大跌，這正是我希望看到的結果。交易者和經紀行裡對熱帶貿易股票多頭消息深信不疑的顧客，看到了熱帶貿易股價上漲的同時，赤道商業出現了龐大的賣壓，股價大跌，他們由此斷定熱帶貿易股票強勢上漲只是一顆煙幕彈，是炒作出來的漲勢，其目的昭然若揭，就是要讓內線人士出脫赤道商業的股票，而赤道商業持有最多的是熱帶貿易公司股票。交易的數量如此巨大，一定是赤道商業內線人士所為，此外不會有人在熱帶貿易股價走勢強勁無比的時候，賣空這麼多股票。

於是他們將熱帶貿易股票大量出脫，熱帶貿易股價的漲勢因此停了下來，內線集團根本不願意承接那些被賣出的股票，隨著內線集團停止撐盤，熱帶貿易的股價開始劇烈下跌。交易者和主要的經紀行也開始出手赤道商業的股票，我藉機買入赤道商業的股票平倉，小賺了一筆。我這樣做的本意並非是因為有利可圖，而是要阻止熱帶貿易股價的漲勢。

熱帶貿易的內線集團和他們堅持不懈的公關人員，反覆不停地在華爾街上散佈各式各樣的利多謠言，希望可以據此拉抬股價。每次有謠言放出，我都會賣空赤道商業股票，並且當赤道商業股價下跌連帶拉下熱帶貿易股價的時候，就迅速利用時間差買入赤道商業平倉。炒作集團的計策在我這裡屢屢碰壁。熱帶貿易的股價最後跌到125美元，賣空的比重逐漸加大，內線人士因而具有把股價往上拉抬20～25美元的空間，因為空頭部位過於龐大，這次的漲勢合情合理，雖然我已經預見到了這次反彈，但卻沒有買入平倉，我不希望喪失自己的立場。在赤道商業股價有能力配合熱帶貿易的漲勢，實現雙方同步上漲之前，我繼續大量賣空赤道商業股票，結果並無意外，熱帶貿易的利多消息被戳破了，這檔股票近期的驚人漲勢得到抑制——最近該股票的多頭消息又開始橫行了。

　　這時大盤已經變得相當疲軟。正如我前文所述，這是因為我相信我們已經進入熊市，也因此我才會在佛羅里達州的釣魚營地中決定賣空熱帶貿易股票。與此同時，也賣空了數量可觀的其他股票，但是其中我最看重熱帶貿易。最後，基本面壓力實在太大，內線集團已經無力回天，熱帶貿易股價開始暴跌。在多年的持續上漲之後第一次跌破120美元，接著又跌破110美元，終於跌破面值，可是我仍然按兵不動。直到有一日，整個市場疲軟達到了極點，熱帶貿易股價跌破90美元，按照以往的經驗，我迅速在混亂中買入平倉！這是絕佳的機會——交易量巨大、行情疲軟、賣盤遠遠超過買盤。即使我這樣說難免有自我吹噓的嫌疑，我還是不吐不快：我幾乎是在跌勢中的最低點，平倉自己的3萬股熱帶貿易。我並沒有對自己定下必須要在底部回補的目標，僅僅是想把自己的帳面利潤變成現金，而在整個轉換過程中，我不希望喪失太多利潤。

　　整個過程中，我冷靜從容，因為我深信自己的立場正確。我沒有對抗

市場趨勢或違背基本形勢，而是順勢而行，正是基於這些原因，我斷定盲目自信的內線集團會潰敗不堪。其他人以前曾經嘗試過這樣的行為，但總是毫無例外地以失敗告終。即使我與其他人一樣，明白慣有的反彈即將來臨，也不會因此就聞風喪膽。我知道只要我堅持到底，最後的結果總會好的，於是我設法買入平倉，然後再以較高的價錢再度賣空。而正確立場的堅持為我帶來的利潤超過了100萬美元。我所做的事情與第六感無關，也不關乎高明的解盤技巧，更不是靠著自己的聰明或虛榮心就可以獲得利潤，一切只得益於我對自己判斷的信心。知識就是力量，有了這種力量的支撐就可以對謊言置若罔聞，即使這個謊言已經被印在行情紙帶上，也很快就會取消。

　　一年後，熱帶貿易股票再度漲到150美元，而且在這個價位盤整了幾星期，持續不斷的上漲似乎已經到了應該大幅回落的時候，因為當時牛市的行情也發生了變化。我瞭解這些，因為我對市場早已做過相應的測試。現在熱帶貿易所屬的集團遇到了經營上的問題，走入了低谷，我找不到其中的原因，也想不出妙計可以幫助他們的股票實現上漲，即使大盤即將上漲也沒有什麼因素能支撐那些股票，何況大盤並沒有要上漲的跡象。我唯一能做的就是賣空熱帶貿易，我計畫賣空1萬股。我的賣盤造成了股價下跌，我看不出有任何支撐。可是轉瞬之間，買盤的性質發生了改變。

　　我發誓，從支撐力量剛剛出現時我就看出了端倪，說這話並非想證明自己是怪才。這件事讓我突然想到，這檔股票的內線集團在大盤下跌時，開始買進這檔股票，其中一定有什麼不可告人的祕密。而他們這些人道德淪喪，以致不覺得自己有義務維持這檔股票的價格。他們不是無知的蠢材，也不是善良之人，也不是那些企圖利用拉抬價格的手段，在櫃檯上多賣一些股票的承銷銀行家。雖然我和其他人都在賣空，卻沒有影響這檔股

票的價格上漲。在153美元時，我買入平倉了2萬股，等到其上漲至156美元時，我確實翻空為多，因為這時盤勢已經告訴我，阻力最小的路線是往上走。我對整個大盤的走勢並不在意，但是我面對的是一檔股票的交易狀況，並非一般的投機理論。這檔股票的價格急速飛漲，一直漲到超過了200美元，堪稱這一年最轟動的股票。

廣播和報紙雜誌都報導說：我在賣空中損失了500萬美元或比這更大的數額。事實恰恰與此相反，我非但沒有賣空，反而一路向上做多。實際上，我持有的時間還是有些過長，以致因此損失了一些帳面利潤。你想知道我這樣做的緣由嗎？因為假如我是熱帶貿易內線集團的人，我理所當然地會做這些事情。但是我的考慮有點一廂情願了，因為我的事業僅僅要求我遵循眼前的事實去做交易，而不是料想別人怎麼做再去交易。

【注釋】

1. 丹尼爾‧德魯（1797—1879年），19世紀60年代最著名投機者，他1844年進入華爾街，1876年破產。他曾是那個時代的美國首富，據說他從100美元開始，經過販牛、經營汽輪機、操縱伊利鐵路股票後，他的資產達到1300萬美元，最後在他破產的時候，除了一大堆負債，身邊就只有價值幾百美元的家當，最後中風而死。——譯者注

第19章：操縱市場總有伎倆

　　我無從知曉是在何時何地由何人最先把「炒作」這個字眼，與事實上極其平常的買賣過程結合在一起的，並以此來形容在證券交易所進行的大量股票的交易。經由使用各種手段，人為地操縱和干預市場，以便自己能以低價購買想要進貨的股票，也是一種炒作。這樣不必降格以求，更不必採用非法手段去實現自己的目的，但是你很難避免去做在某些人看來不正當的事情。在牛市中，如何大量地買進一檔股票，卻不至於拉抬股價呢？這是個值得思考的問題。其解決的方法也是個難題，因為這其中涉及的因素太多了，所以你無法給出一個普遍適用的解決方案，除非籠統地說：依靠精明的操縱手段。有實例可以證明這一點嗎？這要審時度勢而定。這似乎就是最為接近的答案了。

　　我陶醉於自己事業的每一個階段，既借鑑別人的經驗，也從自己的經歷中總結學習。不過如今要從下午收盤後，經紀行裡流傳的許多故事中學習如何炒作股票卻比較困難。因為當年那些百試百靈的手段、絕招和妙招都已經過時或不適用，有些因為不合法也不適宜繼續用了。證券交易法令和條件已經發生了翻天覆地的變化，丹尼爾・德魯、小雅各[①]或傑伊・古爾德（Jay Gould）在50到70年前能做的事情，即使是被精確詳細地記錄下來了，對現在的形勢也不再具有任何的價值。今天的作手完全可以拋開這些前輩所做的事情，不必再以他們為榜樣去行事了，就好比西點軍校的學

生再怎麼刻苦地研究古人的箭術，也無法增加實用的彈道學知識。

　　但另一方面，研究人性因素還是大有裨益的，比如說，為什麼人們總是容易輕信內心渴望相信的事情呢？為什麼他們會允許自己被貪心所影響呢？雖說這也算是對自己的一種鼓勵，有時還會被一些人的粗心大意或斤斤計較所影響。恐懼和希望是人性中永恆的一部分，因此，研究投機客的心理，始終是有價值的。雖然武器會發生變化，但是戰略還是戰略，無論在紐約證券交易所，還是在戰場上，道理都是一樣的。我認為對整個情形概括最言簡意賅的，當屬湯瑪斯‧F.伍羅克（Thomas F. Woodlock），他說：「股票投機成功的基礎，是假設大家以後還會對從前所犯的錯誤重蹈覆轍。」

　　在股市最為熱絡的時候，投入股市的人數也達到了最高峰。聰明巧妙都是多餘的，因此在這種時候，浪費時間去討論炒作或投機，根本毫無意義，就如同在大雨中想發現同時落在對面街道屋頂上的雨滴有什麼差異一樣。傻瓜總是希望坐享其成，漲勢可觀的氣氛總是很容易喚起大家賭博的天性，這種天性是貪婪的孿生兄弟。想不勞而獲的人終究會付出代價的，事實證明，不勞而獲在這個世界上是根本不存在的東西。以前我聽到別人談論舊時代的交易情形和絕招時，常常認為19世紀60年代和70年代的人，比20世紀初的人更容易上當。但是我清楚地記得就在那一天或是第二天，報紙上又報導了一些最新的騙局，或是一些對賭行倒閉的事情，這也意味著一些傻瓜幾百萬美元的儲蓄無聲無息地消失了。

　　我初到紐約時，大家對於談論洗盤②和對倒③的事情都非常熱衷，雖然如此，但這種做法已經被證券交易所明令禁止了。有的時候洗盤的手法太粗糙了，任何人都可以一眼將其看穿。如果有人希望把某檔股票洗高或洗低，經紀行就會毫不猶豫地對客戶解釋說：莊家洗盤洗得很厲害。正如

我前文所述，經紀行指的對賭行洗盤事件不止一次出現在市場上，也就是一檔股票在片刻之間下跌2～3點，目的就是要在報價紙帶上形成跌價的態勢，憑藉這種手段把在對賭行裡，靠著一點點保證金做多這檔股票的人洗光。至於對倒，使用的時候想不出差錯很難，因為在各家經紀商之間，不可能協調一致地操作，這些做法也違背了證券交易所的法令。幾年前，一位響噹噹的作手在對倒指令中取消了賣單，卻忘記取消買單，結果一位不瞭解內幕的經紀商在短短的數分鐘之內，就把股價炒高了25點左右，他的買盤一停止，就看到這檔股票以它剛剛上漲時的速度迅速開始暴跌，直至跌回起點。這些做法原本是希望創造交易活躍的表面現象，但手段太不巧妙了，這種武器實在不可靠。我還需提醒諸位一點，即使是最優秀的經紀商，你也必須對他保守祕密——如果你希望他繼續擔任紐約證券交易所會員，他就是不可信的。不過，如今的稅法比較有效，使得虛假交易手法運用起來成本高多了。

字典中炒作的定義已經將軋空涵蓋其中了。軋空可能是炒作的結果，也可能是因為競相買進所造成的。舉個例子，1901年5月9日，太平洋北部鐵路的軋空就與炒作無關。

事實上，很少有幾次大規模的軋空，能讓主導軋空的人真正從中獲利。范德比爾特海軍准將（Commodore Vanderbilt）兩次軋空哈林公司（Harlem）股票，因而收益不菲，但是這傢伙能夠戰勝眾多想要欺騙他的空頭賭徒、不誠實的國會議員和市議員，而獲得幾百萬美元的利潤，確實是非比尋常的人。另外，古德在推動西北鐵路股票軋空時損失慘重；老懷特在拉克萬納鐵路股票軋空中，獲得了100萬美元的利潤；但是詹姆斯・基恩在漢尼拔和聖喬伊鐵路（Hannible & St.Joe）股票的交易中，賠了11萬美元。如果希望憑藉軋空獲得利潤，就必須要依靠高於成本的價格出清手上

最初買進的持股，而且空頭的規模必須相當大，才能為軋空提供可能的發生空間。

　　我曾經試著想理解，在半個世紀前的大作手當中，為什麼軋空如此流行。這些作手都是能力高強、經驗豐富、機警精明的人，不會像兒童般幼稚地相信同輩作手會大發善心。可是他們被軋空困住的次數多得讓人難以理解。一位聰慧睿智的老經紀商告訴我說：所有60年代和70年代的大作手，都擁有一個同樣的夢想——主導推動一次軋空。有很多次壟斷是因為虛榮心在作祟，也有一些軋空是為了報仇雪恨。總而言之，被人指名道姓地批評成功地軋空了一檔股票，表面看是一種否定的態度，實則是對他的智慧、勇敢和成就的一種認可。軋空讓主導壟斷的人可以在交易中高人一等，因此對於同伴的喝采和豔羨他都是受之無愧的。有些人之所以會不惜代價地安排軋空，他們在意的不是軋空可以帶來的金錢利益，而是因為虛榮心在冷靜的作手身上作祟。

　　那個時代競爭的手段很殘酷，看著狗咬狗時，旁觀者輕鬆愉悅的心情可想而知。我記得自己曾經說過，很多時候我都在設法逃避被軋空的危險，作為普通的人我並不擁有神祕的盤口感覺，只不過我可以憑藉自己多年累積的經驗，判斷出何時做多而且不再輕率地做空。普通的試盤讓我能夠一次次成功，那些老前輩們一定也這樣做過。老德魯曾經多次軋空同輩的作手，讓他們為做空伊利湖股而付出昂貴的代價，但他自己也未能逃過

　　並不只是市場參與者在操縱市場交易時帶有片面性；同時，他們的片面性也會反過來影響交易過程的未來發展，他們互為作用與反作用力。這可能使人們產生這樣的印象，即市場能先期預料未來的發展，並且相當準確。然而事實卻是：並不是眼前的期望符合未來的事件；而是未來的事件為眼前的期望所影響。

　　　　　　　　　　　　　　　　　　　　　　　　　　★ 索羅斯

此劫，在伊利湖股上又被范德比爾特海軍准將軋空，老德魯懷著誠懇的態度向范德比爾特求饒的時候，這位准將口氣淩厲，以彼之道還彼之身，引述大空頭德魯自己的至理名言作答：

「誰將不屬於自己的東西賣出了，結果不是買回來就是進監獄。」

華爾街已經很少有人記得一位作手的事蹟，這位作手也曾經在華爾街名聲大噪，數年裡引領風騷。他的名字至今仍然沒有被人們完全遺忘，主要的原因似乎是他創造了「稀釋股票」這個名詞。

愛迪生‧G.賈樂美（Addison G.Jerome）是1863年春季公認的市場之王。有人這樣向我描述說，他的市場消息被人認為與銀行裡的現金一樣有效。總而言之，他堪稱偉大的作手，在那個年代裡，獲得的利潤高達幾百萬美元。他生性驕縱放任，生活豪華奢靡到了無以復加的地步，在華爾街上擁有最多的忠實信徒。直到號稱「沉默的威廉」的亨利‧吉普（Henry Jeep）在老南方鐵路股票軋空，賈樂美的幾百萬美元被通通軋光了，這個傳奇的人物才為自己的時代畫上了句號。順便提一句，吉普是州長羅茲韋爾‧P.佛勞爾（Rosewell P.Flower）的姻親兄弟。

曾經發生過的絕大多數軋空中，炒作的主要手段是讓那些被蒙在鼓裡卻不斷受到誘惑的人賣空這檔股票，自己在暗地裡操作軋空。因此，軋空的主要目標是同輩的專家，因為群眾是不會站到做空的隊伍裡去的。在歷史上促使這些行家裡手賣空的原因，與眼下促使他們賣空的原因並無差別。在翻閱了諸多的行業資料後，我瞭解到范德比爾特海軍准將軋空哈勒姆股票時，賣空的大多是那些不守信用的政客，其他專業交易者都是因為股價太高才賣空股票的。他們認定股價太高的依據，就是這檔股票的價格已經達到了歷史最高點，因此，這檔股票高得讓人失去了購買的能力，如果高得無力買進，那麼賣出就屬於正常之舉了。這點聽起來頗具現代意

味，他們關注的是價格，范德比爾特海軍准將想到的是價值！因此，時隔多年，老前輩告訴我，那時只要有人一貧如洗，他們就會指著他說：「他是做空哈勒姆的！」

很多年前，我跟古德的一位老經紀商推心置腹地交流過，他一本正經地向我保證，說古德先生絕不是等閒之輩，老德魯曾經心有餘悸地說：「誰被他碰到誰就得死！」這個人指的就是古德，而且他的才能遠遠在過去和現在所有其他作手之上。他不愧為金融奇才，他的眾多成就讓他無愧於這個稱謂。即使歷史的車輪已經前行了這麼久，他適應新情況的驚人能力還是讓我欽佩，適應新情況的能力對任何交易者而言是異常寶貴的。他可以輕而易舉地改變攻防策略，因為他將心思都用在了資產命運上，對股票投機嗤之以鼻。他炒作是為了投資，而不是為了使市場因之發生變化。他極具前瞻性地看出賺大錢要依靠擁有鐵路，而不是在證券交易所中炒作鐵路股票。當然，他還是最大限度地利用了股票市場，在我看來，這樣做是因為從股市上賺錢是最輕鬆快捷的方式，而且他需要幾百、幾千萬美元，就如同老寇里斯・P.亨廷頓（Collis P.Huntington）總是財政危機一樣，他也急需資金，與銀行願意借給他的錢比起來，這其中總會有2,000萬～3,000萬美元的差額。具有遠見卓識卻缺乏資金，就只能憂心如焚；有了資金做保障，再配上遠見卓識，就代表著成就、權力和金錢等一切的東西。

當然，炒作並不是當年這些大人物的專利，也有一些名氣不那麼大的作手。一位老經紀商告訴我這樣一則故事，這故事與19世紀60年代初期的情形和道德狀況有關。他說：「我對華爾街最早的印象始於我的第一次金融區拜訪經歷。一次家父去那裡辦些事情，我已經忘記了是因為什麼他會帶著我一同前往。我們沿著百老匯走，然後我們在華爾街轉彎，再沿著

華爾街繼續向前走，就在我們走到布羅德街（Broad Street）或是拿索街（Nassau Street）那個位置的時候，也就是現在信孚銀行（Bankers Trust Corporation）大樓所在的街口，我看到一群人尾隨著兩個男人。第一個男人向東走，滿臉毫不在意的樣子，另一個男人緊跟在他的身後，後面這個人滿臉通紅，一隻手拿著帽子瘋狂地揮舞抵抗，另一隻手在空中緊握拳頭胡亂打著。他聲嘶力竭地喊著：「吸血鬼、吸血鬼！昧心錢你到底賺了多少？吸血鬼！吸血鬼！」

隨後我看到四面的窗戶裡都是探出來的人頭。當年還沒有摩天大廈，但是我親眼看到二樓、三樓的人都將頭探出了窗子外面，為的就是一看究竟。家父上前詢問，有人給了簡短的回答，但我太緊張了，以致什麼都沒有聽進去。我只顧著緊緊抓住家父的手，以免被擁擠的人群擠散了。街道上的群眾人數一直在增加，我越發不安起來。面色不善的群眾從拿索街和華爾街對過來，還有些人從華爾街東西兩端跑來。最後我們終於從人群中脫身了，家父跟我解釋說那個稱為「吸血鬼」的人叫什麼，因為時隔太久了，我已經記不清楚他的名字，但是他是紐約市裡主力股的最大作手。據瞭解，除了雅各‧利特爾之外，他賺過和虧過的錢，在華爾街上無人能及。我之所以可以清楚地記得雅各‧利特爾的名字，是因為我覺得一個成年人叫小雅各這種名字很有趣。被人們稱為吸血鬼的人因從事鎖定資金而名譽掃地。他的名字我雖然記不起來了，但是我還能夠記得他的體型特點，長得高高瘦瘦的，臉色蒼白，暗淡無光。在那個年代，內線集團習慣用借錢的方式，把資金鎖起來，換言之，就是讓證券交易所裡想借錢的人能夠借到的錢數越來越少。他們會去借錢，取得保付支票，實際上，他們借到的錢一分也不會動用。這當然是一種操縱行為，在我看來，這也是一種炒作的形式。」

對這位老先生的話我深表贊同，只是今天我們已經看不到這種炒作方式了。

【注釋】

1. 雅各‧利特爾（Jacob Little），出生於麻塞諸塞州的紐伯里波特，是一個造船匠的兒子。1822年，利特爾在華爾街一個地下辦公室建立了自己的經紀公司，此前幾年，他在一家經營多種業務的經紀公司——雅各‧巴克公司（Jacob Barker）任職。作為華爾街第一位偉大的投機者，雅各‧利特爾通常在市場行情下跌的時候進行操作，他因此成為華爾街第一個以「大熊星」的綽號而聞名的人。1834年，市場飛速上漲，莫里斯運河是這次牛市的龍頭股，但利特爾知道華爾街的許多大玩家已經賣空了這檔股票，正在等待它的下跌。利特爾組織了一個投機者集團悄悄地購買莫里斯運河的股票。當那些賣空者為了交付股票而到市場上購買莫里斯運河的股票時，他們發現利特爾的集團已經以大約10美元的平均價格買斷了這些股票，結果一個月之內，莫里斯運河的股價飛漲，達到每股185美元。一夜之間，利特爾成為華爾街上最著名的投機者，並且保持這一名聲長達20多年之久，儘管這一期間他曾三次破產。但每一次他都能努力地從失敗中站起來。最終，他在1857年的市場崩盤中第四次破產，從此一蹶不振。——譯者注

2. 洗盤為股市用語。洗盤的主要目的是為了清理市場多餘的浮動籌碼，抬高市場整體持倉成本。莊家為達炒作目的，必須在上漲途中讓低價買進、意志不堅的散戶拋出股票，以減輕上檔壓力。同時讓持股者的平均價位升高，以利於施行莊家的手段，達到牟取暴利的目的。——譯者注

3. 對倒是證券市場主力或莊家在不同的證券經紀商處開設多個戶頭，然後利用對應帳戶同時買賣某個相同的證券品項，以達到人為地拉抬價格以便拋壓，或者刻意打壓後以便達到低價吸籌的目標。——譯者注

第20章：戰略與戰術有質的區別

　　我從來沒有面對面地與華爾街所公認的那些偉大股票作手中任何一位交流過。我說的不是領袖，而是作手。他們都是我的前輩，不過我初到紐約的時候，所有作手中最偉大的詹姆斯·基恩聲勢正方興未艾。但彼時我還是個少年，眼界不夠開闊，只想著如何在一家可靠的證券公司裡成功複製我在故鄉對賭行中的成就；而且，基恩當時正全心投入炒作美國鋼鐵公司股票中，這在他的炒作史上是濃墨重彩的一筆。

　　我那時缺乏炒作的經驗，對炒作和炒作的價值或意義都不甚瞭解，而且基於我那時的身分地位，學習炒作的相關知識也並非當務之急。即便我斗膽想到了炒作，也是因為我把炒作當成了高級騙術，在各種騙術當中，對賭行用在我身上的那些手段，都是超低級的。正因為如此，我一開始接觸到的關於炒作方面的言論，半是臆測半是懷疑，猜測的成分遠遠多於明智的分析。

　　熟諳基恩的人曾經多次提醒我，說他是華爾街有史以來最勇敢果斷、最聰明睿智的作手。這一點意義非凡，因為，歷史上從來不乏偉大的交易者，但時過境遷，他們大部分人現在都被人們所遺忘了。不過，在他們聲勢如日中天時，他們都是領袖，短暫的領袖！他們靠著行情紙帶，從默默無聞的小卒，在金融圈逐漸發跡，最終熬成了業界的大佬，功成名就。然而，小小的彩色紙帶終究力量有限，無法讓他們在那裡做長久的停留，輝

煌轉瞬即逝，青史留名絕非易事。但基恩毫無疑問是個例外，他是同時代作手中的佼佼者，他主宰華爾街的那段時間較為長久，也是多彩多姿的。

他憑藉自己對股票遊戲豐富的知識，利用他作手的經驗和才能，為哈夫邁耶兄弟提供服務，哈夫邁耶兄弟也希望可以利用他讓美國糖業公司股票開發市場。基恩當時一貧如洗，如果不是受客觀經濟條件的制約，他一定會繼續靠著自己的力量操作，他是一位不折不扣的大賭徒！他在美國糖業公司上操作成功，在交易者最愛的股票排行榜上，這檔股票成功登頂，買賣都異常順利。有了這次成功的操盤經歷，很多內線集團都向他拋出了橄欖枝，紛紛邀請他去操盤。

有人告訴我，在這些內線集團的炒作中，他要求的從來不是薪資，而是要求得到與集團其他成員相等的待遇，即一份他應得的利潤。股票在市場上的表現當然全部由他負責，雙方之間背信棄義的閒話也因此不絕於耳，他和惠特尼-雷恩邦（Whitney-Ryan clique）的爭執，就是起源於這種無端的猜測。作手很容易被同伴誤解，同伴和他站的角度不同，因而無法看清某些事的本質，這也是我的經驗之談。

1901年春季成功地炒作美國鋼鐵公司股票這件事情，是基恩最輝煌的經歷，但歷史上關於這件事卻沒有留下精確的記錄，這不能不說是一件憾事。據我所知，基恩從來沒有跟摩根先生談過這件事。摩根的公司以塔伯特・J.泰勒公司（Talbot J.Taylor & Co.）為仲介和基恩打交道，基恩則以這家公司作為總部。塔伯特・泰勒是基恩的女婿。我相信基恩可以從這種為自己辛勞付出的努力中收穫樂趣。那年春季，他進一步炒熱了市場行情，並因此獲得了幾百萬美元的收益，大家對此都心知肚明。他告訴我一位朋友說，短短數週的時間裡，他在公開市場上，為負責承銷的集團賣出的股票已經超過了75萬股。基於以下兩種考慮，我們就會發現這樣的成績是相

當出色的：第一，這檔股票是沒有經過市場考驗的新股，公司的資本額與當時美國的國債總額相比，還有過之而無不及；第二，與此同時，在基恩助力創造的同一個市場裡，D.G.雷德、W.B.里茲、莫爾兄弟、亨利・菲利浦、佛瑞克和其他鋼鐵業鉅子，也成功地向大眾出售了幾十萬股的股票。

當然市場大勢對他有利。當時的經濟狀況就是這樣的良好，人氣和毫無限制的財力支持對他的成功來說簡直是如虎添翼。當時是個大牛市，而那種景象和人們亢奮的心態將永不再來。難以承受的證券恐慌後來還是發生了，基恩在1901年將美國鋼鐵公司普通股炒高到55美元，在1903年恐慌來臨的時候，該股已經跌到10美元，1904年跌到8.875美元。對於基恩的炒作手法我們無從分析，他沒有為此出過書，詳細的記錄也不存在。如果有機會研究一下他聯合銅礦公司（Amalgamated Copper）進行炒作的事情肯定很有趣。

羅傑斯和威廉・洛克菲勒等人嘗試在市場上賣出他們多餘的股票，卻沒能夠成功。於是他們轉而求助於基恩，希望他可以替他們售出持股，基恩欣然應允。這裡需要提醒各位一下，在羅傑斯的時代，他自己是華爾街上最能幹的企業家之一，而他的合夥人威廉・洛克菲勒也是整個標準石油集團當中最大膽的投機客。事實上，他們擁有的資源、崇高的名聲和多年在股票遊戲中累積的經驗都是無人能及的。然而他們還是不得不求助基恩。我之所以這麼說，是要讓你知道，有些專業的工作確實要由專家去做。這是一支行情看好的股票，得到了美國一些最偉大的資本家支持，卻賣不出去，想賣出去就得以犧牲諸多的金錢和名聲為代價，精明能幹如羅

業餘投資者只要花少量時間，研究自己熟悉行業中的幾家上市公司，績效就能超過95%的管理基金的專業投資者，而且會從中得到許多樂趣。

★ 彼得・林區

傑斯和洛克菲勒，最終也認定基恩是唯一能夠幫助他們的人。

基恩立刻開始投入工作。他面對的是牛市，在面值上下的價格他共計賣出22萬股聯合銅礦。他清倉了內部人員的持股之後，大眾仍然在追捧著買進，價格又上漲了10點。內部人員看到大眾如此熱烈地買進這檔股票，反而改變了自己對這檔股票的看法。還有一個版本的說法是，羅傑斯竟然建議基恩做多聯合銅礦股票。如果說這是羅傑斯想要倒貨給基恩的話，不太能夠令人信服。羅傑斯太精明了，一定知道基恩不是他手中的玩偶。基恩一如既往的行事，直到股價大漲之後，才大量出貨。當然，他的戰略戰術由他的需求進行主導，也受制於每日變化的小波動。在股票市場中交易，與在戰場上作戰是一樣的道理，必須謹記戰略和戰術的差別。

基恩最信任的一個人，也是那個我所知道最善於用假蠅釣魚的人，前幾天才告訴我說，在聯合銅礦這場戰役中，有一次基恩自己幾乎空無一股，換句話說，就是基恩的手頭沒有他之前為了抬高股價而被迫買進的股票，每次賣光後，隔幾天他會買進幾千、幾萬股，隨後，他基本上又會全盤出售。然後他就對市場的行情採取置之不理的態度，看看市場如何自行運作，也讓市場習慣這種情形。但他一旦真的下定決心出售持股時，就會如我所描述的那樣，一路抬高股價再出貨。普通民眾總是期望會有反彈，而做空的人也會選擇在此時買入平倉。

在這場炒作中，基恩身邊最親密的人告訴我，基恩替羅傑斯和洛克菲勒賣出持股，讓他們因此獲利大約2,000萬或2,500萬美元現金，羅傑斯為此送給基恩一張20萬美元的支票作為報答。這種做法就如同富豪夫人施捨給紐約大都會歌劇院清掃女工5美元，以此酬謝她替她找到價值10萬美元的珍珠項鍊一樣。基恩拒絕接受這張支票，附上一張言辭中肯的便箋說，他不是經紀行的經紀商，能夠為他們效力自己很開心。他們把支票保留了起

來，回信告訴他，希望能夠再度跟他合作。

真是天才作手！讓人敬佩的詹姆斯・基恩！他的私人祕書告訴我，市場的發展趨勢和他的預期相符時，基恩先生就會變得脾氣暴躁；熟識他的人說，他的暴躁表現在冷嘲熱諷的言辭裡，這些話讓聽到的人都會牢牢銘記。他虧損的時候脾氣卻出奇的好，表現得就如上流社會極具教養的謙謙君子，人變得親切和藹，風趣幽默，出口成章。

他擁有投機成功所必須具備的優越心性，有了這點足以保證他在任何地方投機都能成功。他絕對不會不自量力地與大盤作對。他具有十足的大無畏精神，但絕對不是魯莽行事。如果他發現自己犯了錯，他可以在轉瞬之間回頭，從來不會執迷不悟。

從他的時代到現在，證券交易所的法令已經有翻天覆地的變化，對交易法令的執行比以前嚴格很多，證券買賣和利潤也被徵收很多新的稅賦，因此，這個遊戲開始變味了。基恩巧妙的賺錢手法，現在已經不適用了；而且有人誠懇地告誡我們，華爾街現在的商業道德已經提高到了較高的水準，與此前的情形已經不可同日而語了。但平心而論，基恩在美國金融歷史的任何時期，都不失為一位偉大的作手，因為他是一位了不起的股票操作者，對投機遊戲瞭若指掌。當然，他的很多成就都得益於當時的情況。如果他是在1922年進行操作，完全可以像他在1901年時的操作那樣成功，也可以像他1876年初次從加州到達紐約時一樣大獲全勝，當時他在兩年的時間裡淨賺了900萬美元。有些人永遠走在普通民眾的前面，他們註定是領導人才，不管民眾的變化如何。

事實上，變化並沒有你想像的那麼劇烈，報酬也不是我們想像的那麼豐厚，因為現在不再是開路先鋒的工作，因此，報酬與開路先鋒那時相比也不在同一個水準上。但是在某些方面，炒作也變得越發容易了，其他方

面卻比基恩的時代更為艱難了。

　　毫無疑問，廣告確實是一門藝術，利用行情紙帶作為媒介炒作，是一種廣告藝術。行情紙帶應該更好地表現作手希望操作者看到的事情。故事講述得越真實可信，越有說服力；故事越有說服力，廣告效果也就越好。如今的作手需要做的事情更加複雜了，不但需要讓一檔股票看起來很強勁，而且還需要使這檔股票表現得和它的外表一樣強勁。因此，炒作必須以健全的交易原則為基準。基恩之所以能夠成為神奇的作手正是源於此，從一開始，他就是絕佳的交易者。

　　現在，炒作這個名詞已經帶有了貶義的色彩，需要為它正名。我認為如果炒作的目的就是為了出售大筆股票，炒作過程本身沒有摻雜什麼不正當的手段，炒作就是無可厚非的。當然，前提是這種操作不能伴隨著任何主觀的誤導。毫無疑問地，作手必須在眾多的投機客中找到真正的買主。他將目標鎖定為那些希望為自己的資本賺到龐大利潤，並且願意為此承受超過正常商業風險的人。對於深知此理、卻把自己未能夠輕鬆賺到錢的結果歸咎於他人者，我無法同情。這種人賺錢的時候就自認為聰敏過人，一旦虧錢，就指責別人是作手！炒作這個字眼在這種情況之下，從這種人的嘴裡說出來，就彷彿是在譏諷別人用做了記號的紙牌作弊。但事實並非如此。

　　一般而言，炒作都有明確的目的性——發展出可銷售市場，就是創造出在任何時候，以某一個價位可以發行數量可觀股票的市場。當然，在市場行情大勢反轉時，內線集團可能難以賣出所持的股票，而他們就必須為此付出巨大的代價。為了避免因此造成的損失，他們可能會雇用一位作手，希望憑藉他的技術和經驗能夠讓他們全身而退，不必為此承擔巨額的經濟損失。

你可能已經產生了某種疑問，為何對那些目的在於盡量以最低價買進相當大數量股票的炒作避而不談，比如說，透過買進股票達到控盤目的的操作。原因很簡單——現在這種事情已經很罕見了。傑伊・古德希望真正掌握西聯電訊公司（Western Union）的控制權，因此大量買進這檔股票，在證券交易所交易大廳銷聲匿跡了很長時間的華盛頓・康納（Washington E.Connor）突然現身交易所的西聯電訊股票交易處。他開始瘋狂買進西聯電訊股票，所有場內交易員都對這種行為嗤之以鼻，認為他愚蠢可笑至極，因此，都毫不猶豫地把所有他想要的西聯電訊股票賣給他。他們認為這種手法毫無技術可言，自以為造成古德先生希望買進西聯電訊股票的假象就能夠拉抬這檔股票的價格。這樣是炒作嗎？我很難給出確切的回答。

如我所言，絕大多數情況下，炒作的目的都是為了以最好的價格將大量的股票賣給一般大眾。這不單單是將股票賣出去的問題，同時也做到了分散出貨。從任何方面來看，一檔股票由1,000個人持有，都比由一個人持有更為穩妥，這樣對市場比較有利。因此，作手需要考慮的不只是用很高的價格賣出股票，也需將股票分散的因素考慮進去。

如果你無法讓大眾從你手上接走你的股票，把價格拉抬到很高的水準就毫無意義了。初入股市的作手嘗試在頂部出貨卻遭遇了滑鐵盧，老前輩會經驗十足地告誡你說：你可以把一匹馬牽到水邊，但它是否想要喝水卻不是你能夠決定的。真是高屋建瓴啊！事實上，炒作的一條準則必須要牢記，基恩和一些成功的前輩都受益於此——打算賣出某種股票的時候，要盡量將其炒到最高價，然後一路緩慢壓低，迅速賣給大眾。

我來慢慢為你分析，如果某個人、某個承銷機構或內線集團擁有大筆的股票，並且希望高價將其賣出。該股票在紐約證券交易所正式掛牌，這種公開市場是出售股票的最佳地方，市場內的一般大眾也是股票最好的買

主。關於出售股票相關事宜的談判由某人全權負責，此人是公司目前或過去的合夥人之一，他嘗試在證券交易所出售這檔股票，但是鎩羽而歸。他現在已經對股市的操作流程十分熟悉，或是很快就會熟悉。他會悟出一個道理，就是需要有一個比他更有經驗、更有才華的人來操作這件事情。他從別人的談論中或是自己親眼看見的人中挑選出幾個合適的人選，他們都曾經成功地處理過類似的交易，他決定充分利用這些人的專業技巧以助自己一臂之力。他找到其中的某個人，就如同生病時去看醫生，或是需要諮詢工程技術方面的問題時去找工程師一樣。

如果他瞭解到我精通股票遊戲，他就會想盡一切辦法，拿到關於我的詳細資料。然後約我見面，時機成熟的時候，他甚至會到我的辦公室來拜訪我。

當然，也許恰巧我真的瞭解這檔股票，知道這檔股票代表的價值。這些事情是我的本職工作，也是我謀生的手段。來訪之人會告訴我，他和他的同伴希望達到的目標是什麼，希望我可以承擔這個工作。

我需要對方提供所有我認為必要的、能讓我清楚瞭解這個任務的相關資料，以此做參考來判定這檔股票的價格，評估其在市場上銷售的可能性。這些參考資料加上我對目前大勢的評估，我就可以較為充分地判斷這個操作任務成功的可能性。

如果我的判斷結果比較樂觀，我會考慮接受這個建議，立即與他就我提供服務的條件展開討論。如果他認可我開出的條件——酬勞和條件——我就著手開始工作。

一般情況下，我會要求得到一大筆股票的認購權，這種要求也多半可以得到對方的認可。我堅持累進式的認購權，因為這可以很好地平衡各方的利益。認購權的價格從略低於目前的市場行情開始，然後逐步上升。比

如說，我獲得了10萬股的認購權，這檔股票時下的行情是40美元，我的認購權允許我先以35美元認購幾千股，另一筆的認購價格則是37美元，再後面的一筆認購價格則漲至40美元，然後是45美元和50美元，就這樣穩步上升，可能會一直升到75美元或80美元。

如果我可以憑藉自己的專業知識和經驗技巧，加之各種炒作手段的配合，使價格上漲到最高價位，這檔股票的市場需求就會隨之加大，我就可以適時賣出大量的股票，那時我理所當然會執行認購這檔股票的權利。我和我的客戶都因此賺到了錢，實現了所謂的雙贏。這完全是可以預見的情形。如果我的技術正是他們金錢交易所需要的東西，其中的價值自然是他們渴求的東西；當然，不排除運作可能會以虧損結束的情況，但是，這種情形確實絕少出現，因為除非我看出自己有利可圖，否則我一定會拒絕接手去蹚一池渾水。今年接手的一兩個案子上，我的運氣就很不好，沒有賺到利潤。其中的原因很複雜，但這要另當別論了，以後我或許會說出來。

一檔股票營造上漲行情的第一步，是讓外界相信一個大廣告，讓公眾都知道該股票即將形成上漲行情。猛然聽起來很滑稽吧？但仔細想一想，其實並不像乍聽起來那麼好笑，還是很有道理的，對吧？事實上，最有效的宣傳方法是你滿懷真誠地讓這檔股票變得活躍而強勁。盡情地表達自己的觀點，盡心地做好力所能及的事情，全世界最有力量的公關人員是股價機器，效果最佳的廣告媒體是行情紙帶。我的客戶發出的任何宣傳檔都會顯得過於蒼白無力，報紙上關於這檔股票價值的報導也未必會有多大作用，財經報導對於這家公司前景的展望分析也未必能見成效，我甚至也不需要群眾的追隨，但如果可以讓這檔股票變得很活躍，我和成功之間的距離就非常接近了。股票交易活躍時，自然而然就會有人尋求其中的緣由，於是必要的理由自己會跑出來，媒體上連篇累牘的報導也不勞我費神督

促，我只需要坐等結果。

　　場內交易者最看重的也是交易活躍，只要有一個自由市場，他們會在任何價位買賣任何股票，一旦看到活躍的交易時，他們會成千上萬股地進行買賣，他們集合起來的能力不可低估。他們一定會成為作手的第一批買盤，繼而一路向上，跟著你買賣。因此，在操作的任何階段中，他們的力量都不可小視。基恩就常常藉助最活躍的經紀商，一來可以讓民眾暫時忽視發動炒作的源頭，二來也是因為他們最善於擴張業務，散佈起消息也是得心應手。他常常以高於行情的價格，給經紀商認購權，這樣的認購權都是口頭承諾，以便他們能夠在真正得到利潤之前，助自己一臂之力，這樣做的結果使我們雙方都有利可圖。想要得到這些業內人士的追隨，我只需要做一件事情——讓一檔股票交易活躍！經紀商不會提更多的要求。當然，你必須牢牢記住，在證券交易所交易大廳的

　　傑伊·古德（Jay Guold）照片。他是現代商業的創始人，19世紀美國鐵路和電報系統無可爭議的巨頭，「鍍金時代」股票市場的操縱者。他創造的操縱市場、籌集資本、吞併競爭者的新手段，很多已成為如今金融市場標準的操作模式。他是攫財大亨，他與J.P.摩根、科尼利厄斯·范德比爾特齊名，他在那個時代的地位超過了我們這個時代的比爾·蓋茲。但傑伊·古德也是引起最廣泛仇恨的惡魔，他在1869年對黃金市場的狙擊導致了被稱為「黑色星期五」的大恐慌。

場內買進股票，目的就是為了快速獲利而賣出。他們感興趣的不是巨額的利潤，而是很快就可以實現的利潤，即短期利潤。

　　為什麼要讓一檔股票交易活躍，以便吸引投機客的注意力？原因我已經闡述過了。我買進又賣出一檔股票，經紀商會跟著進行買賣。既然有如此大筆以投機為目的而持有的股票像我一樣在堅挺著，一旦被認購權鎖死之後，賣壓通常也會比較弱。因此，賣盤總是會輸給買盤，大眾主要不是跟隨作手的腳步，而是跟在經紀商的後面亦步亦趨。當大眾進場成為買方的時候，我會很開心，我基本上會賣出股票。如果需求合情合理，吸納的數量會超過我在炒作初期被迫買進的股數時，我會立即賣空這檔股票，這是一種技術性的賣空。換言之，我賣出的股票數量遠遠超過了我所持有的股票數量。對我來說，這樣就毫無後顧之憂了，因為我其實是根據自己的認購權賣出。當然，大眾的需求如果減弱，股價會隨之停止上漲。這時我會繼續觀望和等待。

　　如果這檔股票已經停止上漲，某日盤勢出現疲軟現象，整個大盤可能會出現回落的趨勢，抑或某些具有遠見卓識的經紀商可能看出，我的這檔股票毫無買盤可言，他會立即賣空這檔股票，他的追隨者也會照做。無論是基於何種原因，我這檔股票開始下跌。我需要做的就是開始買進這檔股票，給它支撐，就如同一檔股票會得到自己公司內部人士的支撐一樣。最值得稱道的一點是，我無須買進股票，就能支撐這檔股票，換言之，我不必增加自己持股的數量，日後也就不必再費力賣出。謹記，我以這樣的方式支撐股價，我的財力不會因之減少。當然，我的所作所為其實是買入軋平我曾經用較高價位賣空的股票，而彼時大眾或交易者的需求為我提供了高價賣空的條件。你應該瞭解，當交易者或一般大眾注意到這檔股票下跌時，還是有人繼續買入，這樣做非常巧妙，既可以阻止業內人士魯莽的賣

空行動，也可以阻止那些失去信心的股東賣出股票。一檔股票走勢越來越弱時，這種賣壓就會適時出現，如果沒有得到支撐，股票很快就會有這種表現。回補買單的策略是我所謂的穩定程序中的關鍵一環。

漲勢擴大時，我無疑也是一路向上賣出股票，但是數量始終不會大到影響漲勢。我完全是根據自己的穩定計劃來做，不會貿然行事。顯而易見的是，在合理而有秩序的漲勢中，我賣出的股票越多，越能鼓勵保守的投機客，這些人的數量遠超過魯莽的經紀商，而且股價必定會有疲軟的時候，我賣得越多，當這種日子到來的時候，越有力量給這檔股票予強大的支撐。透過不斷做空的方式，我既有能力讓自己不受大環境的牽制，又可以支撐股票的各種狀況。一般情況下，我在價格有利可圖時開始賣出，但事實上，我經常在不能獲利的情況下賣出，只是在為創造或增加自己的買進力量做鋪墊。這是我一直引以自豪的毫無風險的買進力量，我的工作不只局限於拉抬價格，或是僅僅為了替顧客賣出一大筆股票，我也要為自己賺錢。所以我不需要客戶提供操作資金，我的費用由我操作的成功與否決定。

當然，我上面所說的不是死板教條的做法。我並沒有一套穩定不變的作業流程，也無須遵照這種模式操作，我會審時度勢，隨時修改自己的條件。

想要將一檔股票快速散出去，應該盡可能地將其炒作到最高價，然後迅速賣出去。我強調這一點，一則因為這是基本原則，二則因為大眾更傾向於相信所有的賣壓都是在價格頂部出現。有時候一檔股票會變得舉步維艱，股價很難上漲，這時就應該適時將其出手。你的賣壓自然會造成股價下跌，而且跌幅會超出你的想像，但是正常情況下你還是可以把股價再拉上來。只要我炒作的股票在我的買單下回升，我就知道自己的處境絕對是

平安無事的，關鍵時刻，我會信心十足、毫不畏懼地用自己的資金買進，就如同我買進任何其他有類似表現的股票一樣。這是阻力最小的捷徑，前文我曾經提到過與這種路線有關的交易理論，不知道你還有沒有印象？阻力最小的價格路線一旦得以確定，我會堅定地遵照執行，這與我在哪個特定時刻炒作哪支特定的股票無關，只是因為從始至終我都是操作股票的人。

我的買盤無法拉抬股價時，我便不再繼續買進，轉而開始賣出，就算我並沒有炒作這檔股票，我也會採取同樣的做法。我們都非常瞭解，賣出一檔股票的主要方法，是要一路往下賣。但在股價下跌時，依然能賣出這麼多股票，的確令人難以置信。

我再反覆重申一點，在炒作過程中，我從來沒有忘記自己股票交易者的身分。畢竟我在炒作時，碰到的問題和操作時大同小異。作手無法讓股票按照自己所希望的趨勢波動時，所有的炒作就都該畫上句號了。不能把控股票的波動趨勢，就要立刻賣出。千萬不要與市場理論。更不要寄希望於把利潤救回來，在可以脫手且能夠廉價脫手時，速戰速決！

第21章：大眾賺的只是帳面利潤

　　我知道這些籠統的介紹很難讓人印象特別深刻，對此我已經習以為常了。如果我舉出一個真實的事例，或許會更有說服力一些。我可以清楚地講述自己是如何把一檔股票拉抬30點，與此同時只買進了7,000股，卻成功拓展出一個極其龐大的股票市場。

　　這檔股票就是帝國鋼鐵公司（Imperial Steel）——由一些聲名顯赫的人發行上市，而且宣傳廣告很熱烈，被認定是具有價值的投資股。其中30％左右的股票由幾家華爾街的公司分銷給一般大眾。但是這檔股票掛牌後，交易量卻不盡如人意，偶爾有人問津。個別的內部人士，也就是原來這檔股票承銷團的成員，會分析說這家公司的盈餘勝過預期，前景非常樂觀。他們所言屬實，卻難以調動起人們的激情，而且這檔股票缺乏投機誘因。單純從投資的觀點來看，價格穩定和持續分紅的能力還需事實加以佐證。這檔股票從來沒有出現過讓人注目的波動，太過溫和，即使內部人士為此發布了真實的公司報告，預期的上漲依然沒有如約而至。但另一方面，價格倒也並未下跌。

　　帝國鋼鐵股票就這麼默默無聞地存在著，沒有人看好它，也沒有人激動地報告利多消息，甚至沒有人賣出，股票價格既不上漲也不下跌。沒有人出售是因為沒有人喜歡賣空一支股權不是很分散的股票，因為這樣空頭會成為任人擺佈的傀儡，任由持股充足的內線集團擺佈。同樣的，也沒有

足夠的誘因讓人想要買進這種股票：對投資人來說，帝國鋼鐵股票無異於一檔投機股，而對投機客來說，這檔股票又毫無生機。如果你買進做多，它就很容易陷入昏睡套牢狀態，你的投資理念一定不允許你買進。一個人被迫拖著一具屍體一兩年，損失的時間成本肯定會超過本身的原始成本，如果看到了真正的好東西，就會因為自己被套得動彈不得而捶胸頓足。

有一天，帝國鋼鐵公司的一位重要成員，代表他自己和他的同事來拜訪我。他們希望為這檔股票創造市場，把自己手上依然持有的70％的股票散出去。他們向我詢問是否可以讓股票價格高於他們在公開市場希望得到的價格。而且希望我開誠佈公地提出條件，怎樣才會接受這個合作。

我告訴他，給我幾天的時間，我會給出自己的條件。隨後，我潛心研究這檔股票，聘請了一些專家調查這家公司的各個部門經營情況，包括生產、業務和財務等各個部門。他們向我提供了客觀公正的報告，我對公司的優點或缺點都不感興趣，但我需要掌握該公司的真實現狀，僅此而已。

報告顯示，這檔股票是很有價值的資產。如果投資人有足夠的耐心繼續等待，公司的發展會證明：以目前的市場行情，買進這檔股票是相當划算的。在這種情況下，就各種市場波動來說，股價應該出現上漲的態勢，也就是說，基於公司未來的發展前景，股價應當上漲。因此，我實在找不到拒絕的理由，於是決定謹慎而有信心地承擔起帝國鋼鐵股票的上漲行情炒作工作。

我通知那個和我見過面的人到我的辦公室來詳談細節。我開門見山地給出自己的條件：我提供這種服務不需要現金報酬，我只要10萬股帝國鋼

市場越不穩定，越多的人被這種趨勢影響；隨趨勢投機的影響越大，市場形勢就越不穩定。當一個趨勢繼續時，投機交易的重要性就越來越大。

★ 索羅斯

鐵的認購權，認購價格從70美元一直上升到100美元。以某些人的眼光來看，這是一筆不菲的費用，但是他們深知其中的利害關係，內部人士絕對無法用70美元的價格賣出10萬股，即使想要以這個價格賣出5萬股都是天方夜譚。這檔股票沒有市場，所有利多的展望和宣傳都沒有吸引買盤，或者說收效甚微。此外，除非我的委託人先期就可以賺上幾百萬美元，否則現金報酬也就無從談起。我希望得到的不是天價的銷售佣金，而是依據成功與否而定的收益，我認為這樣相當公平。

我知道這檔股票具有真正的價值，目前市場整體走勢還不錯，對所有優秀股票來說都是個不錯的上漲機會，我有信心出色地完成任務。我的意見讓我的客戶深感鼓舞，我們一拍即合，這個交易從一開始就讓人心情愉悅。

我首先要最大限度地保護自己。公司擁有或控制大約70％的流通股本，我建議他們把70％的股本在一個信託合約下存起來，我必須避免被大股東所利用。穩穩地鎖定了大部分的持股後，仍然有30％左右散落在外的股票需要我去關注。但風險是不可避免的，有經驗的投機客必須具備承擔風險的勇氣和能力。事實上，所有的股票同時湧進市場的可能性微乎其微，甚至低於人壽保險公司所有顧客在同一時間死亡的可能性。股票市場和人的壽命一樣，都有不為人知的精算表。

做好了自我保護工作，讓自己能夠免受可以避免的股市交易風險侵害後，我要付諸行動了。我的目標是要讓我的認購權有價值，實現這個目標的前提是拉抬價格，創造出一個我可以賣出10萬股的市場，即我所擁有認購權的股票數量。

我首先要分析在股票出現上漲時，有多少股票可能隨之擁進市場。這件事對於我的經紀商來說是很簡單的事，他們很容易就提供了相關資料給

我，我據此瞭解到在比目前行情略高的價位上，有多少股票求售，也許是場內的專家向他們提供了場內帳戶那些賣單的資料。目前的行情對外宣稱是70美元，但是，以這種價格，我根本賣不掉多少股票。沒有證據顯示在這個價位或更低一點的價位，會存在一些少量的需求。我必須以經紀商為我提供的資料為行動依據，但是這些資料並未清晰地顯示求售的股票數量和需求分別是多少。

得到相關的資料後，我悄悄地在70美元和稍高一點的價位，買進了所有掛出的股票。這些賣單是一些小股東掛出的，因為我的顧客在鎖好自己的籌碼之前，任何賣單都已經被取消了。

我不必急於購進股票。此外，我斷定適當的漲勢會帶來其他的買單和賣單。

我從來不曾放出關於帝國鋼鐵股價會上漲的消息，那完全是多餘之舉，我的工作本身就是最好的宣傳，直接影響人氣。當然，利多宣傳還是有必要的。宣傳新股票的價值，就如同宣傳羊毛製品、鞋子或汽車的價值一樣合理，而且確有必要。精確、可靠的消息應該由大眾說出來。但是，關於這方面的所有需要，行情紙帶都會為我代勞。我曾經提到過，口碑極佳的報紙總是設法刊出分析市場波動的文章——新聞。讀者不僅僅對股市發生的事情感興趣，也希望瞭解事情發生的原因。因此，作手不必為此大費周章，財經記者就會刊出所有能夠採訪到的資訊和謠言，包括分析盈餘報告、產業狀況及展望。一言蔽之，所有能夠為漲勢提供任何解釋的新線索都會被報導。記者或熟人向我諮詢對某檔股票的看法時，如果我心目中恰巧有這樣一支合適的股票，我會坦率地說出來。我不會自己主動進行爆料，也從來不報消息，但是，我用祕密的方式操作不見得是好事，我知道，所有報告消息的人和業務代表當中，行情紙帶才是最優秀、最具說服

力的。

　　我以70美元或略高於此的價格，將所有求售的股票都吸收進來，以此緩解市場上的壓力。交易的目的非常明顯，即指明帝國鋼鐵阻力最小的路線，就是明顯的上漲。交易大廳目光敏銳的經紀商一見此情形，就理所當然地預測這檔股票即將上漲，上漲幅度他們無法推斷，但單憑其將上漲這一點就足以促使他們開始買進。他們對帝國鋼鐵的需求，完全來自這檔股票明顯的上漲趨勢，行情紙帶是最穩妥的利多資訊！我立刻滿足這種需求。我把早先從被套得筋疲力盡的股東手中購進來的股票及時拋出，我當然會小心謹慎地行事，也願意這樣做。我不會在市場上強力推銷我的股票，我要控制漲勢，在這種啟動階段，將我所持有的10萬股售出一半，未必是好事。我的任務是創造一個市場，以便可以將所持的全部股份出手。

　　但是，即使我只按照經紀商需要的數量出售，市場也還是暫時失去了我的買盤支撐，截至目前，這種買盤是我一直穩定提供的。時機合宜之時，經紀商會停止買進，股價也就不會繼續上漲了。一旦如此，失望的多頭就會開始賣出，漲勢一停止，就再也沒有了買進的理由，經紀商也會轉而出手。但是我已經做好了應付這種賣壓的準備工作，股價下跌時，我把先前以高出幾塊錢賣給經紀商的股票買回來。這種做法一定會阻止跌勢，下跌一旦停止，賣單也會停止掛出。

　　然後只需要讓剛剛上演的這一幕再來一遍。一路向上吃下所有求售的股票，這些股票數量有限，價格會再度開始上漲，這次是從高於70美元的起漲點開始上漲。你應該還記得，股價下跌時有很多股東都想將手上的股票快速出手，但是又不願意在低於頂部3點或4點的價位賣出。這種投機客總是會信誓旦旦地說：如果再有反彈，他們一定會賣出。他們在股價上漲時掛出賣單，隨著股價走勢的改變，他們剛才的誓言就被拋到腦後了。當

然，總是有一些力求安穩的快槍手會獲利賣出，對他們來說，只有裝到口袋裡的錢才真的是錢。

此後，我要做的就是讓這種過程不停地反覆，交互買進和賣出，但每一次都會把股價拉抬得更高。

有時候，你買進所有求售的股票之後，拉抬股價是明智之舉，你炒作的股票會出現所謂急漲的走勢。這無疑是在做廣告宣傳，因為漲勢會引起大家的關注和議論，也會吸引專業交易者和熱衷於交投活躍的投機大眾，這種人不在少數。我在帝國鋼鐵這檔股票上如此運作，急漲帶來的買進需求我會完全滿足。我的賣單總是在某種程度上控制著漲勢的幅度和速度，我一路向下買，又一路向上賣，不僅抬高了價格，也確實為帝國鋼鐵創造了銷售市場。

我開始炒作這檔股票之後，任何人都可以自由買賣這檔股票了。我的意思是，即使買進或賣出數目龐大的股票，也不會造成股價大的波動。買進之後，股價大幅下跌被套牢，或是賣出之後，被軋得死去活來的恐懼感消失殆盡。因為所有人都堅信帝國鋼鐵的市場會持續下去，股票逐漸散到經紀商和大眾手中，正是股價波動促使大家產生了信心。當然，活躍的交易也化解了一些其他的困難。當我成功地買賣了幾千、幾萬股之後，這檔股票已經被拉抬到面值之上。每一個人都想買進每股100美元的帝國鋼鐵，有什麼理由不買呢？這是一支公認的好股票，過去是物美價廉，現在仍然如此，漲勢就是最好的證據。一檔股票既然能夠從70美元上漲30點，從面值的100美元再上漲30點也是情理之中的事情。很多人都持這樣的觀點。

在拉抬價格上漲30點時，我只買進了7,000股。這批持股的平均價格在85美元左右，這意味著我每股賺了15美元。雖然利潤僅僅停留在帳面上，但是我的全部利潤當然不止這些，而且是十分安穩的利潤，因為我已經創

造出一個我可以賣空的市場。這檔股票會在合宜的炒作下繼續走高，而我擁有10萬股的認購權，認購價位穩中有升，從70美元開始，最高價達到了100美元。

後來，情勢發展讓我改變了計畫，沒有把帳面利潤化為現金。大言不慚地說，這是一次高明的炒作，完全沒有違法，而且成功是必然的。這家公司的資產很有價值，股票即使達到高價位時也不貴。承銷集團中的一些成員，希望確保他們對這檔股票的控制權。這是一家擁有雄厚財力的銀行，擁有像帝國鋼鐵公司這樣生意興隆、前景可觀公司的控制權，對銀行來說，其價值遠大於由投資散戶來控制。總之，這家銀行希望我可以讓出這檔股票的所有認購權。這將為我帶來一筆可觀的收益，我沒有拒絕的理由。在我能夠大筆賣出、得到相當高的利潤時，我總是樂於這樣做，我對自己在這檔股票上的獲利非常滿意。

在出售自己10萬股的認購權之前，我得知這些銀行家聘用了更有經驗的專家，對這家公司作了全面而系統的評估。他們的報告最終促使這家銀行向我提出收購的建議。我仍然保有幾千股帝國鋼鐵，我對這檔股票信心十足。我在炒作帝國鋼鐵股票時的所作所為，可謂完美至極。

在這次操作中，我的買盤絕對有能力促使價格上漲，股票有時候會拉抬不動，這檔股票卻從來沒有等待不前的時候。如果你發現股票對你的買進反應不當時，無須更多的消息，你應該立刻賣出。因為，如果一檔股票有價值，而且市場大勢看好的情況下，你一定可以在股價下跌之後把它拉

經濟歷史是由一幕幕的插曲和故事構成，他們都奠基於謬誤與謊言，而不是真理，這是賺大錢的途徑。我們僅需要辨別前提為錯誤的趨勢，順勢操作，並在他被拆穿以前提早脫身。

★ 索羅斯

上來，即使是下跌了20點，拉高也不是問題。但是，在帝國鋼鐵這檔股票上，這些都是多餘的。

　　我在炒作股票時，一直牢記基本的交易原則。或許你會奇怪為何我反覆重申這一點，或者是為什麼反覆說明我從來不跟行情走勢理論，也不會因為市場的行為怪罪於大盤。你的理由可能是，一個已經擁有了幾百萬美元的身價，而且可以在華爾街呼風喚雨、為所欲為的人，心態一定極其冷靜，或者說僅僅將其看作一個遊戲而已，沒錯吧？如果你知道有一些像上述那樣的成功人士，即股票炒作好手，經常因為市場沒有按照他們所預測的方向發展，而表現得焦慮不安，甚至像一些膽小的女人一樣手足無措，你一定會大吃一驚。他們認為這種失敗是對個人的侮辱，於是他們的好脾氣不見蹤影，隨之也會帶來金錢的損失。

　　關於約翰‧普蘭蒂斯（John Prentiss）和我之間的心結，外面有很多流言蜚語。大家因此錯誤地判斷，我們會因為某一件股票操作的案子，吵得不可開交，因而導致這次操作結果失利；也可能因為其中有些欺騙行徑，而使我們中的一方為此付出數百萬美元的代價，或是遭到類似的損失。但實際情形並非如此。

　　普蘭蒂斯和我是多年的知己好友。他曾經多次向我透露過一些重要資訊，我都因之獲利不菲。我也給過他一些建議，有的建議他採納了，有的則沒有採納。如果他全部採納了，他會少損失一些錢，他是推動石油產品公司（Petroleum Products Company）上市和釋股的主要負責人。這檔股票基本成功地上市之後，整體大勢有點糟糕，這檔新股的表現沒有普蘭蒂斯和他同伴們預想的那麼好。基本情勢略微好轉後，普蘭蒂斯組織了一個操作小組，開始在石油產品公司上進行操作。

　　關於他的技巧如何，我不想評述。他沒有告訴我他的操作流程，我

也沒有問他。雖然他在華爾街上經驗豐富，而且他的聰明過人是毋庸置疑的，但他所做的一切結果毫無價值，這個集團很快就發現他們沒有辦法賣出大量股票。他一定竭盡全力了，因為集團操盤人除非覺得自己力不從心，否則不會甘願讓外人來取代他，而這一點是一般人最不願意面對的事情。總而言之，他找到我，簡短的寒暄之後，他提出希望我負責推廣石油產品公司，散出這個集團總數10萬股以上的持股。這檔股票當時的價格是102～103美元。

在我看來，他在這件事情上的態度不甚明朗，我委婉地拒絕了他的提議。但是他堅持要我接受。他從朋友的角度向我提出請求，我無法再拒絕了。我天性不喜歡參與那些自己沒有十足勝算把握的事情，但是出於一個朋友的道義，我有幫助他的義務。我說我會盡我所能，不過我告訴他，我對此還是頗有顧慮的，並且列舉出諸多的不利因素。但是普蘭蒂斯只是說，我不必保證一定可以替這個集團賺幾百萬美元的利潤。但是只要我接手，我會向每一個理性的人交上一份滿意的答卷。

事情就是這樣，我竟然答應做一件違反我判斷的事情。我的擔心不是沒有道理的，我發現情形很困難，因為普蘭蒂斯替這個集團炒作這檔股票時，操作有誤。但是對我不利的主要因素還是時間問題。我們迅速接近牛市的尾聲，因此雖然市場狀況略有好轉，讓普蘭蒂斯大受鼓舞，但我深知這只是短暫的反彈。我擔心在我可以讓石油產品公司的股票有所作為之前，市場會再度轉為熊市。不過既然已經答應了朋友，我就必須竭盡全力。

我開始拉抬價格，收效甚微。我想把股價拉到107美元左右，這樣相當不錯，我可以賣出一些股票了。雖然賣出的數量有限，但是沒有增加這個集團的持股總數已經相當不易。有很多這個集團以外的人正在等待小幅

上漲，好賣出他們的持股，我讓他們看到了曙光。如果整體形勢說得過去，我的表現不會太差。如果可以早一點讓我來操盤就好了，我現在所能做的非常有限，就是讓這個集團儘量在損失最小的情況下出脫持股。

我向普蘭蒂斯坦白了我的看法，但是他並不同意。於是我向他解釋我之所以採取這種辦法的出發點，我說：「普蘭蒂斯，對於市場的脈動我瞭解得非常透徹。你的股票沒有人跟進，不需要什麼技巧就可以看出一般大眾對我的炒作所做的反應。如我所說，你已經儘量讓油品公司的股票具有吸引力，而且隨時都有條件給予一切支援，大眾卻並不領情，由此就可以看出其中一定有什麼問題。不是這檔股票有問題，而是市場有問題，逆勢而為並非明智之舉。強行為之，註定會失敗。有人跟進的時候，操盤經理應該很高興買進自己的股票，前提是不能孤軍奮戰。作為市場上唯一的買盤，還是固執行事的話，就是愚蠢至極。我每買進5,000股，大眾應該跟著買進5,000股，如果事情與此相反，我只是自娛自樂就沒有意義，眼下唯一可以做的事情就是賣出。賣出是脫手的唯一方法！」

「你是說不管在什麼價格都賣出？」普蘭蒂斯問道。

「對！」我說，我知道他一定會表示反對：「如果我要賣出這個集團的股票，你可以想像價格一定會跌破面值，而且——」

「不行，絕對不行！」他叫嚷著。他怒吼之聲好像我想要邀請他加入自殺俱樂部。

「普蘭蒂斯，」我跟他說：「股票炒作的基本原則是要拉抬股票以便賣出。但在上漲時，你無法大量賣出。大量賣出是要從頭部一路下跌時開始做的。我企圖把你的股票拉高到125美元或130美元，但種種努力都是徒勞的。所以你必須從現在的價位開始賣出，沒有其他的選擇。在我看來，所有的股票都會下跌，石油產品公司也毫不例外。現在由集團賣出，股價

確實會下跌，但總好過下個月由別人賣出造成暴跌，要知道下跌已經是大勢所趨。」

我不認為自己的話有什麼令人傷心的地方，但結果呢？即使你遠在國外，他的哀號聲都會傳入你的耳際。他根本聽不進這種話，也拒絕這樣做。因為這樣會讓這檔股票留下糟糕透頂的記錄，何況這檔股票在銀行裡還有抵押貸款，這樣做一定會造成日後的諸多不便。

我再度提醒他說，即使是上帝出手，也無法阻止石油產品公司股價下跌15點或20點，因為整個市場的行情就是這樣。我也期望他的股票可以成為令人目眩神迷的例外，但這期望根本就是不現實的事情。但我的話都成了耳邊風，他完全聽不進去，仍然堅持要我必須支撐這檔股票。

他是一個相當精明的生意人，是當年最成功的股票作手之一，曾經在華爾街上身經百戰，身價超過幾百萬美元，對股票投機遊戲的認識，遠遠要比一般人深刻得多。他卻在空頭市場的初期，固執地要支撐一檔股票。雖然這檔股票是他自己的，這種做法還是不妥。總之，這件事情已經違背了常理。我還是想要說服他，卻毫無成效。他固執地命令我發出支撐股價的買單。

大盤終於開始疲軟，真正的跌勢開始了，石油產品公司和其他股票一樣沒能夠逃脫跌落的命運。我不但沒有賣出，還按照普蘭蒂斯的命令，繼續為這個內線集團買進股票。

普蘭蒂斯固執己見就是因為不相信熊市已經臨頭，但我清楚地意識到牛市已經結束。我用石油產品公司和其他股票都進行過測試，我最初的猜測是正確的。在熊市宣布到達之前，我就開始賣空。除了石油產品公司外，其他股票都被我賣空了。

如我先前所言，石油產品公司炒作集團滿倉了他們所有的股票，其

中包括他們一開始就持有的股票，也包括後來他們徒勞無功、想拉抬價格時所買進的股票。最後他們別無選擇地賣掉了手上的股票，但與我之前建議他們出手的時候相比，他們出手的價格低了很多，這個結果在我預料之中。但是普蘭蒂斯仍然執迷不悟——堅信自己是正確的。他認為我的建議是緣於我賣空了其他股票，而大盤仍然往上走。其實是在暗示說，如果低價出清這個集團的持股，將造成油品公司的股票大跌，而這對於我在其他股票的賣空也是有幫助的。

真是信口開河。我看淡後勢，並非因為我賣空股票，而是因為我評估出了大勢的走向，我只有在自己翻多為空時，才賣空股票。操作失誤就無法獲得利潤，在股票市場中尤其如此。我計畫出售這個集團的股票，是因為20年的操作經驗為我指明了唯一可行且明智的道路。以普蘭蒂斯的精明聰慧，最終一定能大徹大悟的，只是再想出手為時已晚。

普蘭蒂斯和成千上萬的外行人一樣，錯誤地認為作手無所不能，可謂翻手是雲，覆手為雨。但作手真的沒有這麼神奇。在1901年春季，基恩成功炒作了美國鋼鐵公司普通股和特別股，那是他事業的巔峰。他的成功是很多因素共同造就的，包括他的精明能幹，財力雄厚，有一票全美國最富有的人做他的堅強後盾等，但是主要原因還是大盤合宜，大眾的心態也很正常。

與經驗教訓和客觀常識相違背不是好事，但在華爾街有些內行人也會做出一些稍顯愚蠢的舉動。普蘭蒂斯對我的不滿，我已經坦誠以告。最終，他因為干涉了我的炒作而痛心疾首，後悔要求我按照他的指示去炒作。

炒作如果單純是要把大量的股票賣掉，其中不曾摻雜任何刻意歪曲的成分，沒有神祕、不公正或欺騙的內容，完全以健全的交易原則為基礎，

就是值得稱道的炒作。人們總是過分看重洗盤之類的舊式做法，但我想說，純粹的技巧無足輕重。股票炒作與在櫃檯賣股票和債券相比，差別僅僅在於顧客的性質不同，而訴求的性質是一樣的。摩根公司向大眾出售債券，是賣給投資人；作手向大眾散出大筆股票，是賣給投機客。投資人追求安穩，為投資的資本尋求持續穩妥的投資回報，投機客尋求的則是快速獲利。

作手的主要客戶群體是投機客，因為投機客只要認準機會，確信能夠讓他的資本得到大筆的報酬，就會甘願冒著高於正常水準的商業風險。但我本人並不推崇盲目的賭博，我可能會大筆操作，也可能只買進100股先行試單。無論如何選擇，我都需要有充足的理由做依據。

對於自己是如何開始投入炒作遊戲的——也就是替別人行銷股票，我記憶猶新。與此相關的記憶是溫馨而美好的，因為這件事極為巧妙地顯示出華爾街職業人員對股市操作的態度。這件事發生在我東山再起之後，也就是1915年我買賣伯利恆鋼鐵股票的時候，這筆交易讓我逐漸恢復了財力。

我的交易相當穩定，上帝也很眷顧我。我從來不刻意在報紙上尋求曝光，但是我也不反感這樣做。同時你知道，只要有哪個作手很活躍，華爾街的職業人員就會對他們成功和失敗的故事誇大其詞。於是報紙在得到這位作手的消息後，就會刊登出一些文章來。權威人士造謠說，我曾經多次破產，也賺過千百萬美元。我弄不清楚這些報導從何而來，又為什麼會出現，同時也驚訝於謠言的嚴重失實！我的經紀商朋友接二連三地向我轉述

假如你的投資並不符合你的標準，那又怎麼能夠賺錢呢？

★ 索羅斯

類似的故事，每個故事都大同小異，但每一次都會增添一些新的材料，連細節都越發地詳實了。

　　我如此大費筆墨，就是要告訴你，我是如何開始替別人從事炒作工作的。我全額清償幾百萬美元債務的宣傳報導奏效了。我大量進出和獲利豐厚都被報紙渲染誇大了無數倍，以致華爾街上對我議論紛紛。作手炒作20萬股就能操縱市場的日子已經成為歷史，但我們都瞭解，大眾總是希望能夠一代新人換舊人。基恩以高明的股票作手聞名於世，靠自己的力量獲得了幾千、幾百萬美元的利潤，承銷商和銀行都希望邀請他代為操盤，替他們出售大筆的股票。言簡意賅地說，他提供的炒作服務很有誘惑力，因為華爾街到處都流傳著他過去交易成功的故事。

　　但是基恩已經離開了人世，在他身後，也曾經有幾個人在股市上創造過幾個月的輝煌，但因為他們太久沒有出來活動，已經被世人遺忘了。我所說的那幾位是那些西部豪客，他們在1901年來到華爾街，憑藉自己手中持有的美國鋼鐵股，賺到數千萬美元。他們實際上應該算做超級承銷商，而不是基恩那樣的作手。但是他們財力雄厚，聰明果敢，在推銷他們和朋友控制的公司證券時，收效良好。他們不同於基恩這些偉大的作手，但華爾街上的人對他們的事情仍然津津樂道，他們在職業人員和比較活躍的證券商當中，擁有一批忠實的信徒。他們退出股票交易之後，華爾街也變得寂寞了很多，人們再也找不到合適的話題了，至少報紙上與作手有關的消息完全銷聲匿跡了。

　　你應該還有印象，1915年證券交易所恢復交易之後，經歷過一段大

　　市場是愚蠢的，你也用不著太聰明。你不用什麼都懂，但你必須在某一方面懂得比別人多。

★ 索羅斯

牛市行情。隨著市場規模擴大，協約國①向美國購買數十億美元物資的訂
單，使美國進入景氣熱潮②。就炒作而言，任何人只需信手拈來，都可以
為「戰爭經濟」打造出不具限制力的市場。很多人依靠貿易合約，甚至僅
需憑藉可以得到貿易合約的承諾，就可以獲利高達幾百萬美元。他們從友
善的銀行家處獲得援助，或是利用把自己的公司上市，搖身變為成功的股
票承銷商。只要做好廣告，大眾就會產生濃厚的購買欲望。

　　景氣熱潮的高峰過去之後，這些承銷商終於發現出售股票還是需要專
業人士的協助。大眾對各式各樣的證券都感興趣，其中有些人以較高的價
格買進後，卻發現再想賣出這些沒有經過市場考驗的股票並非易事。景氣
高峰成為歷史，大眾也看清楚了任何東西都不會再漲。並非買方變得聰明
了，而是盲目的買進已經結束，大眾的心態發生了質的變化。即使價格未
曾開始下跌，但市場已經變得越發沉悶，大眾的悲觀情緒已經初見端倪，
如果再持續一段時間，這種情緒就很難遏制了。

　　每次景氣熱潮時，都會成立一些新公司，主要目的就是想要利用大眾
對各種股票的好胃口。當然，也有人遲遲不願意把股票拿出來承銷，之所
以會犯這種錯誤，是因為他們也是凡人，潛意識裡不願意承認景氣熱潮也
會結束這個不爭的事實。此外，只要潛在的利益夠大，冒險也是值得的。
美好的憧憬使得他們失去了遠見，對市場走到頂部視而不見。在普通人看
來，一檔在12～14美元時無法賣出的股票，突然漲到30美元，似乎已經到
頂了，這檔股票卻又出人意料地漲到了50美元，人們認為漲勢的尾聲已經
到了，但接下來又一路從60美元、70美元漲到75美元。這時候任誰來看也
都會認為，漲勢已經到了盡頭，幾個星期前這檔股票的價格不足15美元，
現在當然不可能再上漲了。但是這檔股票還是漲到了80美元，然後繼續攀
升至85美元。遇到這種情況，一般人從來不考慮價值因素，只考慮價格的

高低，而且他們的行動並不由對形勢的判斷主導，而是由恐懼主導，於是他們終於開始自我暗示：漲勢不一定有到頭的時候。因此，雖然外行人很聰明，不會在頂部買進，卻也很難獲利落袋。在景氣熱潮中，大眾總是容易賺到很多的帳面利潤，但也僅僅是帳面上的利潤而已。

【注釋】

1. 協約國指的是第一次世界大戰中以英國、法國、沙皇俄國為主的國家聯盟。它與以德國、奧匈帝國為中心的同盟國集團形成了第一次世界大戰的對立雙方。值得注意的是，義大利雖然是同盟國國家，但卻和協約國一起攻打同盟國。——譯者注

2. 第一次世界大戰是人類歷史上的一次浩劫，但卻為美國的經濟發展提供了機遇。戰爭初期，美國利用「中立」的有利地位，利用交戰雙方對軍需物資的大量需求，充當雙方的兵工廠，迅速擴大軍工生產和重工生產；此外，美國還在戰爭期間對英法貸款，並趁歐洲交戰國在世界市場上競爭力減弱的良機，擴大工農業生產，進行商品輸出。戰爭結束時，美國已從戰前一個資本輸入國變為資本輸出國，由債務國變成債權國。到1924年，美國掌握的黃金總額已達世界黃金儲存量的1/2，控制了國際金融市場，戰後資本主義世界的金融中心由英國移到了美國。這就大大加強了美國在資本主義世界中的地位，為更新生產設備、擴大生產規模、迅速發展生產提供了雄厚的資金，從而為經濟繁榮奠定了基礎。——譯者注

第22章：沒有永恆的利益體

　　有一天，吉姆・巴恩斯（Jim Barnes）到我家拜訪，他不但是我的主要經紀商之一，也是我的好朋友。他是來向我尋求幫助的，這種事情在過去從來沒有發生過，所以我急忙詢問事情的原委，希望是我能夠幫得上忙的事情，因為我真的樂於提供幫助，想藉此報答他。他說自己的公司和某一檔股票有關，這檔股票是聯合爐具公司（Consolidated Stove）。實際上，他們是這家公司的主要承銷商，而且購買了數量不小的該檔股票。因為形勢突變，他們務必要快速將這些股票脫手，吉姆希望我可以幫助他做相關的推廣工作。

　　出於種種考量，我本不希望跟這件事情扯上關係。但吉姆對我有恩，吉姆又堅持要我從朋友的立場出發伸出援手，這些理由讓我無法拒絕。他是個好人，是我的朋友，我猜想他的公司一定陷入很深，所以我答應盡力而為。

　　依照我的個人觀點，戰爭景氣和其他景氣之間差別非常明顯，即青年銀行家在股市所扮演的角色不同。

　　這次的景氣影響到了各行各業，景氣的起因不言自明。與此同時美國最大的銀行和信託公司也是全力以赴，為眾多的承銷公司和軍火製造商搭橋鋪路，使得他們在一夜之間成為百萬富翁。當時的情形極為誇張，以致你只需要說自己有一個在協約國採購委員會任職的朋友，即使沒有拿出白

紙黑字的採購合約，就有人會自願提供執行合約的全部資金。還曾經流傳過這樣一個離奇的故事，因為某信託公司對一個小職員信任有加，主動借錢給他，這位小職員也靠著一手轉過一手、人人雨露均沾的合約，最終做成了幾百萬美元的生意，由小職員搖身一變成為公司的總裁。

數量龐大的黃金從歐洲湧入美國，如何留住這些黃金也讓銀行費盡心思。老一輩的人並不贊同這種做生意的方法，但此時老前輩已經所剩無幾。在太平的年代，白髮蒼蒼的銀行總裁非常適宜，但是在重壓來臨的時候，年輕才是資本。不管怎麼說，銀行顯然賺到了驚人的利潤。

巴恩斯和公司合夥人與馬歇爾國民銀行（Marshall National Bank）年輕的總裁關係甚篤，他們決定將三家著名的爐具公司進行合併，然後向大眾出售新公司的股票。近一段時間，只要是股票，無論是什麼股，大眾都樂意買進。

那時候爐具行業極為興旺，因此，3家公司的普通股都是成立以來初見股利的時候，大股東不希望失去控制權。在櫃檯市場①中，這些股票的銷售行情一直高居榜首，大股東願意釋出的股票已經都被買空了，他們對現狀很滿意。3家公司個別的資本額則太小，無力掀起巨大的市場波動，這時巴恩斯的公司介入，他指出3家公司合併之後可以迅速擴張，有實力在證券交易所掛牌，一旦掛牌成功，新股會比舊股更有價值。這是華爾街的慣用伎倆，改變股票的顏色，使股票增值。如果一檔股票以票面價格出售有困難時，將這檔股票從1股份為4股，新股就可能會以30美元或35美元的價格賣出，相當於舊股賣到120美元或140美元的水平，而這種價位是舊股之前根本不可能達到。

巴恩斯和合夥人成功地說服了一些朋友參加合併，大家都以投機為目的，這些人持有大筆葛瑞爐具公司（Gray Stove Company）的股票，葛瑞

爐具規模較大，合併的條件是以1股葛瑞股票換取4股聯合爐具的新股。步葛瑞爐具公司的後塵，中部和西部兩家爐具公司也加入進來，用1股換1股的條件參加合併。這兩家公司在未上市市場的報價介於25美元到30美元之間，葛瑞爐具的名氣高於這兩家公司，而且派發股息，故其價位約在125美元左右。

　　要從堅持賣出股票換取現金的股東手中買斷持股需要一大筆錢，此外營運資金也是一個缺口，他們必須籌募到幾百萬美元，以便重組改造及推廣發行。巴恩斯為此特意拜訪了馬歇爾國民銀行總裁，總裁同意以10萬股新公司的股票做質押品，借給他們350萬美元。據我所知，公司向總裁保證股價一定會超過50美元。這是完全有利可圖的交易，因為其中的升值空間很大。

　　但公司選擇的時機不當，此時市場已經到了新股發行的飽和點，他們忽視了這一點。但即便如此，如果他們可以獨闢蹊徑，放棄景氣最高潮時那種不合理的驚人獲利方式，他們還是可以獲得不錯的利潤。

　　當然，巴恩斯和他的夥伴一點都不笨，也不是缺乏經驗的年輕人，他們都是精明的成年人，對華爾街的各種把戲了然於胸，有些人還是極為成功的股票交易者。但是，他們確實高估了大眾的購買力，無論如何，大眾的真實購買力只有經過實際檢驗才知道。而他們熱切期望多頭市場延續得比實際的時間還長，這就是錯上加錯了。我想他們會犯這樣的錯誤，原因可能是他們被自己過去的成功沖昏了頭腦，他們曾經在迅速操作獲利方面極為豐厚，這讓他們深信自己能夠在牛市逆轉之前，完成這筆交易。他們都聲名顯赫，在專業交易者和證券經紀商當中擁有大量支持者。

　　這個案子的宣傳極為成功。報紙連篇累牘地予以報導，指出原來的三家公司是美國爐具工業的化身，產品名聞遐邇，三家公司的合併是愛國行

動，還有很多文章提及他們如何征服世界市場，使產品順利走出國門，在亞洲、非洲、南美洲的市場已經穩如泰山。

對報紙財經版的老讀者來說，這家公司的董事都是耳熟能詳的人物。公司的公關工作相當出色，不具名的內部人士對股價分析得頭頭是道，做出了極有說服力的承諾，新股的需求與日俱增。在申購結束時，這檔以每股50美元公開承銷的股票超額認購25％。

他們希望的最好結果是把股價拉抬到75美元以上，平均股價拉抬到50美元，如果能夠以這種價位成功地賣掉新股，形勢真可謂一片大好。要知道，以這種價位釋股，意味著被合併公司股票的價格漲了一倍。這是一次危機，他們卻並沒有及時去回應和化解，這是成功完成交易本來應該達到的目標。所以說，每個行業都有自己的特殊性，凡俗之見的價值確實不如專業才智。出乎意料的超額承購讓公司大喜過望，由此武斷地認定無論這檔股票的價格多高，股數有多少，大眾都會無限量買進。此外，他們還犯了致命的錯誤，居然沒有足額配售預定釋出給大眾的股票，貪婪已經徹底摧毀了他們的理智。

全額配售股票是必須要做的事情，這樣在他們把公開承銷的總股數發售給大眾後，仍然持有25％的空頭部位，這樣就可以在必要的時候用以支撐股價，也就是說，公司不費吹灰之力就可以佔據強有力的戰略性優勢地位，而這種優勢正是我在炒作股票時，想方設法尋找的。他們原本有能力防止股價下跌，讓大家對新股的穩定性有信心，同時也可以讓大眾信任這檔股票背後的公司。在他們把配售給大眾的股票賣出後，他們的工作還應繼續，賣出部分只是他們必須行銷的一部分而已。

他們自認為已經大功告成。但很快，他們所犯兩大致命錯誤的後果就顯現出來了。當整個市場開始醞釀回落時，大眾拒絕繼續買進這檔新上

市的股票；內部人士緊張起來，他們選擇了退縮而不是支援聯合爐具公司股票。在下跌時，如果連內部人士自己都收手了，還能指望誰去出手救市呢？內部人士收手通常被認為是最明確的利空訊號。

無須詳細分析的統計資料，聯合爐具的股價像市場上其他股票一樣發生了起伏，但價格一直低於最初上市之時，那是個只略高於50美元的報價。最後，巴恩斯和他的夥伴不得不出手買進，以便讓股價不會跌到40美元之下。沒有在上市之初支撐這檔股票已是錯失機會，但與此相比，最糟糕的還是沒有全額賣掉大眾認購的股票。

總而言之，這檔股票順利地在紐約證券交易所掛牌成功了，而股價則在不斷下跌，一直到名義上站穩在37美元時才停止繼續下跌，股價之所以在這個價位站穩，是巴恩斯和他的合夥人操控的結果。由於銀行是以10萬股為質押品，以每股35美元的價格借錢給他們的，如果銀行為了收回貸款而賣出股票，股價的跌幅將不堪設想。大眾在50美元時急切地買進，在其跌至37美元時，就對這檔股票失去了興趣，即使它會跌到27美元，也沒有了購買的欲望。

久而久之，銀行開始反思過度放款的行為。青年銀行家的美好日子終於告一段落，銀行業似乎走到重要關頭，顯出了退回保守主義的趨勢。有些人曾經與銀行家是親密的朋友，現在銀行家開始逼迫他們清償貸款，就好像雙方從來沒有同場打過高爾夫球一樣。

放款的一方不必窮追不捨，貸款的一方也不必苦苦哀求，這樣對雙方都不利。比如說，我的朋友巴恩斯所往來的銀行催債的方式就很委婉，

> 在金融這塊領地裡，創新的機會比野草更多，我相信即使在一百年以後投資技巧也不會窮盡。問題是你要去創新。
>
> ★索羅斯

他們說：「請務必儘快清償貸款，否則的話，我們都會陷入萬劫不復的境地！」

危機重重的公司處境，迫使巴恩斯向我尋求幫助，要求我替他賣出10萬股，以便用這筆資金償還銀行350萬美元的貸款。巴恩斯已經不指望從中獲利，只希望將損失降到最低，他們就謝天謝地了。

完成這個任務的希望渺茫。大盤既不活躍，也不強勁，只有偶爾出現的反彈還可以在短時間內喚起大眾心底的熱情，從中看到牛市行情即將恢復的微小希望。

我答應巴恩斯會研究一下，如果接手這個工作，我會開出自己的條件。我仔細研究了這個任務，並沒有分析這家公司最新的年報，只是將其放在當前股市的大環境下進行剖析。我不會憑藉公司的盈餘或展望去推銷和拉抬這檔股票，隨後再將其賣出，而是希望在公開市場裡將這批股票出手。我只是就事論事，將可能對我有幫助或有妨礙的因素找出來。

例如，我發現有大量的股票掌握在少數人手中，換言之，幾個人控制過多的股票是很危險的，而且這數量多得讓人不安心。克里夫頓・甘恩公司（Clifton P.Kane & Co.）持有7萬股，這家公司的老闆是巴恩斯的好朋友，公司兼營投資銀行和經紀業務，也是紐約證券交易所的會員。他們一直致力於爐具股票的業務，在促成這三家爐具公司的合併上，功不可沒，他們的顧客受其影響也很看好這檔股票的前景。前參議員山繆・戈登（Samuel Gordon）也持有7萬股，戈登兄弟公司（Gordon Bros.）是他的侄子創辦的，而他是這家公司的特別合夥人。此外，約書亞・伍爾夫（Joshua Wolff）持有6萬股。這幾位華爾街的專業老手一共持有20萬股的聯合爐具股票。對於何時將這些股票出手，他們不需要任何人的提醒。如果我出手進行炒作，設法吸引大眾買進，將這檔股票做得強勁而活躍，就

會看到甘恩、戈登和伍爾夫跟著藉機出貨,而且出貨量一定不可小覷。想到他們的20萬股會像瀑布一樣流進市場,我就高興不起來。市場已經告別了牛市漲勢的最高潮,無論我的操作多麼有技巧,強大的需求都不會再現。巴恩斯很清楚他轉交給我的這個工作性質如何,也並沒有抱持什麼幻想。他是在牛市接近尾聲的時候,讓我將一檔大量灌水的股票賣出。報紙上當然不會報導牛市即將結束的事情,但是,我和巴恩斯都心知肚明,銀行也不例外。但是我已經答應巴恩斯,所以我必須與甘恩、戈登和伍爾夫談一談。他們的20萬股好比懸在巴恩斯頭上的一把劍,隨時可能掉下來置巴恩斯於死地,我想還是將拴劍的頭髮換成鐵鍊更為穩妥一些。在我看來,最簡單可行的方法是跟他們達成雙贏互惠的協定。如果他們消極地協助我,當我出手銀行的10萬股時,可以不跟著出貨,我就會設法創造一個大家都可以出貨的市場。

事實原本如此,他們哪怕只想出售持股中的一小部分,聯合爐具公司的股價也會大跌,所以他們從來沒有去嘗試賣出。我只是用最合宜的賣出時機做誘餌,讓他們做出明智的抉擇,以免損人不利己。無論是在華爾街,還是在別的地方,在其位不謀其事都不會有好報。我試著提醒他們,在時機不成熟的時候過早出貨,會得不償失,形勢已經迫在眉睫。

我希望自己可以說服他們,身為華爾街經驗豐富的老手,他們對於聯合爐具股票的實際市場需求已不再心存幻想。甘恩開的經紀行生意興隆,在11個城市設有分公司,擁有成百上千的顧客,他的公司曾多次擔任炒作集團的操盤經理。

戈登參議員擁有7萬股,他財力雄厚。紐約大都會的報紙經常有關於他的報導,因為他曾經被一個16歲的修甲美容師控告背信。戈登在幾位姪子的創業過程中都扮演過重要角色,自己也是他們公司的特別合夥人,還

曾經參與了幾十個炒作集團。他幸運繼承了一大筆中部爐具公司的股票，並且以此交換到10萬股聯合爐具公司的股票。他持有的大量股票讓他對巴恩斯荒誕的利多消息不屑一顧，他一直堅持賣出，甚至可以在市場萎靡之際，成功賣出3萬股獲利落袋。他向朋友描述說，他完全可以賣得更多，但其他大股東兼親密的老朋友紛紛懇求他收手，他才不得已停止賣出，除了這點之外，時下也沒有能夠讓他可以出貨的市場。

第三個人是伍爾夫，他名揚業界，20年來，他是交易所大廳中大賭客的身分無人不知。在拉抬或摜壓股價方面，他所向披靡，因為對他來說，兩三萬股和兩三百股毫無差別。我到紐約之前，就對他有所耳聞。他當時受雇於一個好賭且不限定賭資的小集團，這個集團在賽馬場和股票市場上都以這樣的風格行事。

大家通常指責他一無是處，只是個賭徒，但他的能力不容小覷，而且從投機遊戲中練就了非常好的心態。同時，他是一個沒有文化的粗人，也因此鬧出不少笑話，成為很多軼事的主角。流傳最廣的笑話說，有一次，伍爾夫參加所謂上流社會的宴會，女主人忙亂中疏忽了伍爾夫的存在，當其他賓客大肆討論文學的時候，女主人已經來不及阻止。一個坐在伍爾夫旁邊的女孩，見他只顧吃喝閉口不言，轉頭想跟他說話，而且很想聽聽這位大金主的見解，居然問他說：「伍爾夫先生，您如何看待巴爾扎克呢？」伍爾夫禮貌地把嘴裡的東西嚥下去，回答說：「我從不交易那些未上市的股票！」

這就是聯合爐具公司最大的三位個人股東。與他們見面的時候，我勸說他們組成一個小組，為我提供一些資金上的幫助，並且以略高於市場行情的價格讓我買進期權[②]，作為回報我會盡力創造市場。他們詢問了我所需的資金數。我回答說：「你們持有這檔股票的時間都不短了，對這檔

股票卻毫無辦法。你們三個共計持有20萬股，大家心知肚明，除非你們能夠創造市場，否則，賣出這檔股票就是天方夜譚。吸收你們所釋出的持股需要相當大的市場，而且要有足夠的現金做保障，以便在操作初期，購買必須買進的股票。沒有足夠的資金，初見成效就再次停下來，只是浪費時間。我建議你們組成一個小組，籌募600萬美元的現金，將20萬股的買進期權交給這個小組，讓其能夠以40美元的價格自由進行交易，為保險起見，可以把你們所有的股票放在信託帳戶下保管。如果進展順利，你們會把手中的持股脫手，這個小組也小有賺頭。」

市場上關於我在股市獲利的謠言層出不窮，我認為這種謠言對於目前這種情況來說是有益的，它幫我增強了說服力，因為沒有什麼事情比成功更有說服力了。總而言之，我不必跟這些人大費周章地解釋。他們對自己目前的處境很清楚，孤軍奮戰無益於事，他們都認可我的計畫。他們走的時候說，會儘快成立一個小組。

他們輕而易舉地就說動很多朋友加入，我猜想他們對這個小組利潤的描述一定極具吸引力。從我聽說的情況來看，他們確實相信這一點，因此他們對別人所說的也不是昧良心的謊言。總而言之，短短數日之內，這個集團就成立了。甘恩、戈登和伍爾夫以40美元的價格，授予我30萬股的買進選擇權，我也確信這些股票的信託已成立完畢，即便我拉抬股價，它們也不會跑到市場上來。我必須自我保護，因為集團的成員各懷心思，市場上不乏成功可能性極大的交易卻以失敗告終的例子。狗咬狗的時候絕對是鮮血淋漓的，這就是華爾街。在第二家美國鋼鐵鋼纜公司（American Steel and Wire Company）上市時，內部人士就相互指控對方違背信用，私自出貨。約翰‧蓋茲和他的朋友，以及薩利格曼家族（the Saligmans）和他們的銀行同業之間，都簽過君子協定，我卻偶然在經紀商那裡聽到有人朗誦

下面這首蓋茲寫的四行詩：

　　毒蜘蛛跳上了蜈蚣背，

　　笑聲殘酷又得意。

　　我要毒死這隻害人精，

　　否則的話，他會毒死我。

　　我並非以此暗示華爾街的朋友曾經在股票交易中欺騙過我。但保持高度的警惕性，未雨綢繆是很有必要的。

　　伍爾夫、甘恩和戈登告訴我小組已經組建成功，正在準備募集資金，我突然無所事事了，唯有耐心等待。我提醒他們一定要抓緊時間，但這些錢進來的速度還是很慢，我記得大概是分四、五次才進來。我不知道問題出在哪，但是我記得自己曾經多次發出緊急的求救訊號。

　　那天下午，一筆數目巨大的支票終於到手了，我掌握的現金累積到400萬美元左右，我也得到承諾，餘下的錢一兩天內就會到帳。以此看來，在牛市結束之前，這個集團還可以有所作為。即使形勢看好，也沒有什麼事情是絕對的，我必須儘早下手。大眾不會在意一檔冷門股票突然出現的新波動。但400萬美元現金確實可以做很多事情——包括激發大家對任何股票的興趣，這些錢足以吸收所有意欲出售的股票。時不我待，沒有必要再等待剩下的200萬美元，越早把股票拉到50美元，對這個集團越有益。

　　第二天早上一開盤，聯合廚具公司出現了罕見的大成交量，這讓我很振奮。我已經說過，好幾個月以來，這檔股票總是步履沉重，不見動靜，價格一直徘徊在37美元左右，為了讓這檔股票穩住股價，巴恩斯花了不少心力，他已經不敢奢望股價上漲了，因為這比看到直布羅陀巨岩在直布羅陀海峽上漂移還難。

　　那天早上這檔股票的需求量大增，價格漲到39美元。開始交易僅僅一

個小時，成交量已經超過了此前半年的總成交量。這檔股票一躍成為當天最熱門的股票，整個市場也因此沾染上了牛市氣息。我後來聽說在經紀行的交易廳裡，人們只對這檔股票感興趣，對其他事情都避而不談。

我不知道這意味著什麼，但我是樂於看到聯合爐具股價恢復元氣。正常情況下，想要瞭解任何股票罕見的波動都很容易，因為股票大廳裡替我做交易的朋友，以及在經紀行營業廳裡的好朋友，都會將他們所聽到的任何消息或謠言第一時間打電話告訴我，如果他們認為我有必要知道的話。這一天，我得到的消息是，聯合爐具的確有內線買盤，不存在任何洗盤的動作，全部都是真正的買盤。買方在37美元和39美元之間，將所有市場上賣出的股票全部買進，買方拒絕說明理由，也不願放出任何消息，這使精明而虎視眈眈的交易者斷定，短期內會發生大的行情波動。因為內部人士大量買進而造成一檔股票的上漲，同時內部人士又不鼓勵別人跟進時，股癡們就會急於四處探聽消息。我自己也摸不著頭腦，只能按兵不動，隨時追蹤交易的情形。但是隔天買盤的數量繼續加大，而且趨勢越發勇猛。在業內帳簿中，近幾個月來高於37美元求售的賣單，全部被吸收掉了，而且沒有新賣單可以阻止漲勢。價格只能繼續上漲，先是突破40美元，很快就漲到42美元。

此時，我覺得應該將銀行作為質押品的股票出手了。我知道我的賣出會導致股價下跌，但是如果我賣出股票的成交價達到37美元，那麼這種做法就是合情合理的。我知道這檔股票的價值，經歷了數月冷清的交易，這檔股票的市場性已經顯而易見。我試著謹慎地將股票出手，我共計脫手了3

在金融運作方面，說不上有道德還是無道德，這只是一種操作。

★ 索羅斯

萬股。漲勢竟然還在繼續！

當日下午，有人向我解釋了這種適時而神祕的漲勢從何而來。似乎在前一晚上收盤後，也就是第二天開盤之前，就有人向場內經紀商放出消息，說我看好聯合爐具公司，會按照慣例拉抬價格15到20點，中途毫不停頓，所謂的慣例，是那些對我的交易記錄完全不瞭解的人總結出來的。主持散播消息的人來頭很大——伍爾夫，他自己作為內部人士大量買進，使得價格從前一天起漲。他在場內的經紀商朋友都樂於聽信他的消息，因為這位老兄深諳內情，不太可能將錯誤的內線消息提供給自己的追隨者。

實際上，市場的賣壓並不大。但是考慮到我已經鎖住30萬股，就可以體會我之前的恐懼，現在要拉抬股價易如反掌。畢竟弗勞爾州長所言甚是，每天都有人指責他炒作他公司負責撮合的股票，包括芝加哥瓦斯（Chicago Gas）、聯邦鋼鐵（Federal Steel）等，他唯一的解釋就是：「我知道買進是讓股價上漲的唯一方法。」對於場內的經紀商來說，也是一樣的道理，價格會反應買盤，跟著上漲。

隔天在吃早餐前，我在日報上看到關於賴瑞・李文斯頓即將在聯合爐具這檔股票上開始大力做多的消息，毫無疑問，這則消息會經由電報，傳送到幾百家經紀行的分公司和外埠的經紀行，鋪天蓋地的報導細節都大致相同，甚至有報導說我已經組成內部集團，即將修理賣空過度的空頭；也有的報導指出，公司很快將宣布配股；還有的報導提醒大家，注意我在我看好的股票上操作所取得的成績；不過也有消息指責這家公司隱匿資產，以此讓內部人士吃飽股票。總之一句話，漲勢才剛剛開始。

早上開盤前，不需要到辦公室查收自己的信件，我就可以想像到華爾街上充滿了滾燙的消息，號召大家立刻買進聯合爐具。那天早上我的電話一直占線，所有打進來的電話都是同一個問題——聯合爐具會上漲嗎？我

很佩服伍爾夫、甘恩和戈登處理通風報信這種小事情的能力，可能其中也不乏巴恩斯的功勞。

我不知道自己的追隨者如此之多，那天早上買單從全美國各地紛至沓來，都是幾千股的大單，一檔三天前價格再低也無人問津的股票突然變得炙手可熱。請你不要忘記，事實上，大眾只不過是從報紙上瞭解到我曾經是成功的大賭徒，而這完全得益於兩位想像力豐富的記者。

在股價上漲的第三天，我開始將聯合爐具出手了，此後的第四天和第五天也陸續賣出；現在我可以鬆一口氣了，因為巴恩斯質押在馬歇爾國民銀行，作為350萬美元貸款質押品的10萬股已經全部出手了。如果成功炒作的衡量標準，就是作手是否能用最低的成本達成目的，那麼這次聯合爐具的案子無疑是我在華爾街生涯中最漂亮的一戰。我根本沒有買進任何股票，甚至無須買進再賣出。我在股價尚未達到最高點時，就開始賣出，也省去了在價格一路走低時再急於賣出的動作。一切都像美夢一樣，毫不費力就找到了足夠強大的買盤，這種事發生在急於脫手時就更顯幸運。弗勞爾州長的一個朋友說過，這位偉大的多頭作手曾經替一個集團進行操作，使其獲利賣出5萬股，但是弗勞爾的公司獲得的利潤更為豐厚，他們收取了超過25萬股的交易手續費。W.P.漢密爾頓（W.P.Hamilton）也說過，詹姆斯・基恩共計交易了70萬股，才將22萬股聯合銅礦公司成功出脫，這種手續費成本真是驚人啊！與此相比，我實際上只支付了替巴恩斯賣出10萬股的手續費，真是節省得無以復加啊。

我答應替朋友巴恩斯賣光股票的諾言已經兌現了，但炒作小組承諾說要募集的資金並沒有全部到位，而我無意買回已經出手的任何股票，我覺得自己該找個地方散散心，歇一歇了。時隔久遠，有些事情已經變得模糊了，但我仍然記憶清晰的是，我對這檔股票放任自流，任其自生自滅，

很快，這檔股票的價格開始出現下跌。有一天，整個市場很疲弱，一位失望的多頭決定將手中聯合爐具的股票快速出手，在他的賣壓下，股價一路狂跌，直至跌破我買進期權的價位——40美元。這檔股票已經成了燙手山芋，沒有人願意接手。我早就說過了，我對大盤的走勢並沒有信心，而我能夠在這種情況下將10萬股順利出脫，不能不說是一個奇蹟。那些樂於通風報信的好心人預測失誤了，一週之內，股價非但沒能夠被拉抬20～30美元，反而因為失去支撐，股價形成持續下跌的趨勢。某日，股價下跌的幅度很大，已經跌到了32美元，可謂是這檔股票有史以來的最低點。或許你應該還有印象的，巴恩斯和原來的炒作集團曾經努力將價格釘在37美元，以免他們的10萬股被銀行拿到市場上斷頭。

那天，我正在辦公室裡悠然地研究大盤的走勢，有人通報說伍爾夫想要見我。我讓通報之人請他進來。他橫衝直撞地就進來了，雖然他的身材不是很魁梧，但是看起來他的怒氣已經讓他全身膨脹了，我馬上就意識到這一點。他衝到我站著看股票機器的位置上，叫嚷著：「嗨，你到底在耍什麼把戲？」

「請坐下說，伍爾夫先生。」我禮貌地說，然後自己也坐下來，以使他可以平復一下過激的情緒。

「不必坐了！我只想知道這一切到底是怎麼回事！」他的聲音瞬間又抬高了八度。

「你指的是什麼？」

「你到底對它做了什麼？」

「我不明白你的意思。」

「那檔股票！那檔股票！」

「哪檔股票？」我明知故問。

我的態度讓他越發生氣，因為他幾乎是怒吼著說：「聯合爐具！你對它做了什麼手腳？」

「我什麼都沒做！我真的一無所知，有什麼不對嗎？」我問道。

他靜靜地瞪著我看了一會兒，才繼續吼道：「你看看價格！自己睜眼睛看看！」他已經脫離憤怒了，所以我站起來看看報價。

我說：「價格現在是31.25美元。」

「沒錯！31.25美元，我的那些股票都沒有出手呢！」

「我知道你有6萬股。你持有這批股票的時間已經不短了，因為當初你買進葛瑞爐具時——」

他迫不及待地打斷了我的話，插口說：「但是後來我又買進了一些，其中有的進價高達40美元！所有這些股票我都沒來得及出手呢！」

他氣勢洶洶地瞪著我，我無奈地說：「我並沒有叫你買進啊。」

「你說什麼？」

「我沒有讓你那麼貪心啊。」

「你確實沒有讓我買進，但是你已經打算要拉抬股價的。」

「我這樣做的理由是什麼呢？」我開始反問他。

他瞠目結舌，很久之後才再次開口，他說：「你已經計畫要拉抬股價，你有錢購買這檔股票。」

「你說得沒錯，但實際上我一股都沒有買。」

這致命一擊讓他徹底崩潰了。

「你沒有買股票？你有超過400萬美元的現金可以操作，卻根本沒有出手？」

「我的確沒有買！」我重複說。他因極度的驚訝和氣憤沉默了良久，終於有氣無力地問我：「告訴我你這樣做的理由！」

我知道他內心裡對我已經深惡痛絕了，他的眼神已經說明了一切，於是我開誠佈公地說：「伍爾夫，其實你真正想問的問題是：為什麼我沒有用50美元以上的價格，接手那些你在40美元以下買進的股票，我說得沒錯吧？」

「不，不是這樣的。你擁有以40美元買進股票的選擇權，而400萬美元的現金對於拉抬價格來說也足夠了。」

「確實如此，但是我沒有碰那筆錢，而且我的操作也沒有對這個集團造成任何的損失。」

「聽我解釋，李文斯頓……」

他還想繼續說什麼，但是我阻止他再說下去。「你聽我說，伍爾夫！你、戈登和甘恩持有的20萬股已經綁死了，你們也非常清楚即使我拉抬股價，大量股票擁進市場的情形也不會出現。而我必須拉抬股價的原因有二：一是替這檔股票創造市場性，讓交易活躍一點；二是從40美元的選擇權中獲得自己應得的利潤。但是，對於自己長期持有的6萬股只賣到40美元，你心有不甘，也可能是因為你並未從這個集團中分配到任何利潤，所以你決定在40美元以下，繼續買進大量股票，一旦我用集團的錢拉抬價格，你就會將這些股票高價賣給我，自己就可以從中獲利了。你覺得自己已經完全預見到了我接下來會做的事情，你要在我買進之前買進，要在我出貨之前出貨。直截了當地說，你把我當成了你的不二買家，或許你還指望著我會把價格拉抬到60美元以上。局勢已經清晰可見，你很可能買了1萬股，已經在坐等我去接盤了，退一萬步說，即使在我這裡你的如意算盤沒能奏效，你也可以向美國、加拿大和墨西哥的每一個人報消息，而對於這樣做會對我造成的不利影響置之不理。你所有的朋友對此也都心知肚明，在他們和我一起買進時，你志得意滿。你報消息給你的好朋友，讓他們跟

著買進股票，然後再將消息傳給他們的朋友，第三層接受消息的人再傳給第四層、第五層，依此類推，或許你們還希望有第六層這樣的傻瓜。

於是，當我終於決定將股票出手的時候，會發現自己面對的是若干聰明的投機客。伍爾夫，你的如意算盤打得真不錯！在我還沒來得及購買股票時，聯合爐具就開始上漲，我當時的驚訝應該完全在你的預料之中；那你也可以想像到我內心難言的激動，能夠以40美元的價格將10萬股成功出手，賣給準備用50美元或60美元接手，然後再將其賣還給我的那些人，這真是出乎我的預料啊！我沒有用那400萬美元替這個集團賺錢，顯得很沒有經濟頭腦吧？我可以用那筆錢購買股票，但前提是我確認出手的時機相當成熟才行，遺憾的是我並不認為自己有必要買進。」

伍爾夫在華爾街上打滾的時間不短了，他懂得讓自己的怒火適時而止。在我說話的過程中，他已經讓自己冷靜了下來，等我說完話，他用友善的語氣說：「賴瑞，正所謂不打不相識，我們也算老朋友了，給我指條明路吧！」

「隨你們吧，與我無關。」

「別和我一般見識了。如果換作是你面臨這樣的情形，你會怎麼做？」

我很認真地說道：「如果我是你，你猜我會如何處理？」

「怎麼辦？」

「我會全部脫手！」我大聲說。

他對我凝視良久，沒有再說什麼，轉身離開我的辦公室，此後再也沒有踏進這裡。時隔不久，戈登參議員也終於找上門來，他也是焦急地指責我對他們造成了困難。隨即甘恩也加入了這支討伐大軍。在炒作小組成立之前，他們的股票根本無法大量出脫，對這一點他們都避而不談，只是

一味地強調是我在掌握這個小組的幾百萬美元，而且股價一度達到過44美元，那時交易也很活躍，我卻毫不作為，沒有替他們出售持股，現在股價跌到了30美元，而且股市也變得疲軟而冷清。按照他們的想法，我有義務替他們出脫股票，並讓他們因之得利。

只需稍加時日，他們就會冷靜下來。這個小組絲毫沒有虧損，而且主要的問題仍然沒有得到解決——賣掉他們的股票。幾天之後，他們又來向我尋求解決問題的辦法，其中屬戈登的態度最為堅決，最後我要求他們把共同持股以25.5美元鎖住，我可以提供服務，條件是股票以這個價格出售後，利潤我要分得一半。

這檔股票最後的報價在30美元左右，而我需要在這個時候為他們出脫股票。受大盤走勢的影響，加上聯合爐具這檔股票不活躍，出脫股票的唯一方法就是一路向下賣出，而且不要想著先把價格拉高。我可以確定無疑地說，如果靠一路拉升去出貨，一定會收到一缸子股票；若是壓低出貨，還是有人願意接盤的。他們總是認為，股票從上一波高點下跌15或是20美元後，買進還是划算的，而這個近期才出現的高點似乎預示著反彈即將出現。經歷過聯合爐具股價44美元的歷史價格，現在低於30美元的價格，看起來很有誘惑力。

毫無疑問的，這種賣法讓出手變得異常順利。貪圖便宜的人大量買進，讓我能夠賣出這個小組的持股。但是你覺得戈登、伍爾夫或甘恩會對我心存感激嗎？當然不會。他們仍然對我抱有成見，至少他們的朋友是這樣告訴我的。他們把我對他們做的事情經常掛在嘴邊，無法原諒我沒有按照他們所期望的那樣，自己出力拉抬股價。

事實上，伍爾夫和其他人所散佈的利多消息幫了我大忙，否則我想要賣掉銀行的10萬股簡直就是癡人說夢。如果我依照以往的經驗去做，或

者說用合理而自然的方式去做，對我所能賣到的任何價格我都不會拒絕出手的。我曾經說過，我們已經進入了熊市。在這種市場中，賣出的唯一方法即便不是不惜一切代價，也一定是要花上血本的。此外，別無他法，但他們可能並不認同我的說法。他們仍然餘怒未消，我卻並沒有將之放在心上，因為生氣毫無意義。多次的經驗教訓讓我受益匪淺，我深知衝動易怒的投機客無藥可救，雖然在這件事情上，他們的牢騷沒留下任何後遺症。

但還發生過一件奇怪的事情，這裡我有必要說一下。某日，我妻子到一位口碑極好的裁縫師那裡訂做衣服，這位女裁縫手藝高超、服務熱情、性格溫順。我妻子去她店裡的次數多了之後，她們之間自然就比較熟悉了，於是女裁縫對我妻子說：「我希望李文斯頓先生可以儘快拉抬聯合爐具，因為聽說他打算拉抬這檔股票，而他在所有的交易中都相當成功，我們也就跟著買進了一些股票。」這些無辜的人可能因為聽信了那些消息，而對自己造成了經濟損失，真讓人痛心疾首，所以我從來不給人消息。那位女裁縫讓我覺得伍爾夫的不滿毫無天理，而我對他的不滿才真正情有可原。

【注釋】

1. 櫃檯市場是指在證券交易所以外進行證券交易的廣泛市場。櫃檯市場證券公司大多透過電話聯繫完成交易，在交易中一般充當做市商或經紀人的角色，也就是說證券持有者和資金持有者不直接進行交易，而是透過證券經紀人或證券公司進行證券和資金的讓渡。——譯者注

2. 是指在協定規定的有效期內，協議持有人按規定的價格和數量購進股票的權利。——譯者注

第23章：當心「匿名內幕人」的「忠告」

　　股票投機永遠都會存在，這也是大眾的希望，無論怎樣強調投機的危險也無法阻止投機行為。無論如何能幹或是經驗多麼豐富，預測錯誤總是在所難免的。因為意外之事時有發生：失敗可能源於人力不可抗的天然災害或是氣候使然，也可能來自你自己的貪婪或虛榮心，來自恐懼擔憂或無法控制的希望。排除這些天然的敵人，股票投機客還必須去應付那些在正常情況及商業狀況下的坑蒙拐騙。

　　對於25年前初到華爾街時一些市場風氣我記憶猶新，必須承認有很多地方都在朝著好的方向發展。舊式的對賭行已經消失得無影無蹤了，但是騙人的經紀行仍然人滿為患，堅持要玩快進快出的人們，都在這裡付出了相應的代價。證券交易所的表現可圈可點，不但揪出了這些不折不扣的騙徒，也制定了所有會員公司必須嚴格遵守的操作規則。許多健全的法令規章和限制都得以嚴格實施，但是仍然存在有待改善的不足之處，某些惡行也沒有完全杜絕，當然原因在於華爾街根深蒂固的保守習性，與人們的道德素養無關。

　　股票投機獲利原本就不容易，現在越發困難了。不久以前，真正的交易者對於掛牌的每一檔股票，幾乎都具備合宜的操作知識。1901年J.P.摩根在紐約證券交易所，成功推出了美國鋼鐵公司股票，它是由一些較小的聯合公司組合而成的，那時證券交易所掛牌的股票只有275檔，另外在「未上

市部門」交易的有100檔左右，其中有些股價已經失去了意義，因為都是些流通盤非常小的股票，或者是協力廠商擔保付息的保證股，它們交易不活躍，也不具備投資吸引力。事實上，很多股票一年內也未進行過任何交易。而今天，正常的掛牌股票已經增加到了900檔左右，在我們最近這樣活躍的市場中，差不多有600檔股票進行過交易。此外，舊式的股票板塊分類也相對簡單得多。因為它們不但數量少，而且資本額也很小。交易者需要瞭解的市場訊息面也較為狹窄。但是，今天你可以交易每一種股票，可以說幾乎每一種行業都有公司掛牌上市。單是要保持消息靈通，就需要花費大量的人力、物力和時間，從這一點來看，操作者的投機變得困難多了。

買賣股票的投機者有成千上萬個，但是成功獲利的人只是其中一小部分。就某方面來說，因為大眾總是「流連」在市場中，所以他們多半都在虧損。無知、貪婪、恐懼和希望，都是投機客致命的敵人。無論法令規章和證券交易所的規則多麼完備，都不能把人的這些動物天性抹去。一些突如其來的意外也會把最嚴密的計畫打得支離破碎，即使是冷靜的經濟學家或熱心的慈善人士對此也無能為力。有時候還會出現一些刻意誤導投機者的消息，它們不是那類直截了當讓大家去買某檔股票的消息，這些消息通常會被五花八門的偽裝所掩蓋，當然其中也暗含了更多的危險，更容易對投機者造成損失。

外行人常常會依靠消息或謠言進行交易，它們有的是口頭傳言，有的被印成文字，有的直接明確，有的婉轉暗示。要知道有些消息你是無力與之相抗衡的。比如說，一位親密的朋友誠懇地希望讓你變得富有，向你進行了某種暗示，也就是說他買了或賣了某些股票。他確實是出於好心，但若是消息有誤，你能怎麼辦？而且面對那些專門傳播小道消息的專家或騙徒時，普通投機者所能得到的保護，和他們遭遇兜售假金塊或假菸酒的程

度一樣，也就是說對於典型的華爾街謠言，投機大眾是不具有自我保護能力的，也無法得到補償。

眾多銷售證券的自營商，作手、內線集團和個人，利用各種手段以最好的價格出售他們多餘的持股。報紙和新聞播報器傳播的各種利多消息是最難辨真偽的。任何一天的財經版都刊載了極多暗示自己帶有半官方性質的聲明，發表聲明的權威人士是一些「重要的內部人士」、「著名的董事」、「公司高層人員」或是「權威專家」等，大家對這些人的觀點深信不疑。我從今天的報紙上隨意挑了一則，內容如下：「銀行業領袖說為時尚早，不能斷言熊市會出現。」真的出自某位銀行業領袖之口嗎？如果是真的，他為什麼要這樣說？他為什麼不願意署名呢？是否他的名字刊出來之後，可信度會增加？

再聽聽這條消息，是關於本週股票交易相當活躍的一家公司的新聞。這次發表聲明的是一位「著名的董事」，究竟是這家公司幾十位董事當中的哪一位仁兄在說話？顯然，用這種不具名的方式說話，沒有人需要為此承擔任何後果。

股票交易者除了需要明智地研究各地的投機，還需考慮一些跟華爾街股市遊戲有關的事實。也就是說，交易者不但要考慮如何賺錢，還要避免虧錢，瞭解什麼應該做與什麼不應該做都很重要。謹記，某種形態的炒作幾乎在個股的所有漲勢中都能見到，這種漲勢是由內部人士發動的，目標就是為了以最能夠獲利的方式賣出股票。一般經紀行的客戶都有這樣的觀點，對股票上漲的理由窮追不捨的才是精明人。不用說，作手為了解釋這種漲勢以方便自己出貨，自然會提供一個精心算計的理由。我始終認為，如果主管機關規定利多聲明必須署名，那麼大眾的損失會大大減少。我指的是人為安排、誘導大眾買進或持有股票的聲明。

基本上所謂不具名董事或內部人士的權威文章，都是在試圖傳播不可靠和錯誤的消息給大眾。大眾因為錯誤地認定這是半官方的聲明，就毫不懷疑，為此損失慘重。

　　比如說，某家公司的經營業務經歷了相當長的低迷期，這原本就是一支冷門股票，其報價也已經明確地說明了大眾對這檔股票價值的真正看法。如果股價相對於其真實價值過低，一定會有人跟進，股價就會上漲；如果相對於真實價值股價過高，有人就會賣掉這檔股票，股價就會下跌。如果這兩種情形都沒有出現，就沒有人會談論它，更不會採取任何行動。假設這個公司的經營業務出現好轉，首先一定是內部人士最先掌握情況。接下來會怎樣？如果經營狀況持續良好，盈餘一直增加，公司就有機會派發紅利，如果該公司之前也沒有停止派發紅利，那麼現在就可能增發紅利。總而言之，這檔股票的價值也就增加了。

　　如果情況繼續好轉，管理層或股東會將這些情況公布於眾嗎？會有善良的董事發出具名的聲明，讓關注報紙財經版或喜歡看通訊社報導的讀者從中受益嗎？會有一些謙虛的內部人士發出公司遠景極為美好的不具名聲明嗎？

　　事實是所有人都會閉嘴不談，包括報紙和新聞播報器。這種股票價值增加的內幕會被瞞得滴水不漏，同時沉默寡言的「著名內部人士」則會進入市場，將所有便宜籌碼一網打盡。在這些消息靈通卻不張揚的買盤持續進行時，股價就會開始上漲。當財經讀者認為內部人士一定掌握股價上漲的內幕，於是就會發出疑問。所有不肯具名的內部人士都將噤若寒蟬，更

　　要特別關注趨勢的變化，人們是跟著趨勢跑還是猶豫不前。如果看到人們隨趨勢投資，那麼，暴漲暴跌的轉捩點就快出現了。

★ 索羅斯

有甚者會宣稱，他們對股票市場的不穩定和投機客的怪異行動毫無興趣。

漲勢依然如故，直到某日，掌握內幕的人無力繼續購進股票，各種各樣的謠言才會在華爾街再度開始傳播。「根據權威的消息表示」某公司的業務已經開始出現轉機，股東有足夠的理由對公司的遠景深感信心，而發表這則消息的人，與過去否認掌握這檔股票上漲原因的正是同一個人。

利多消息紛至沓來，受到鼓舞的大眾開始買進這檔股票。這些買盤協助股價一路上漲。時機合宜之時，不願具名的董事們所言之事都得到了證實，公司恢復派發紅利，有時還會增發紅利。在這種消息出來後，許多利多傳聞奔湧而出，不但數量有所增加，散佈消息的人也更為熱心。一位「重要的董事」被要求簡明扼要地說明現狀時，會向全世界宣告，狀況之好完全超出了人們的想像。一位「重要的內部人士」經過記者的百般央求後，終於承認盈餘簡直高得驚人。一位跟公司業務有關的「著名銀行家」，也無奈地指出銷售量的擴增已經打破了紀錄，即使再也沒有其他訂單進來，眼下的訂單業務也要忙上若干時間。一位「財務委員會的成員」在報紙的特別聲明裡，表達了自己的震驚，不能理解大眾何以對這檔股票的上漲感到驚異，在他看來這檔股票股價上漲得已經太慢了。

在公司即將推出的年報裡，任何人都能夠輕易得出這樣的結論：這檔股票的淨值遠高於其市場價格。但是，無論是什麼情形，樂於發布意見的好心人都不願意具名。只要還有盈餘，只要內部人士沒有發現公司營運不良的跡象，他們就一直持有當初低價買進的股票。既然股價不會被壓低，有什麼理由要賣出？

但是，若情形相反呢？公司的經營狀況不佳的時候，你說會發生什麼事情？他們會發出聲明或警告，或者進行什麼暗示嗎？當然不會。當經營趨勢出現下滑，他們會悄悄地將股票出手，就像公司業務尚佳時，悄然買

進股票一樣。股價在這種內部賣壓下，自然會出現下跌。很快，大眾所熟悉的「解釋」又開始不絕於耳。「重要的內部人士」聲稱一切進展順利，跌勢只是空頭企圖影響大勢刻意營造的結果。如果某日，股價居然開始出現劇跌，要求說明「原因」或「解釋」的質疑之聲會變得更大。大眾懼怕最糟糕的情形出現，他們需要一些解釋緩解緊張的情緒。因此新聞機構的機器適時印發出這樣的消息：公司一位重要的董事對股價疲軟給出了解釋，今天下跌完全是空頭打壓所致，基本形勢沒有改變。公司目前生意興隆，而且除非有完全無法預測的事情發生，下次董事會可能還會討論提高分紅率。市場上的空頭有恃無恐，股價疲軟是他們所為，目的是要清洗出意志不堅的持股人。新聞機構希望將充分的新聞傳達給大眾，或許還會對他們得到的「可靠的消息」加以適當的補充說明：內部人士在股價下跌時買進了大部分股票，空頭會發現賣空使得自己陷在空頭陷阱裡，他們終究會自食惡果。

不只大眾會相信利多聲明，繼續買進股票，最後遭到損失，也有人因聽信謠言沒有及時賣出，而遭到虧損。阻止大家賣出自己不想買進的那檔股票，對於想要賣出既定股票的「重要內部人士」來說也是有幫助的，大眾看了「重要董事」的聲明後，會對這檔股票不會下跌一事深信不疑，相信暫時的下跌源於空頭的賣出，只要空頭停止賣出，內部人士會適時發動一次懲罰性的漲勢，空頭如果被迫高價買入平倉，就會損失慘重。大眾的輕信無可厚非，因為如果跌勢確實源於空頭的打壓，行情的發展的確如此。

股價還在下跌，將過度賣空的空頭軋得死去活來的諾言沒有人去兌現，股市的反彈沒有如約而至，這很正常，因為市場根本無力消化內部人士脫手的大量股票。

這批由「重要董事」和「重要內部人士」賣出的內線持股，被專業交易者不停地買賣著。股價不斷下跌，看不到止跌的希望。內部人士知道產業狀況對公司未來的盈餘影響很大，所以在公司的業務未見好轉的情況下，不敢出手做支撐，就算有一天轉機出現，內部人士也只會默默地買進，不會大張旗鼓地宣傳。

我做了多年的交易，而且也可以算得上是消息靈通的人士，但我無法判斷哪一次的股價大跌是由空頭打壓造成的。所謂的空頭打壓，不過是基於對真正情況的透徹瞭解而及時賣出。但是，將股價下跌歸因於內線的賣壓或不支持，卻是信口胡言，因為當內部人士賣出、股價大跌時，每一個人都會急著拋售，只有人想賣出卻沒有人願意買進，情形一定很慘。

大家必須牢記一點：股價長期下跌絕不是空頭打壓所致。一檔股票不斷下跌時，背後一定存在著隱情，不是市場有問題，就是公司本身有問題。如果下跌行情是不合理的，那麼股價很快就會跌破面值，價格低於實際價值時，人們就會買進，而買盤則會阻止跌勢。事實上，空頭賣出股票獲利時，往往是股價走到最高的時候。你可以用全部資產做賭注，但內部人士不會向世界宣布這個事實。

最典型的例子當屬紐哈芬鐵路公司，當時只有少數人瞭解的內幕現在已經人盡皆知。1902年時，這檔股票價格高達255美元，是屬當時新英格蘭地區第一流的鐵路投資標的。是否擁有這檔股票，是當時美國東北部地區人衡量自己在社區裡受人尊敬程度和地位的依據。如果誰敢說這家公司前途堪憂，他不會因此被送進監獄，而是會和其他瘋子一樣，被關進精神病院。然而當一位膽大妄為的新總裁——查理斯·梅林得到了摩根先生的任命走馬上任後，慘劇拉開了帷幕，沒有人會預料到新政策會使這家鐵路公司淪落到今天的地步。但是，當數筆大額投資以虛高的價格添加到其身上

後，一些目光敏銳的觀察家開始持懷疑的態度了。價值200萬美元的電車系統，轉手就能夠以1,000萬美元賣給紐哈芬鐵路公司，一兩位直言不諱的委員會成員，因此指責經營階層行事魯莽，暗示說這種揮霍對於紐哈芬這樣的公司也是致命的，這種話好像蚍蜉撼大樹，毫無意義。內部人士總是最先看出大難即將臨頭，隨著公司經營狀況的惡化，他們開始減少持股。由於他們的賣壓和不支持，這家風靡一時的鐵路股票開始走軟。大眾迫不及待地尋求解釋，解釋也出現得很及時。「重要的內部人士」宣稱，他們不認為哪裡出錯了，跌勢源自魯莽的空頭打壓。所以，新英格蘭地區的「投資人」並沒有將他們持有的紐哈芬鐵路公司的股票出手。為什麼要出手呢？內部人士不是堅稱沒有問題，完全是空頭賣空造成的嗎？公司不是沒有停止派發紅利嗎？

但公司董事承諾的軋空現象並未得見，新低價紀錄倒是出現了，內部賣壓已經變得越發明顯。波士頓有公益精神的民眾紛紛要求給出真正的解釋，要知道這檔股票暴跌的真正原因，因為新英格蘭想追求安全投資和穩定紅利的人，都因此遭受了巨額的損失，卻還要承擔股票投機客的罪名。

這檔股票從255美元跌到12美元，完全打破了歷史紀錄，這絕非空頭打壓造成的，跌勢並非緣起於空頭打壓，一路狂跌更是與空頭打壓無關。內部人士從來沒停止過出售該股票，而且賣的價格，總是高於他們在說明真相或容許真相說出來之前的價格。無論這檔股票的價格是250美元、200美元、150美元還是100美元、50美元、25美元，都高於這檔股票的實際價值，對此內部人士心知肚明，大眾卻被蒙在鼓裡。大眾買賣一家公司的股

> 如果你想從政府官員那裡得到投資建議，這會把你推向貧民窟。
>
> ★ 索羅斯

票，想要從中獲利，如果能預先掌握一些這家公司的業務內幕，這樣或許才能有獲利的希望。

在我20年的從業經驗中，跌勢最慘的一些股票都與空頭打壓無關，但是，大眾習慣於接受這種解釋，所以會虧損幾千甚至幾百萬美元。這種解釋讓那些本已對股價走勢不滿的人不甘於出手，他們總是期望在空頭停止打壓後，股價會立刻回升，而賣出持股只是時間問題。我曾經聽到有人指責基恩，而此前，大家習慣把查理‧伍利雪佛（Charley Woerishoffer）或愛迪生‧柯馬克（Addison Gammack）當成代罪羔羊，現在，我成了代罪羔羊。對於山谷石油公司（Intervale Oil）的例子，我記憶猶新。有一個內線集團在後面為之拉抬股價，並且在漲勢中找到了一些買主。當股價被炒到50美元後，作手們賣出持股，隨後股價迅速下跌。人們隨即發出質疑：為什麼山谷石油這麼疲軟？關注的人太多了，以致答案變成了重要的新聞。一家財經通訊社為此採訪了最瞭解山谷石油股市行情的經紀商，希望得到一個可以刊登出來向全國人民解釋的理由。這些屬於多頭炒作集團成員的經紀商將責任推給了我，「原因很簡單，賴瑞‧李文斯頓在打壓股市！」他們還補充說，準備要給我點顏色看看。但是山谷石油的內線集團並未停止賣出，雖然那時股價在12美元左右，他們即使把它賣到10美元以下，平均賣價還是高於他們的成本。

內部人士壓低出貨是明智之舉，但對於付出35美元或40美元的外人來說，情況則恰恰相反。外人看到新聞報導之後，就抓住股票不放手，等著李文斯頓被怒不可遏的內線集團狠狠地修理一番。

在牛市中，尤其是在景氣熱潮中，大眾開始的時候都是能夠獲利的，但所有賺來的錢最後還是會還給市場，因為他們在牛市中流連忘返。對於那種不具名的內部人士給出的解釋，大家一定要慎重對待。

第24章：做多做空不信謠言

　　大眾對各種小道消息總是充滿了渴望，所以報消息和聽消息的現象才會如此普遍。經紀商利用自己從媒體或親友那裡得到的消息，在顧客進行交易的時候給出各種建議，本身是無可厚非的。但是，過於細緻的描述實際狀況就稍顯不妥，因為實際狀況會落後市場走勢6～9個月。經紀商不應該單憑今天的盈餘就建議顧客購買某檔股票，除非確信6～9個月後該公司的營運依然可以維持相同的獲利率。如果可以清楚地看到那麼遠，能夠毫無偏差地從眼前的情景判斷出未來情勢的發展，關於股價便宜的論證早就不存在了。交易者必須目光遠大，但是，經紀商只對每一筆手續費感興趣，因此一般證券商出版的雜誌都有誤導的嫌疑。證券商和經紀商一樣從大眾的手續費中獲利，於是他們會設法利用他們的雜誌對大眾做誘導，希望大眾購買內部人士或作手所持有的全部股票。

　　內部人士拜訪證券公司老闆的現象屢見不鮮，拜訪者說：「我希望你能夠創造一個市場，讓我可以散出5萬股。」

　　於是雙方就細節問題展開討論，內部人士說：「如果這檔股票的報價是50美元，我會以45美元的價格，給你5,000股的買進期權，股價每提高1點，另外給你加5,000股的買權，共計給你5萬股期權。你同時擁有5萬股的賣出期權，價格按市價定。」

　　對證券商來說，賺這樣的錢如探囊取物，只要他擁有大量擁護者，當

然了，這樣的證券商自然是內部人士需要的。一家證券商如果有線路直通分公司和全美各地的關係經紀行，很容易就可以找到大量樂於參與這種交易的追隨者。請記住，由於賣出期權的關係，這家證券商打的絕對是有把握之仗。只需引導顧客跟進，就能夠將他的全部持股快速散出，不但能夠獲得龐大的利潤，正常的手續費也是一筆不菲的收入。

華爾街一位著名內部人士的「剝削」方式讓我記憶深刻。他可以放下身段拜訪一家大證券商的大牌經紀商，甚至會直接去見公司的某一位小股東。他通常會這樣說：「對你們之前的多次幫忙我心懷感激，因此，我想要回報給你們一個絕佳的賺錢機會，我們正在組建一家新公司，以便吸收我們關係企業中某家公司的資產，我們希望把這檔股票炒高一些。這檔股票目前的價位是72美元，如果你願意以65美元的價格買進，我可以按照這個價位轉給你500股。」

這位心存感激的大牌經紀商喜不自勝，忍不住把這個消息透露給了別的大牌經紀商。既然獲悉此消息的人都混跡於華爾街，遇到這種穩賺不賠的股票時，該如何做呢？理所當然是建議身邊的每一個人買進這檔股票。這些大牌經紀商們會協助內部人士創造一個市場，讓其能夠以高價把他的好東西賣給大眾。

還有一些賣出股票的手法不值得提倡。比如說，掛牌上市的股票在場外用分期付款的方式，向一般大眾銷售，這在證券交易所裡應該明令禁止才對。正式掛牌報價對任何股票都有一種約束力，何況，決定是否要購買一檔股票的因素很多，包括參與自由市場的合法證據，還有價格上的差距等。

還有一種出售股票時慣用的手法，是拆分股票來增加股票數量，懶於動腦的大眾總會因此損失千百萬美元，卻沒有任何人需要為此負責，因為

這種方法沒有違背任何法律，完全是基於市場的需求去增加股本。這種做法其實並沒有對股票的性質產生影響。

無論老股是以1股兌換2股、4股還是10股，這種做法的終極目的不過是要讓原有的股票可以順利賣出。老股價格就彷彿是一磅的包裝，標價為1美元，卻很難銷售出去，但如果改成1/4磅的包裝，標價為25美分，銷路可能就好很多，說不定還可以賣到27美分或30美分。

為什麼大眾從來不去探究股票需要拆分再出售的深層次原因呢？這又是華爾街「慈善家」們玩的一點小把戲，但是，聰明的交易者務必要警惕這種與「特洛伊木馬①」性質極為相近的東西，這個警告放之四海而皆準。如果大眾對此置若罔聞，每年就會損失數百萬美元。

企圖利用編造或散播謠言的手段，對個人、公司的信用或業務造成惡劣影響，終究逃不過法律的制裁。換言之，製造可以影響大眾賣出的謠言，以便壓低證券價值，是法律所不允許的行徑。這則法律原本的意圖不過是希望處罰那些在情勢緊張時，質疑銀行的能力，造成民眾恐慌情緒的人。當然，這條法律對於大眾也是一種保護，使其儘量避免以低於真正價值的價格出售股票，減少不必要的損失。換言之，美國的法律會懲處那些四處散佈利空謠言的人。

那麼，如何阻止大眾以高於真正價值的價格購買股票呢？如何懲罰散佈無稽利多消息的人呢？無解。而依據不具名的內部人士建議，很多大眾會在高價位買進股票，這種損失是最嚴重的，與大眾在所謂的「打壓」時，聽從利空的建議，以低於真正價值的價格賣光股票的損失相比，前者遠勝於後者。

所以我們需要這樣一種法律，不但要處罰說謊的空頭，也要懲罰說謊的多頭，如果真的擁有了這樣的法律，大眾的損失會減少幾百萬美元。

如你所料，承銷機構、作手和因為不具名樂觀說法而從中獲益的人對此會持反對意見，他們認為任何人聽信謠言和不具名的聲明進行交易，都是自作自受，與別人無關。如果這樣的說法可以成立，那吸毒成癮者也就沒資格接受法律保護。

　　為大眾營造一個公平的交易環境，證券交易所義不容辭。如果有所謂的內部人士想發表聲明，並且希望大眾相信他所說之事，或者採納他的意見，請實名制發布，並承諾為自己所言負責。為利多消息簽名負責，雖然不會保證好事成真，但至少「內部人士」和「董事們」在胡言亂語時會收斂許多。

　　普通投機者牢記股票交易的要素很有必要。一檔股票上漲時，不必花費過多的精力去研究股價上漲的原因，持續的買進會讓股價繼續上漲。只要股價沒有出現停漲，中間只是偶爾出現一些自然的小幅回檔，那麼最安全的做法就是跟著漲勢走。但是，如果股價經過長期的穩定上漲後，逐漸呈現下跌的態勢，反彈出現的頻率也越來越低，就意味著阻力最小的路線已經從向上變成向下。情形就是如此，過多的解釋有什麼必要呢？股價下跌很可能有正當的理由，但這些理由只掌握在少數人手裡，他們要嘛拚命掩飾理由，要嘛反而誤導大眾說這檔股價很便宜，正是買入的好時機。這就是遊戲的本來面目，大眾應該對此心裡有數，少數掌握內情的人不會把事實公布於眾的。

　　無論所謂的「內部人士」或「董事」在發表聲明的時候是否具名，其言論都不足以採信。有時候，這些聲明並不存在，只是在市場上擁有重大利益的某些人憑空杜撰出來的。如果某種證券價格正處於上漲時期，持有大量該股的內部人士為了便於交易這檔股票，很樂於獲得專業人士的協助。但是，內部人士可能告知買進的時機，但是卻絕對不會告知合宜的賣

出時機。大作手因而與大眾站在了同樣的起跑線上，只是他必須要有一個夠大的市場，讓他可以順利出貨。這種時候，最具煽動性的資訊就會向大眾放出來。當然，有些內部人士完全不值得信任，無論是處在這種遊戲的哪個階段。一般情況下，大公司的老闆也可能運用內線消息在市場上採取行動，但這些人習慣於閉口不談，而不是說謊，因為他們深諳沉默是金的道理。

我一再表示，而且是不厭其煩地說，以我身為股票作手幾十年的經驗看來，我不相信在股票市場上存在常勝將軍，但是，的確有人可以在某些特殊情況下，從一些個股上獲得利潤。但無論交易者的經驗多麼豐富，他一樣存在因錯誤操作而造成虧損的可能性，因為投機從來都不會是十拿九穩的事情。華爾街的專家都明白一個道理，根據「內部」消息進行操作，會比飢荒、瘟疫、歉收等自然災害和政治變革或所謂的意外事故等，更容易加快破產的速度。無論在華爾街還是任何其他地方，成功從來都不會是一片坦途，既然如此，為什麼還要在成功的道路上給自己設置更多無謂的障礙呢？

【注釋】

1. 特洛伊木馬的故事是在古希臘傳說中，希臘聯軍圍困特洛伊久攻不下，於是假裝撤退，留下一具巨大的中空木馬，特洛伊守軍不知是計，把木馬運進城中作為戰利品。夜深人靜之際，木馬腹中躲藏的希臘士兵打開城門，特洛伊淪陷。後人常用「特洛伊木馬」這一典故，用來比喻在敵方營壘裡埋下伏兵裡應外合的行為。本文此處是指拆分股票的行為背後，隱藏著出貨的真實目的。——譯者注

富能量 04

史上最強 Jesse Livermore
股市操盤手回憶錄。

作者	愛德溫‧勒菲佛
譯者	榮千
美術構成	騾賴耙工作室
封面設計	斐類設計工作室
發行人	羅清維
企劃執行	林義傑、張緯倫
責任行政	陳淑貞

企劃出版	海鷹文化
出版登記	行政院新聞局局版北市業字第780號
發行部	台北市信義區林口街54-4號1樓
電話	02-2727-3008
傳真	02-2727-0603
E-mail	seadove.book@msa.hinet.net

總經銷	知遠文化事業有限公司
地址	新北市深坑區北深路三段155巷25號5樓
電話	02-2664-8800
傳真	02-2664-8801
網址	www.booknews.com.tw

香港總經銷	和平圖書有限公司
地址	香港柴灣嘉業街12號百樂門大廈17樓
電話	（852）2804-6687
傳真	（852）2804-6409

CVS總代理	美璟文化有限公司
電話	02-2723-9968
E-mail	net@uth.com.tw

出版日期	2020年07月01日　一版一刷
	2022年10月15日　一版八刷
定價	399元
郵政劃撥	18989626　戶名：海鴿文化出版圖書有限公司

國家圖書館出版品預行編目（CIP）資料

史上最強股市操盤手回憶錄 ／ 愛德溫‧勒菲佛作; 榮千譯.
-- 一版. -- 臺北市 ： 海鴿文化，2020.07
面 ； 公分. --（富能量；4）
ISBN 978-986-392-317-6（平裝）

1. 股票投資　2. 投資技術　3. 投資分析

563.53　　　　　　　　　　　　　　　　109008179

SeaEagle

SeaEagle

SeaEagle

SeaEagle